高等职业教育“十三五”规划精品系列教材

21世纪高职高专规划教材 · 旅游管理系列

旅游安全综合管理

主编 / 杨晓安
参编 / 陈　俊

中国人民大学出版社
· 北京 ·

前 言

改革开放40多年来，我国旅游业取得了举世瞩目的成就，也逐渐成为国民经济的支柱型产业。随着旅游“硬件”的发展和升级，越来越多的人走出家门和国门，越来越多的地方被开拓为旅游目的地。但是，伴随而来的软环境发展却相对滞后，旅游从业人员的职业素养跟不上众多旅游者的各种需求，尤其是当旅游安全的需求得不到满足时，整个旅游业的发展和稳定将会受到影响。

众所周知，“无安全，无旅游”已经成为旅游业的共识，然而，每年各类旅游事故都能导致成百上千旅游者的伤亡，几十亿元的直接损失，上百亿元的间接损失，甚至是当地旅游产业的萧条和衰退。虽然政府和行业均出台了很多政策和措施来保证旅游活动中各个环节的安全，但不可否认的是，旅游的吃、住、行、游、购、娱六大环节中均有潜在的不稳定因素，给旅游安全的管理增添了难度。而且很多旅游突发事故都是各个环节潜在风险相互作用、相互影响的结果，因此有必要针对旅游各个环节的安全问题进行详尽的分析，对其中的风险要素制定规避的方法。

目前，国内也缺乏能适应旅游业迅猛发展、反映新形势下旅游安全实务的教材，这也是笔者主编这本教材的初衷，但限于学术水平，不能很好地实现这一目标。笔者希望以后能基于迈出的第一步，继续深入本领域的研究，也希望更多的人能从中得到启发，加入研究队伍中，推动旅游环境向更安全的方向发展。共同打造安全的旅游环境，需要数代人“堆山塑峰”。

本书在编写理念上较前人有了一些细小的突破，笔者希望这能给后继者提供借鉴。首先，在旅游安全问题的阐述上，本书进一步明确了旅游安全问题的类型、突发事件的预防机制，以及应对各种突发事故的各类急救知识，并做了相对全面的总结。其次，本书重视理论与实践的结合，强调知识性和可操作性，把应对和处理事故程序的细节一一罗列和整理。再次，本书强调操作的规范性和严谨性，摒弃以前落后的操作模式，有助于进一步提升旅游者在面对事故时的处理能力。最后，本书的编写体例比较灵活，结构合理，全书在每一模块前通过列举和分析案例引出该模块的主要内容，开门见山，直奔主题，使学生明白该“学”什么，如何去“学”；教师也能够在明确的主题下面有的放矢，指导学生更好地掌握各种事故的预防和应对技巧。

在编写本书的过程中，笔者认真学习党的二十大报告，将党的二十大精神融入知识体系与能力培养中，同时在苏州大学、上海交通大学、桂林旅游学院、嘉兴职业技术学院、金华职业技术学院、深圳职业技术学院等相关院校旅游院系的教师和学生中做了细致的调研，立足于学生求知的特点，并且考虑到一线教学的需要，既强调了内容的实务性和可操作性，也增强了章节的连贯性和系统性。

同时，本书在编写过程中也得到了上述院校的大力协助，各院校对本书提纲的确定、体例的编写技巧、书稿的审定和最后的校稿都提出了很多宝贵的意见。为此，特表示衷心的感谢！

本书在编写过程中也得到了中国人民大学出版社的大力支持，在此，也要表示诚挚的谢意！此外，笔者在编写本书的过程中参阅了大量著作、文章和统计资料，除本书已经注明的参考文献外，其他参阅的资料限于篇幅恕难一一列出，为此，向所有这些论著的作者表示真诚的谢意！

鉴于笔者的学识水平和实践经验有限，书中出现疏漏和错误在所难免，恳请各位读者斧正。

杨晓安

目 录

第一单元
旅游安全概述

【学习目标】

了解旅游安全的概念

了解旅游与安全的关联

了解旅游安全的特征

了解旅游危机的类型

【项目导入】

作为导游、旅行社或者其他相关的旅游企业，要从事某项旅游活动或者提供某种旅游产品或服务，就需要对旅游产品和活动做一个最基本的安全评估，制订一个安全预案。具体如何完成这些任务呢？我们需要学习旅游安全的很多知识，了解旅游活动的类型和特点，以便展开工作。

模块一 旅游安全的概念

旅游产业，是凭借旅游资源和设施，专门或者主要从事招徕、接待游客以及为其提供吃、住、行、游、购、娱六个环节服务的综合性行业。旅游业主要由三部分构成：旅行社、交通客运业和以饭店为代表的住宿业。它们是旅游业的三大支柱。

随着社会的发展，旅游业已成为全球经济中发展势头最强劲和规模最大的产业之一。旅游业在城市经济发展中的产业地位、经济作用逐步增强，旅游业对城市经济的拉动性、对社会就业的带动力以及对文化与环境的促进作用日益显现。旅游业已经成为中国经济发展的支柱型产业之一。

“十二五”期间，我国国内旅游人数年均增长11%；入境过夜旅游人数年均增长3.2%，出境旅游人数年均增长21%；全国旅游业总收入年均增长16%。我国目前已跃居全球第三大入境旅游接待国和第一大出境旅游消费国。旅游业对我国经济社会发展的积极作用更加明显。

2016年，全域旅游推动旅游经济实现较快增长。国内旅游市场持续高速增长，入境旅游市场平稳增长，出境旅游市场增速进一步放缓。国内旅游人数44.4亿人次，收入3.94万亿元，分别比上年增长11%和15.2%；入境旅游人数1.38亿人次，实现国际旅游收入1 200亿美元，分别比上年增长3.5%和5.6%；中国公民出境旅游人数达到1.22亿人次，旅游花费1 098亿美元，分别比上年增长4.3%和5.1%；全年实现旅游业总收入4.69万亿元，同比增长13.6%。全年全国旅游业对国内生产总值（GDP）的综合贡献为8.19万亿元，占GDP总量的11.01%。旅游直接和间接就业7 962万人，占全国就业总人口的10.26%。

2017年，国内旅游市场高速增长，出入境市场平稳发展，供给侧结构性改革成效明显。国内旅游人数50.01亿人次，比上年同期增长12.8%；出入境旅游总人数2.7亿人次，同比增长3.7%；全年实现旅游总收入5.40万亿元，比上年增长15.1%。全年旅游业对GDP的综合贡献为9.13万亿元，占GDP总量的11.04%。旅游直接就业2 825万人，旅游直接和间接就业7 990万人，占全国就业总人口的10.28%。

2018年，国内旅游人数55.4亿人次，收入约5.13万亿元，同比分别增长10.76%和12.3%；入境旅游人数1.4亿人次，收入约1 270亿美元，同比分别增长0.5%和3%；中国公民出境旅游人数1.48亿人次，同比增长13.5%；全年实现旅游总收入 5.99 万亿元，同比增长 10.9%。

在内需启动、消费升级以及国民收入不断增加的背景下，中国旅游业正步入黄金发展期。根据“十三五”规划，中国政府将多策并举，把旅游业培育成全域发展的国民经济战略性支柱产业。国内旅游行业政策环境获得持续改善，行业也将迎来一个崭新的发展阶段。

旅游业的综合性决定了旅游活动包含多个环节：吃、住、行、游、购、娱。各环节在联动过程中往往会产生不协调的因素，使旅游活动具有不确定性，或称旅游危机。例如：天气的变化使旅游活动受阻，交通工具的故障使旅游活动中断，各类意外突发事件让旅游者人身和财产安全受到威胁，等等。这种不确定性时刻影响着旅游活动的顺利进行，可能会在较大的范围内波及一个地区的旅游及相关产业的发展，严重者甚至会影响整个国家旅游业的发展全局。因此，如何消除或者减少旅游过程中的负面因素，加强正面因素的组织和建设，都涉及旅游安全。

一、旅游安全的概念分析

所谓旅游安全就是在旅游活动开展的过程中积极避免和排除干扰旅游活动正常进行的意外因素，确保旅游活动的顺利进行，使旅游者的身心健康和财产安全得到保障。旅游安全的根本出发点和目的就是更好地保障旅游者利益和旅游业的正常发展。

（一）旅游安全范畴的基本概念

1. 旅游安全

广义的旅游安全是指旅游现象中的一切安全现象的总称，既包括旅游活动中各相关主体的安全现象，也包括旅程中与旅游现象相关的安全事态和社会现象中与旅游活动相关的安全现象。例如：“恐怖主义”是一种社会政治现象，但它与旅游活动的开展有关，因此，“恐怖主义”也属于旅游安全的范畴。旅游活动环节中的安全现象，包括活动中涉及的人、设备、环境等相关主体的安全现象，既包括旅游活动中安全的观念与意识培育、思想建设与安全理论等“上层建筑”，也包括旅游活动中安全的防控、保障与管理等“物质基础”。

2. 旅游安全危机

旅游安全危机是旅游活动令各种安全问题现象产生的具体表现，既包括旅游活动中各相关主体的安全思想、意识，也包括发生在旅游活动各环节或旅游活动中各相关主体间的具体的安全事故。

3. 旅游安全管理

旅游安全管理是指为了达到安全的目的，有意识、有计划地对旅游活动中各种安全现象进行的各种安全教育、防范与控制活动的总称。这些活动既包括安全的宣传与教育，安全管理方针、政策、法规、条例的制定与实施，也包括安全防控、管理措施的制定与安全保障体系的构建与运作。

（二）旅游安全的内涵

旅游安全的内涵较为复杂，可以从安全本义、旅游活动的环节、旅游学等角度加以理解，也可以从旅游安全学的学科角度加以理解。从安全本义理解，安全即平安、无危险、不受威胁、不出事故。从安全的类型角度，安全可相应地分为人身安全、财产安全、名誉安全、隐私安全等。从旅游活动的环节和旅游活动的特点看，旅游安全贯穿旅游活动的六大环节，可相应分为饮食安全、住宿安全、交通安全、游览安全、购物安全、娱乐安全六大类。从旅游学研究对象看，旅游安全可分为旅游主体安全、旅游媒体安全和旅游客体安全。旅游主体安全即旅游者安全，旅游媒体安全集中表现为交通安全和旅游从业者安全，旅游客体安全即旅游资源的安全，涉及资源的保护、环境容量与可持续发展等方面的问题。

（三）旅游安全的发生规律和表现形态

旅游安全发生规律是旅游安全现象研究的一个重要方面，规律性的研究包括空间规律性、时间规律性、活动规律性和阶段规律性等方面。旅游安全发生的规律性研究有助于揭示和了解旅游安全现象。

旅游安全表现形态主要用以反映旅游安全问题发生的类型，其在旅游活动的各环节交替或同时出现，是旅游安全的外在表现。旅游安全表现形态包括：1）犯罪。鉴于给旅游者带来创伤的严重性和给社会带来影响的负面性，犯罪成为最为引人注目的旅游安全表现形态之一。犯罪在旅游业中具有特定的规律和特点，可分为侵犯公私财产类犯罪，危害人身安全犯罪，性犯罪及与毒品、赌博、淫秽有关的犯罪三大类。2）交通事故。此类旅游安全问题往往具有毁灭性，分为道路交通事故、航空事故、水难事故、景区交通事故（缆车等）四大类。3）火灾与爆炸。此类旅游安全问题往往造成严重的后续反应，如基础设施破坏、财产损失等，甚至造成整个旅游经济系统的紊乱。4）疾病（或中毒）。此类旅游安全问题由异地性、旅途劳累和食品卫生等因素诱发。5）其他意外安全事故。

二、旅游与安全的关系分析

安全是旅游业发展的基础，它不仅是旅游活动顺利发展的保障，也是旅游业发展的前提。旅游业是综合性的产业，涉及很多社会部门和行业，旅游活动又包含吃、住、行、游、购、娱六大方面，涉及社会生活的方方面面，可以说现代旅游业由于受各种社会的和自然的因素影响，潜存着许多危险和不安全因素，旅游行业和旅游活动的各个环节中都可能存在潜在的旅游风险。

（一）旅游安全的本质

旅游安全本质有其客观存在的两面性。一方面，旅游安全本质是以旅游本质为基础并建立在旅游本质之上的，旅游安全是旅游本质及其特征的逻辑必然。没有旅游活动，就不会有旅游安全问题，旅游安全问题依附和伴随在旅游活动之中；另一方面，旅游安全的本质又决定了旅游本质，旅游安全的存在与否决定了旅游的审美、愉悦本质能否得以体现。

此外，旅游本质及其特征与旅游安全的关系也产生了关于旅游本质与旅游安全的悖论。一方面，旅游的流动性、异地性、暂时性使旅游者在旅游活动中处于一种完全陌生的环境中，从而产生不安全感，对安全的需求必然上升。另一方面，旅游本质决定旅游者追求精神愉悦与放松的特征与目的致使旅游者疏于安全防范，导致安全问题的增加；而旅游者消费攀高、道德感弱化、文化干涉、物质摄取等行为特征又直接导致旅游安全问题必然存在。

旅游安全本身就是一种矛盾现象。一方面，旅游者需要旅游安全。另一方面，旅游者疏于安全防范，使安全问题客观存在，而安全问题的存在又会引发新的旅游安全需求的产生。就是在这样的循环中，旅游安全始终贯穿旅游活动的始末。只要旅游本质不变，旅游现象存在，那么旅游安全也必将存在。

（二）旅游安全需求产生的原因

马斯洛（Abraham H. Maslow）的需求层次理论从人的本质和心理需求的角度提供了对旅游活动中的安全需求及其属性的心理学解释，既是了解旅游动机的基础，也是旅游安全研究的理论基础之一。

马斯洛把人的需求划分为生理需求、安全需求、感情与归属需求、受尊重需求、自我实现需求五个层次，各层次由低向高发展。一般而言，层次越低的需求越容易满足，层次越高的需求越不容易满足，但层次越低的需求往往越是基本需求。显然，安全需求是继生理需求之后人的第二需求，必须得到优先满足。而安全需求包含各种不同的概念，诸如：受到保护，摆脱恐惧，处于稳定的经济、政治和社会环境，免受战乱、动乱和犯罪伤害，等等。安全方面的基本需求得到满足后，人们便开始在更广泛的意义上寻求安全。当旅游成为人们的普遍生活方式之一时，旅游安全便成为高层次的安全需求。

对马斯洛需求层次理论的进一步研究发现，人的需求具有潜在性和可变性。人们一生中存在的多种需求并非随时随地全部被主体感知、认知，有许多需求是以潜在的形式存在的。这些潜在的需求由于客观环境和主观条件的变化，才变得迫切并为其主体所感知。当旅游者离开居住地进入一个完全“陌生”的“旅游社会”时，原来的主流生活中的需求层次也发生了变化，从而形成了“旅游社会”中的新的旅游需求层次。旅游者在居住地已经得到基本满足的安全需求，因旅游活动客观环境的变化和旅游者主观心理感受的不同而重新显现出来，成为有别于原来安全需求的、较高层次的新安全需求——旅游安全需求。这种新的旅游安全需求会贯穿旅游活动的全过程，并在适当的背景下显示出其迫切性。

三、旅游安全的特征

旅游安全的显著特点表现在以下七个方面：

（一）集中性

集中性表现在两个方面。一方面，从旅游活动环节看，旅游安全问题集中在旅途与住宿活动环节。通过调查相关数据可以发现，旅途与住宿环节发生的安全问题分别占34.4%和29.1%，超过总数的一半。另一方面，从旅游安全的表现形态上看，旅游安全问题主要表现为犯罪、疾病（或中毒）和交通事故，三者分别占57.4%、21.4%、18.2%。

（二）广泛性

广泛性表现在：旅游安全问题广泛地存在于旅游活动的六个环节中，几乎所有的环节都存在安全隐患，都曾出现过旅游安全问题；几乎所有类型的旅游者都可能面临旅游安全问题的“光顾”；除旅游者外，旅游安全还与旅游地居民、旅游从业者、旅游管理部门以及包括公安部门、医院等在内的旅游地各种社会机构相联系。由此可见，旅游安全是一个复杂的社会系统，建立由社会各部门参与的社会联动系统是旅游安全管理的重要而有效的措施之一。

（三）巨大性

旅游安全问题造成的危害和破坏巨大。旅游安全问题不仅会使旅游者蒙受巨大的经济与名誉损失、遭受生命威胁，而且从社会角度看，还可能造成旅游企业的财产损失等，从而使整个社会遭受巨大的损失，严重的还会影响旅游安全问题发生地全部旅游企业的发展，甚至危及国家的形象和声誉。危害和破坏的巨大性，使得旅游安全问题对旅游者造成较大影响的同时影响旅游者对旅游地的安全认知及其旅游决策。

（四）隐蔽性

虽然旅游活动中的安全问题为数不少，但安全问题本身的敏感性和其带来的负面影响往往容易被旅游经营者和管理者掩盖。各旅游企业面对媒体或广大公众对其安全事件的询问常常避而不谈或草草带过。因此，旅游安全事故真实发生的数量比被资料统计出来的要多得多。

（五）复杂性

旅游活动是一种开放性的活动，而旅游企业正是为这种开放性活动提供各种服务的企业。例如：旅游饭店作为一个公共场所，每天有大量的人流出入，这使得饭店安全管理涉及的环节和人员复杂而众多。因此，旅游安全方面表现出极大的复杂性，除防火、防食物中毒外，更要防盗、防暴力、防黄、防毒、防欺诈、防各种自然及人为灾害等。

（六）特殊性

旅游活动中，旅游者为了追求精神的愉悦与放松，常常疏于安全防范，因此，旅游过程中发生的案件与事故不同于一般的民事、刑事案件，也不同于其他行业的安全问题，有其自己的规律性和特殊性。

（七）突发性

发生在旅游活动中的各种安全问题，往往带有突发性。例如：旅游活动中的许多安全问题都是在极短的时间内、在毫无防备的状况下发生的。旅游中的自然灾害也具有突发性。因此，这就要求各旅游管理部门、旅游企业、旅游从业人员在平时做好处理各种突发事件的准备。只有这样，才能在发生突发旅游安全问题时临危不乱。

四、旅游安全研究的意义

旅游安全研究的意义主要体现在以下三个方面：

（一）旅游安全研究是旅游业发展的需要

旅游安全事故令人触目惊心，在旅游者心中产生了负面影响。可以说，安全问题是目前旅游中比较突出、影响旅游决策、严重制约旅游业发展的问题之一。安全是旅游业的生命线，是旅游活动正常进行的保障，是旅游业发展的前提。旅游者外出旅游是为了改变精神状态、获取最大的身体和心理满足，达到精神愉悦。旅游安全为旅游者的精神愉悦、身心放松提供了最大保障，使旅游者能真正融入旅游地的异地生活体验，实现“旅游者身份”的角色心理转变。由于旅游业的存在和发展是以旅游者旅游活动的存在为基础的，因此没有安全保障的旅游业的存在和发展是不现实的。

旅游安全既有安全生产管理的一般特性，又有其独特的产业特征，如旅游安全是动态的安全保障、旅游安全的本质是人的安全等。从旅游安全的特点来看，旅游安全问题不仅直接影响旅游目的地旅游业的健康发展，影响旅游目的地的吸引力，而且对整个区域社会经济的发展都会产生影响。旅游安全问题不仅给旅游者带来伤害，还给旅游地、旅游企业带来损失，严重破坏旅游地（旅游企业）的形象，从而给旅游业造成致命的打击。

旅游安全问题产生后，会通过各种媒介影响潜在旅游者，影响潜在旅游者对旅游目的地的决策行为。旅游风险可能来自旅游目的地的自然环境或社会环境，也可能来自旅游者自身和旅游组织者等各个方面。因此，解决旅游安全问题，加强旅游安全研究，不仅是旅游活动质量的重要保证，也是影响旅游业可持续发展的重要因素。

（二）旅游安全研究促进了旅游安全学科的建设

随着旅游业的发展，在旅游业成为世界大产业的同时，旅游安全问题也日益凸显。把旅游学与安全学交叉的、专门研究旅游安全问题的旅游安全学作为一门独立的学科进行研究和发展是时代发展的需要。旅游安全研究在剖析旅游安全问题的基础上，通过对旅游安全现象、本质、影响的研究，揭示旅游安全问题的规律、特征，促进了旅游安全学学科理论的建设和旅游安全学学科体系的构建。

（三）旅游安全研究推动了世界的和平与发展

“旅游是通向和平的通行证”，“旅游是世界大同的必经阶段”，“旅游能够促进人类的交流、合作，从而创造一种和谐融洽的相处氛围”的观点已得到认可。世界旅游可以成为世界和平的关键力量，在适当的情况下，旅游能够在促进各国平等、合作、相互了解及团结方面发挥积极的作用。旅游的发展有助于建立国际经济新秩序，消除发达国家与发展中国家的经济差别，而旅游安全将是实现这种可能性及创造和谐融洽的人类相处、交流氛围的基本条件。

模块二 旅游危机

旅游业的繁荣发展给旅游目的地带来巨大的经济、社会、文化以及生态效益。然而，作为一种对安全与健康异常敏感的产业，旅游业很容易受各种危机事件的影响而产生波动，这种波动在造成经济损失的同时，还可能对旅游目的地的形象、社会与环境发展等产生消极影响，并破坏旅游目的地旅游业的正常、有序发展。从改革开放至今，我国旅游业遭遇的大型突发性危机事件主要包括1989年的政治风波、1997年的亚洲金融危机、2001年的“9·11”事件和2003年的“非典”疫情，这些来源于行业之外的突发性危机事件对我国旅游业都产生了重要的结构性影响，改变了我国旅游业发展的历程。此外，1988年和1998年的特大洪水、2008年的雪灾和地震灾害等，也都影响了我国旅游业的顺利发展。

旅游危机通常是由各种不确定的因素或突发性的重大事件（如自然灾害、急性传染病、战争、恐怖袭击、各类安全事故以及经济危机等）所引发的，且往往会导致旅游业遭受重大的损失以及长时间难以彻底根除的后续消极影响。对于旅游危机的含义，目前尚未定论。多数学者普遍采用世界旅游组织（World Tourism Organization，英文缩写为UNWTO）给出的定义，即旅游危机是指影响旅游者对一个目的地的信心和扰乱旅游业继续正常经营的非预期性事件。伴随着时代的变化与旅游业的发展，对旅游业产生消极影响的危机事件日趋复杂，且绝大多数危机有可能在以后的时间内多次重复发生。

一、旅游危机的类型分析

对于旅游危机的类型，多数研究者或者依据危机产生的动因将其划分为自然危机与人为危机，或者按照危机的影响范围将其划分为国际危机、国内危机、产业危机和企业危机。但是，随着众多人类无法预测的危机的出现，旅游危机的类型日趋复杂与多样，传统的旅游危机类型划分已无法涵盖和厘清现存的所有危机类型（如旅游媒体危机等），急需新的旅游危机类型的划分规则与标准。

（一）传统旅游危机与非传统旅游危机

按照人们对旅游危机的传统认知与掌握程度，旅游危机可以划分为传统旅游危机与非传统旅游危机两大类。传统旅游危机的影响对象为整个旅游业或者旅游主体的安全，而非传统旅游危机的影响对象更多集中于旅游客体与旅游媒体。

1. 传统旅游危机

传统旅游危机是伴随着旅游活动的产生与旅游业的发展而出现，且为多数人所熟知的危机类型。此类危机在旅游业发展进程中发生的频率较高且危害程度较大，人们对其特点与发生规律已有一定程度的了解与掌握。传统旅游危机包含的类型如表 1－1 所示。

表 1－1　传统旅游危机的类型

类型	细分
自然灾害	雪灾、地震、火山爆发、洪水、雪崩、山体滑坡等
社会灾难	国内动乱和暴力冲突
	突发性公共卫生事件
	战争和恐怖活动
流行疫病	动物流行病
	人类流行病
政治事件	国内政治局势动荡、外交危机、国际关系动荡等
经济事件	经济秩序动荡、经济形势恶化、经济危机、汇率变动、货币贬值等
意外事故	重大事故
	旅游事故
旅游犯罪	旅游盗窃、欺诈与暴力犯罪等

2. 非传统旅游危机

非传统旅游危机是近年来由科技的发展与社会的进步所引发的、伴随旅游者需求的多样化与市场竞争的加剧等因素而出现的新的危机类型。此类危机在旅游业发展进程中发生的频率较低，其危害程度也相对比传统旅游危机小。大多数非传统旅游危机在近十年内首次发生，且主要影响旅游媒体与旅游客体的安全。非传统旅游危机主要包含旅游媒体危机与旅游客体危机，具体类型如表 1－2 所示。

表 1－2　非传统旅游危机的类型

类型	细分	具体类型
旅游媒体危机	宏观环境危机	政治危机、经济危机、社会危机、市场危机等
	竞争环境危机	供应商的背离、替代品的压力、潜在竞争者的挑战、同行竞争的威胁等
	内部环境危机	产品价格危机、信誉与形象受损、资金威胁、突发性事故危机、管理危机、营销危机、运营危机、研发危机、人力资源危机、战略风险、市场危机等
旅游客体危机	资源危机	旅游资源破坏与匮乏、过度开发或保护不力导致的景区生态破坏与景观破坏、自然灾害或人为因素引起的突发性事件等
	经营危机	战略危机、产品危机、服务质量危机、形象和品牌危机、财务危机、人才危机、客源地危机、目的地危机等
其他		媒体误导、谣言传播、新科技对旅游媒体与旅游客体的挑战等

（二）地理扩散型旅游危机与类型扩散型旅游危机

按照危机的影响范围与扩散方式，旅游危机可以划分为地理扩散型旅游危机与类型扩散型旅游危机两大类。

1. 地理扩散型旅游危机

地理扩散型旅游危机是指影响旅游业正常发展的有害因素沿着地理区域范围扩散，在一定区域内破坏和影响旅游业正常发展的危机类型。地理扩散型旅游危机主要包括自然灾害、社会灾难、政治事件、经济事件等类型，具体如表 1－3 所示。

表 1－3　　地理扩散型旅游危机的类型

类型	细分
自然灾害	地震、火山爆发、洪水、雪崩、山体滑坡等
社会灾难	国内动乱和暴力冲突
	战争和恐怖活动
政治事件	国内政治局势动荡、外交危机、国际关系动荡等
经济事件	经济秩序动荡、经济形势恶化、经济危机、汇率变化、货币贬值等

其中，经济危机由于影响一定区域内整个经济社会的正常发展，因此其对旅游业的影响也沿着其蔓延的地域铺展开来。外交危机发生在两国或多国之间，当外交危机发生时，这些国家境内以及外交危机发生区域内的旅游业会不可避免地受到冲击与影响。

2. 类型扩散型旅游危机

类型扩散型旅游危机是指危机所产生的消极影响因多种因素的作用而使具有相似属性的旅游主体、旅游客体或旅游媒体等受到影响，从而共同面临的危机类型。具体类型如表 1－4 所示。

表 1－4　　类型扩散型旅游危机的类型

类型	细分	具体类型
流行疫病	动物流行病	口蹄疫、禽流感、鼠疫等
	人类流行病	流感、艾滋病等
突发性公共卫生事件		食物中毒等
意外事故	重大事故	重大交通事故等
	旅游事故	旅游交通事故、旅游安全事故（如旅游娱乐设施事故）等
旅游犯罪		旅游盗窃、欺诈与暴力犯罪等
旅游媒体危机	宏观环境危机	政治危机、经济危机、社会危机、市场危机等
	竞争环境危机	供应商的背离、替代品的压力、潜在竞争者的挑战、同行竞争的威胁等

续前表

类型	细分	具体类型
旅游媒体危机	内部环境危机	产品价格危机、信誉与形象受损、资金威胁、突发性事故危机、管理危机、营销危机、运营危机、研发危机、人力资源危机、战略风险、市场危机等
旅游客体危机	资源危机	旅游资源破坏与匮乏、过度开发或保护不力导致的景区生态破坏与景观破坏、自然灾害或人为因素引起的突发性事件等
	经营危机	战略危机、产品危机、服务质量危机、形象和品牌危机、财务危机、人才危机、客源地危机、目的地危机等
其他		媒体误导、谣言传播、新科技对旅游媒体与客体的挑战等

二、旅游危机的普遍特征

（一）突发性

作为一种非预期事件，旅游危机是一种打破常规的突发性事件，会给旅游业及其相关行业与企业带来巨大的冲击并造成混乱。但是，绝大多数危机在爆发之前都会有一定的征兆，如果能及时发现这些征兆并采取恰当的措施，就能有效减少危机带来的危害。

（二）紧迫性

危机真正爆发后，将迅速扩大与蔓延，其演化速度与危害程度往往是惊人的。若无法及时把握危机的走向、遏制危机的恶化势头，那么势必造成无法估量的损失。此外，处理危机的最佳时间往往转瞬即逝。因此，从全局的角度出发，适时地把握并有效逆转危机的走势非常关键。

（三）危害性

旅游危机的危害性主要表现为波及面广、后续影响持续时间较长等方面。旅游业与其他行业密切相关的特点，导致旅游危机发生时往往会迅速波及其他多个行业，从而将危机的危害性与影响范围迅速扩大。

（四）双重性

旅游危机作为危险与机遇的联合体，在危机之中暗含转机。危机除给产业、行业与企业等主体带来破坏性的影响与危害之外，还带来一定的契机。因此，在危机来临时，应审时度势并清晰地厘清危机与契机，切忌消极应对。

此外，旅游危机还具有周期性与阶段性的特征。周期性意味着危机在一定时期内会再次爆发，因此在一次危机过后需要及时总结该类型危机的发生特点、演化规律等，以期为该类型危机的再次爆发准备好预防与应对措施。而阶段性则表现为一次危机在演化过程中将经历潜伏期、爆发期、发展期、缓解期与消亡/复苏期五个阶段，且在不同的阶段其危害程度与影响范围也不尽相同。

三、不同类型旅游危机的特征

不同类型的旅游危机，除具有旅游危机的一般特征，还有区别于其他类型危机的独有特点，主要表现为：

（一）传统旅游危机的特征

传统旅游危机除具备旅游危机的一般特征之外，还具有以下特点：

1. 危机主要由旅游系统外部的因素引起

传统旅游危机主要是因旅游系统外部的自然或社会环境等出现危机，进而波及旅游业而产生的危机。此类危机除影响旅游业的有序发展之外，还影响其他诸如工业、农业等产业的发展以及经济、社会的正常运行。

2. 具有一定的可预测性和可防控性

传统旅游危机与自然、人为因素密切相联系的特点，使得人们在认识自然与人的主观能动性的过程中，对如何预测此类危机积累了一定的相关知识，因而对于此类旅游危机具有一定的预测能力。例如：对地震的预测和防震机制的构建与实施，就在很大程度上降低或避免了地震给旅游业发展带来的多种危害与消极影响。

3. 恢复周期长甚至不可恢复

由于引发传统旅游危机的因素多为自然与社会等宏观因素，且此类危机大多会直接影响整个旅游业的发展，因此当这类危机发生过后，旅游业往往需要较长的恢复周期。而当自然灾害与社会灾难等因素造成的破坏强度很大时，还可能对目的地旅游系统的关键因素造成不可恢复的毁灭性破坏。

此外，由于传统旅游危机在旅游业的演进过程中出现次数较多，因此此类危机在给旅游业发展带来危害与消极影响的同时，也给人们留下了许多宝贵的经验和教训，并使得人们对此类危机的认知不断深化。伴随着生产力的发展与科技的进步，人们一直在探寻降低传统旅游危机发生的频率、减轻此类危机危害程度的途径与方法，且对于此类旅游危机的防范与危机后恢复措施的经验也在不断地积累。

（二）非传统旅游危机的特征

非传统旅游危机具有以下区别于传统旅游危机的特点：

1. 危机主要源于旅游系统内部因素的作用

此类危机主要是由旅游系统内部环境或要素的变化而引起的，因而影响范围较小，且比较容易控制。

2. 具有一定的不可预测性

非传统旅游危机与自然因素、人为因素的联系较少，往往是由旅游业内部环境的变化所致。此外，由于旅游媒体、旅游客体等处于不断变化的社会情境中，且作为单体抵抗危机的能力较弱，因此较大的情境变化便可能引发此类危机。由于人们对情境变化的预测性较低，直接导致此类危机的可预测性较低。

3. 恢复周期较短或难以恢复

由于非传统旅游危机主要影响旅游媒体与旅游客体的安全，引发危机的原因又主要在于旅游业内部因素的变化，加之旅游企业与旅游景区单体的危机抵抗能力较差，这就造成此类危机的出现会导致两种情况：一是在较短时间内迅速恢复；二是直接导致旅游媒体与旅游客体破产或濒临破产，并且难以恢复。

（三）地理扩散型旅游危机的特征

地理扩散型旅游危机除具备旅游危机的一般特征之外，还具有以下特点：

1. 按区域蔓延并受地理因素的限制

地理扩散型旅游危机通常在一定的区域内由危机发生的中心区域向四周辐射，或者按照地理区域进行带状蔓延。且由于此类危机受地理因素的制约而在特定的区域内对旅游业产生影响，因此该区域范围以外的国家和地区的旅游业所受负面影响较小。

2. 影响范围较广且恢复周期较长甚至无法恢复

由于此类危机多为自然灾害、社会灾难等，因此扩散的范围虽然受地理因素的限制，但一般波及的范围较广。此类危机除对旅游业造成危害之外，还会对社会发展的其他方面产生破坏性的影响。因此，危机后旅游业恢复的周期较长，有些破坏造成的影响甚至无法恢复。

由于地理扩散型旅游危机具有按区域蔓延的特点，要想遏止危机的蔓延、避免危机的扩大，并有效地控制危机的发展、减少危机的危害，就必须依靠旅游危机爆发与蔓延区域内的旅游行政管理部门、旅游企业等主体之间的沟通与合作，建立多主体的旅游危机防范与处理机制。

（四）类型扩散型旅游危机的特征

类型扩散型旅游危机涵盖的危机类型较多，主要包括影响整体旅游业的危机、影响旅游媒体的危机与影响旅游客体的危机三小类。

对于影响整体旅游业的危机而言，除具备旅游危机的一般特征之外，还具有以下特点：

（1）扩散速度较快。该类危机能在短时间内迅速蔓延，并造成极大损失；影响对象涉及旅游主体、旅游客体以及旅游媒体，并会在短期内对旅游业造成全面打击。

（2）危害较大且恢复周期较长。由于旅游业与多个行业密切相关，因此当旅游危机发生时，通常会迅速牵连其他相关行业。该类危机过后，通常需要多个相关行业逐步恢复才能带动旅游业的全面复苏，因而需要较长的恢复时间。

而对于后两类危机，除具备旅游危机的一般特征之外，还具有以下特点：

（1）危机的类型与旅游产品密切相关。该类型旅游危机与旅游吸引物密切相关。例如：某种旅游资源的消失将直接造成相关旅游产品无法开发，从而使得目的地失去一种发展旅游业的核心要素。又如：旅行社“零团费”的旅游产品在受到市场监管机构的处理后，就很快失去在旅游市场上生存的合法条件。

（2）具有相似属性的旅游客体或旅游媒体广受牵连与影响。类型扩散型旅游危机的一个重要特点就是以点带面，当某种属性的旅游客体或媒体出现危机时，具有相同或相似属性的同类旅游客体或媒体也存在出现此类危机的可能性。

（3）受旅游者主观因素影响较大。例如：旅游者在某个旅游景区（点）的不愉快体验会在很大程度上影响其对此类旅游景区（点）的总体认知，使其在主观上认为其他类似的旅游景区（点）也会有同样的体验，从而影响其旅游决策，当多数旅游者形成类似看法时，就会对此类旅游景区（点）的正常运转造成极大的影响并可能导致经营危机。此外，媒体的误导与失实信息的传播可能导致旅游客体与旅游媒体的信用危机。

四、四种类型旅游危机特征的比较

传统旅游危机、非传统旅游危机、地理扩散型旅游危机以及类型扩散型旅游危机四者在危害程度、持续时间、影响范围、可控制性等方面都存在较大的差异，主要表现为：

（1）传统旅游危机主要是由旅游系统外部因素引起的，引起该类型危机的因素不仅导致旅游业的危机，还导致其他诸如交通、通信等行业的危机，因此可控制性低、影响范围大、危害程度较大，且持续时间一般较长；而非传统旅游危机一般是由旅游系统内部因素所致，因此与传统旅游危机相比，具有危害程度与影响范围较小、可控制性较高的特点。

（2）地理扩散型旅游危机在特定区域范围内蔓延，影响多主体多行业的发展，因此可控制性低，且在演化过程中存在危害程度与影响范围大的特点；而类型扩散型旅游危机由于扩散介质与旅游者直接相关，因此可控制性较高，且影响范围与危害程度较小。

四种类型旅游危机特征差异的具体表现如表 1－5 所示。

表 1－5　　　　四种类型旅游危机特征比较

危机类型 存在差异的方面	传统旅游危机	非传统旅游危机	地理扩散型旅游危机	类型扩散型旅游危机
征　兆	较明显	较不明显	较明显	较不明显
持续时间	较长	一般	较长	一般
危害程度	大	较小	大	较小
影响范围	大	较小	大	较小
可控制性	低	较高	低	较高

课后练习

一、思考题

1. 如何理解“无安全，无旅游”的内涵?

2. 旅游安全具体涉及哪些方面?

3. 非传统旅游危机具体表现的特征是什么?

二、实践题

1. 以小组为单位，从各种渠道（如出版物、网站、影视节目等）寻找旅游危机种类的案例，要求每种至少有一个案例，并通过案例来分析不同类型的特点。

2. 以小组为单位，以某个旅游安全事故为例，讨论事故的归属类别以及诱发的环境因素有哪些。

第二单元
旅游活动中的安全管理实务

【学习目标】

掌握餐饮安全管理事项

掌握交通安全管理事项

掌握住宿安全管理事项

【项目导入】

某旅行团出发进行特定线路的旅游活动时，为确保旅游者在旅游的各个环节中的人身和财产安全，旅行社相关人员和导游有必要掌握相关的知识，以阻止和处理潜在的或已经产生的安全风险，毕竟旅游活动的安全保障是旅游服务最基础的部分。

旅游活动一般分为吃、住、行、游、购、娱六大部分，旅游活动安全的核心就是要保障旅游活动的每一个环节不发生意外。从更广义的角度来说，除了要杜绝在旅游过程中可能出现的各种隐患，更重要的是掌握各种问题出现的前提条件和解决突发事件的应急方案。

旅游安全管理是指为了保障旅游活动中一切当事人、财、物的安全，对旅游安全工作进行的计划、组织、协调、控制的活动。如果说旅游安全保障是旅游安全学研究和旅游安全工作的最终目的的话，那么旅游安全管理则是实现旅游安全保障这一最终目的的有效途径。在管理内容上，旅游安全管理涉及三个层面：宏观的行业安全管理层面，微观的旅游企业安全管理层面，旅游者安全管理层面。

本单元主要从微观层面，按旅游活动的六个环节，探讨和阐述旅游活动中饮食、住宿、交通、游览、购物、娱乐六个方面的旅游安全。

模块一 餐饮安全管理

餐饮在旅游活动中占有极为重要的地位，是完成旅游活动的必要基础。餐饮质量直接影响旅游者的健康状况，进而影响旅游活动能否顺利完成。因此，保障旅游者的饮食安全对于旅游者、旅游企业乃至整个旅游行业均有特殊意义。餐饮安全管理由此也成为旅游安全管理的重要一环。

案 例

2016 年 7 月 21—22 日，李女士报名参加了杭州某旅行社组织的赴山东日照旅游。旅游期间游客的食宿均由日照某旅行社组织安排。2016 年 7 月 22 日中午 12 时许，李女士和其他游客被日照某旅行社安排在日照市东港普日大酒店集体就餐，当时的食谱中有鱿鱼烧豇豆等。吃完午饭后，李女士随团乘车返回杭州，途中与其他游客相继发病，症状均为腹痛、腹泻、呕吐、发热。由于病情严重，李女士去杭州第一人民医院急诊，经诊断为急性肠胃炎。截至 7 月 24 日下午，该批游客中共有 20 人出现类似症状，17 人去医院就诊。经杭州市疾病预防控制中心检测、杭州市卫生监督局调查，包括原告在内的 20 人病症系由副溶血性弧菌污染食物而导致的食物中毒事故。根据副溶血性弧菌致病特点及该病潜伏期临床特点，2016 年 7 月 22 日的中餐是导致此次食物中毒的主要原因。

由于被告丁明喜所经营的日照市东港普日大酒店提供的食物不卫生，日照某旅行社、杭州某旅行社未能注意和制止，导致李女士食物中毒。李女士因此起诉要求酒店和旅行社公开道歉并赔偿检测费 3 200 元、医疗费 1 635.32 元、误工费 160 元、住院伙食补助费 72 元、护理费 160 元、营养费 60 元、精神损害抚慰金 100 元，合计 5 387.32 元。

法院受理后于 2016 年 11 月 8 日、12 月 12 日公开开庭审理。

原日照市东港普日大酒店已于 2016 年 11 月 29 日在工商部门办理了注销登记。被告丁明喜为原日照市东港普日大酒店业主，系个体工商户。被告丁明喜辩称无法确认原告到涉案酒店就餐，杭州市疾病预防控制中心出具的检测报告和杭州市卫生监督局做出的调查报告不符合有关法定程序，认为原告的诉讼请求缺乏事实和法律依据，请求驳回原告的诉讼请求。

被告日照某旅行社辩称，2016 年 7 月 21—22 日其接待杭州某旅行社客人 38

名，原告李女士为其中客人之一，7 月 22 日中午其安排原告等 38 人在日照市东港普日大酒店就餐。

被告杭州某旅行社辩称，李女士参加其组织的赴日照旅游，2016 年 7 月 22 日中午在日照市东港普日大酒店就餐，发生食物中毒。

法院经审理认为：本案中原日照市东港普日大酒店由于过错提供了不合格菜肴致原告食物中毒，危害了原告的身体健康，应当承担赔偿责任。因该酒店已经注销，应当由其业主被告丁明喜承担赔偿责任。被告日照某旅行社、杭州某旅行社作为经营旅游业务的单位，对游客在旅游过程中遭受的人身损害具有相应注意义务。原告的人身损害与被告日照某旅行社、杭州某旅行社组织旅游的行为存在因果关系，故两旅行社应当承担补充赔偿责任。被告丁明喜称杭州市疾病预防控制中心出具的检测报告不符合有关检测程序，未能举证证实，法院不予支持。

据此，法院一审判决山东省日照市东港普日大酒店业主丁明喜于判决生效后十日内赔偿原告李女士经济损失 2 987.32 元；同时判令日照某旅行社、杭州某旅行社对上述债务承担补充赔偿责任。

分析：

1. 旅行社一定要带游客到证照齐全、信誉良好的餐饮单位用餐。

2. 在带领游客就餐之前，旅行社应当提前对餐馆进行考察，并与合作的餐饮单位签订合作协议，明确权利义务关系与责任。

3. 一旦发生事故，带团的导游或领队要立即报告其所在的旅行社，旅行社要及时向当地卫生监督和旅游管理等相关部门报告，以寻求帮助，同时妥善做好事故调查处理的协调配合工作。

4. 安抚、治疗游客要放在首要位置，旅行社应主动垫付医药费等，事后可以根据鉴定结果向负有责任的单位进行追偿。

5. 旅行社应提示游客主动投保游客人身意外险。

一、旅游活动中的餐饮场所介绍

旅游餐饮安全问题一般都发生在旅游活动中的餐饮场所。餐饮安全管理也就是对这些场所的管理、监督和控制。旅游活动中的餐饮场所包括：

（一）饭店餐饮场所

此类餐饮场所设在旅游饭店中，由饭店提供专业化的餐饮服务。这是目前最规范、等级最高、服务最为完善的旅游餐饮场所。饭店餐饮的等级与旅游饭店的等级相一致。相对来说，饭店餐饮安全管理比较规范，也比较容易开展。

（二）社会餐饮场所

这是目前提供餐饮服务的另一种类型的场所，其服务水平参差不齐，有等级、规格均很高的餐饮企业，也有地摊式的大排档，不能一概而论。这类餐饮场所往往归在第三产业服务业的餐饮或零售业中加以管理，卫生方面漏洞较多，餐饮安全管理相对零乱。

（三）户外餐饮场所

这是指区别于前两种，在旅游景区或交通不便的旅游必经之地提供餐饮的餐饮场所，或者旅游者自己在野外进餐，这里的餐饮提供者大多数是不经卫生部门、工商管理部门许可的私人业主。这种类型的餐饮场所最容易发生饮食卫生事故、欺诈等安全问题，也是旅游餐饮安全管理中最为困难的一环。

二、发生餐饮安全问题的原因

旅游餐饮安全问题主要表现为食物中毒、疾病、盗窃、水土不服、价格欺诈及其他意外事故等几种类型。造成旅游餐饮安全问题的原因大致有以下几种：

（1）餐饮企业操作不当和违规经营，造成饮食卫生问题。

（2）餐饮企业不遵守职业道德，贪图私利，欺诈旅游者。

（3）旅游者因各种原因，没有注意个人饮食卫生。

（4）旅游者因水土不服或者劳累，导致生病。

（5）因饮食习惯差异导致旅游者与餐饮企业之间发生冲突。

（6）其他意外原因，如餐厅地滑摔伤、餐器爆炸受伤等。

三、食物中毒的急救

食物中毒的特点是潜伏期短、突然地和集体地暴发，多数表现为肠胃炎的症状，并和食用某种食物有明显关系。其特点表现为：

（1）由于没有个人与个人之间的传染过程，因此发病呈暴发性，潜伏期短，来势汹汹，短时间内可能有很多人发病，发病曲线呈突然上升的趋势。

（2）食物中毒患者一般具有相似的临床症状，常常出现恶心、呕吐、腹痛、腹泻等消化道疾病临床症状。

（3）发病与食物有关。患者在近期内都食用过同样的食物，发病范围局限在食用该类有毒食物的人群，停止食用该食物后症状很快消失，发病曲线在突然上升之后呈突然下降趋势。

（4）食物中毒患者对健康人不具有传染性。

（一）食物中毒的分类

食物中毒大体分为细菌性食物中毒、真菌毒素中毒、动物性食物中毒、植物性食物中毒、化学性食物中毒五种。

1. 细菌性食物中毒

细菌性食物中毒是指人们因摄入含有细菌或细菌毒素的食品而引起的食物中毒。引起细菌性食物中毒的原因有很多，其中最主要、最常见的原因就是食物被细菌污染。我国近五年食物中毒统计资料表明，细菌性食物中毒占食物中毒总数的50%左右，而动物性食品是引起细菌性食物中毒的主要食品，其中肉类及熟肉制品居首位，其次为变质禽肉、病死畜肉以及鱼、奶、剩饭等。食物被细菌污染主要有以下几个原因：

（1）禽畜在宰杀前就是病禽、病畜。

（2）刀具、砧板及用具不洁，生熟交叉感染。

（3）卫生状况差，蚊蝇滋生。

（4）餐饮从业人员带菌导致食物被污染。

然而，并不是人吃了细菌污染的食物就马上会发生食物中毒，只有细菌污染了食物并在食物上大量繁殖达到可致病的数量或繁殖产生致病的毒素，人吃了这种食物才会发生食物中毒。细菌性食物中毒的发生还与不同区域人群的饮食习惯有密切关系。美国人多食肉、蛋和糕点，葡萄球菌食物中毒最多；日本人喜食生鱼片，副溶血性弧菌食物中毒最多；中国人食用畜禽肉、禽蛋类较多，多年来一直以沙门氏菌食物中毒居首位。引起细菌性食物中毒的始作俑者有沙门氏菌、葡萄球菌、大肠杆菌、肉毒杆菌、肝炎病毒等。这些细菌、病毒可直接寄生在食物中，也可经过食品操作人员的手或容器污染其他食物。当人们食用这些被污染过的食物后，有害菌所产生的毒素就可能会引起中毒。

2. 真菌毒素中毒

真菌在谷物或其他食品中生长繁殖产生有毒的代谢产物，人和动物食入这种毒性物质发生的中毒，称为真菌毒素中毒。中毒的发生主要通过被真菌污染的食品，用一般的烹调方法加热处理不能破坏食品中的真菌毒素。真菌生长繁殖及产生毒素需要一定的温度和湿度，因此中毒往往有比较明显的季节性和地区性。

3. 动物性食物中毒

食入动物性有毒食品引起的食物中毒即动物性食物中毒。动物性有毒食品主要有两种：1）天然含有有毒成分的动物或动物的某一部分，将此当作食品误食易引起中毒反应；2）在一定条件下产生了大量有毒成分的可食的动物性食品（如鲐鱼等）

食用后也可引起中毒。近年来，我国发生的动物性食物中毒主要是河豚中毒，其次是鱼胆中毒。

4. 植物性食物中毒

植物性食物中毒主要包括：1）将天然含有有毒成分的植物或其加工制品当作食品，如食入桐油、大麻油等引起的食物中毒；2）在食品的加工过程中，将未能破坏或除去有毒成分的植物当作食品食用，如木薯、苦杏仁等；3）在一定条件下，食用含有大量有毒成分的植物性食品，如鲜黄花菜、发芽马铃薯、未腌制好的咸菜或未烧熟的扁豆等。一般来说，植物性食物中毒因误食有毒植物或植物种子，或烹调加工方法不当，没有把植物中的有毒物质去掉而引起。最常见的植物性食物中毒为菜豆中毒、毒蘑菇中毒、木薯中毒。植物性食物中毒多数没有特效疗法，尽早排除毒物对中毒者的预后非常重要。

5. 化学性食物中毒

食入化学性有毒食物引起的食物中毒即化学性食物中毒。化学性食物中毒主要包括：1）误食被有毒害的化学物质污染的食品；2）因食用添加非食品级的或伪造的或禁止使用的食品添加剂、营养强化剂的食品，以及超量使用食品添加剂而导致的食物中毒；3）因贮藏等原因，造成食品营养素发生化学变化，如油脂酸败引起中毒。化学性食物中毒发病特点是：发病与进食时间、食用量有关。一般进食后不久发病，具有群体性，患者有相同的临床表现。剩余食品、呕吐物、血和尿等样品中可测出有关化学毒物。

（二）急救措施

一旦发生食物中毒呕吐、腹泻等症状，千万不能惊慌失措，应冷静分析发病的原因，针对引起中毒的食物以及食用的时间长短，及时采取如下应急措施：

1. 催吐

如果食用时间在 1～2 小时内，可使用催吐的方法。立即取食盐 20 克加开水 200 毫升溶化，冷却后一次喝下，如果不吐，可多喝几次，迅速促进呕吐。亦可用鲜生姜 100 克捣碎取汁，用 200 毫升温水冲服。如果食用的是变质的荤腥食物，则可服用十滴水（一种中成药）来促使迅速呕吐。此外，还可用筷子、手指等刺激咽喉，引发呕吐。

2. 导泻

如果食用时间较长，在 2～3 小时内，患者精神较好，则可服用泻药，促使有毒食物尽快排出体外。一般用大黄 30 克一次煎服，老年患者可选用元明粉 20 克，用开水冲服，即可缓泻。对体质较好的老年患者，也可采用番泻叶 15 克一次煎服，或用开水冲服，也能达到导泻的目的。

3. 解毒

如果是吃了变质的鱼、虾、蟹等引起的食物中毒，可取食醋 100 毫升加水 200 毫升，稀释后一次服下。此外，还可采用紫苏 30 克、生甘草 10 克一次煎服。若误食了变质的饮料或防腐剂，最好的急救方法是用鲜牛奶或其他含蛋白的饮料灌服。

如果经上述急救，症状未见好转，或中毒较重者，应尽快送医院治疗。在治疗过程中，要给患者以良好的护理，尽量使其保持安静，避免精神紧张，并且注意休息，防止受凉。

4. 补充液体

补充足量的液体，尤其是凉开水。由于呕吐、腹泻造成体液大量损失，会引起多种并发症状，直接威胁患者的生命安全，这时应大量饮用清水，以促进致病菌及其产生的肠毒素的排除，从而减轻中毒症状。

需强调的是，呕吐与腹泻是机体防御功能起作用的一种表现，它可排除一定数量的致病菌释放的肠毒素，故不应立即用止泻药，特别对有高热、毒血症及黏液脓血便的患者更应避免使用，以免加重中毒症状。

（三）常见易引发中毒食物

1. 鲜木耳

常见问题：鲜木耳与市场上销售的干木耳不同，含有叫作“卟啉”的光感物质。这种物质如果被人体吸收，经阳光照射，能引起皮肤瘙痒、水肿，甚至可致皮肤坏死。若水肿出现在咽喉黏膜，还能导致呼吸困难。

应对方法：新鲜木耳应晒干后再食用。暴晒过程会分解大部分“卟啉”。市面上销售的干木耳，也需经水浸泡，使可能残余的毒素溶于水中。

2. 鲜海蜇

常见问题：新鲜海蜇皮体较厚，水分较多。研究发现，海蜇含有四氨络物、5-羟色胺及多肽类物质，有较强的组胺反应，容易引起中毒，使人出现腹泻、呕吐等症状。

应对方法：只有经过食盐加明矾盐渍 3 次（俗称“三矾”），使鲜海蜇脱水，才能将毒素排尽，方可食用。“三矾”海蜇呈浅红或浅黄色，厚薄均匀且有韧性，用力挤也挤不出水。海蜇有时会附着副溶血性弧菌，其对酸性环境比较敏感。因此凉拌海蜇时，应放在淡水里浸泡两天，食用前加工好，再用醋浸泡 5 分钟以上，就能消灭全部副溶血性弧菌。

3. 鲜黄花菜

常见问题：含有毒成分“秋水仙碱”。如果未经水焯、浸泡就急火快炒后食用，可能导致头痛头晕、恶心呕吐、腹胀腹泻，甚至体温改变、四肢麻木。秋水仙碱在体内氧化为二秋水仙碱，0.5～4 小时内会引发恶心、呕吐、腹痛、腹泻、头晕、头疼、口渴、喉干等症状。

应对方法：干制黄花菜无毒。若想尝尝新鲜黄花菜的滋味，应去其条柄，开水焯过，然后用清水充分浸泡、冲洗，使秋水仙碱最大限度溶于水中。建议将新鲜黄花菜蒸熟后晒干，若需要食用，取一部分加水泡开，再进一步烹调。如果出现中毒症状，不妨喝一些凉盐水、绿豆汤或葡萄糖溶液，以稀释毒素，加快排泄。症状较重者，应立刻去医院治疗。

4. 变质蔬菜

常见问题：在冬季，蔬菜特别是绿叶蔬菜储存一天后，其含有的硝酸盐成分会逐渐增加。人吃了不新鲜的蔬菜，肠道会将硝酸盐还原成亚硝酸盐。亚硝酸盐会使血液丧失携氧能力，导致人头晕头痛、恶心腹胀、肢端青紫等，严重时还可能发生抽搐、四肢强直或屈曲，进而昏迷。

应对方法：如果中毒严重，一定要送医院治疗。而轻微中毒的情况下，患者可食用富含维生素 C 或茶多酚等抗氧化物质的食品加以缓解。由于大蒜能阻断有毒物的合成进程，因此民间说大蒜可杀菌是有道理的。需要提醒的是，蔬菜当天买当天吃完最好。有些市民习惯将大白菜、青椒等用报纸包裹着放在冰箱里，这也是不可取的。

5. 变质生姜

常见问题：生姜适宜放在温暖、湿润的地方，储存温度以 12℃～15℃为宜。如果储存温度过高，生姜容易腐烂。变质生姜含毒性很强的物质“黄樟素”，该物质一旦被人体吸收，即使量很少，也可能引起肝细胞中毒变性。人们常说“烂姜不烂味”，这种观点是错误的。

应对方法：如果发现生姜表皮变软，挤出汁的同时伴有辛辣异味，这说明生姜已经变质，千万不能食用，误食后若出现头晕眼花、恶心、腹痛等症状，应及时就医。

6. 霉变甘蔗

常见问题：霉变的甘蔗“毒性十足”。霉变甘蔗的外观无正常光泽、质地变软，肉质变成浅黄或暗红、灰黑色，有时还会出现霉斑。如果闻到酒味或霉酸味，则表明甘蔗严重变质。甘蔗阜孢霉、串珠镰刀菌等产生的霉菌毒素 10 分钟～48 小时内可导致中枢神经系统受损。轻者出现头晕头痛、恶心呕吐、腹痛腹泻、视力障碍等症状，严重者可能引发抽搐、四肢强直或屈曲，进而昏迷。

应对方法：观其色、闻其味之后，如果发现有可疑，请一定不要食用，因为霉变甘蔗中含有神经毒素，而且目前还没有特效的解毒药。儿童的抵抗力较弱，要特别注意。

7. 长斑红薯

常见问题：红薯表面出现黑褐色斑块，表明受到黑斑病菌（一种霉菌）污染，排出的毒素有剧毒，不仅使红薯变硬、发苦，而且对人体肝脏影响很大。这种毒素无论使用煮还是蒸或烤的方法都不能使之破坏。因此，有黑斑病的红薯，不论生吃或熟吃，均可引起中毒。

应对方法：在食用红薯时，若发现口感生硬、结块且味苦，应立即停止食用，并且饮用淡盐水进行催吐。

8. 生豆浆

常见问题：未煮熟的豆浆含有皂素等物质，不仅难以消化，还会引发恶心、呕吐、腹泻等症状。

应对方法：豆浆一定要彻底煮开再喝。当豆浆煮至85℃～90℃时，皂素容易受热膨胀，产生大量泡沫，让人误以为已经煮熟。家庭自制豆浆或煮黄豆时，应在100℃的条件下，加热约10分钟，才能放心食用。还需注意，别往豆浆里加红糖，否则红糖所含的醋酸、乳酸等有机酸会与豆浆中的钙结合，产生醋酸钙、乳酸钙等块状物，不仅降低豆浆的营养价值，而且影响营养素吸收。此外，豆浆中的嘌呤含量较高，痛风病人不宜饮用。

9. 青番茄

常见问题：青番茄含有与发芽土豆相同的有毒物质——龙葵碱，人体吸收一定量后会出现头晕恶心、流涎呕吐等症状，严重者发生抽搐，甚至危及生命。

应对方法：关键要选熟番茄。首先，外观要彻底红透，不带青斑。其次，熟番茄酸味正常，无涩味。最后，熟番茄蒂部自然脱落，外形平展。有时青番茄因存放时间久，外观虽然变红，但茄肉仍保持青色，此种番茄同样对人体有害，需仔细分辨。购买时，应看一看番茄根蒂，若采摘时为青番茄，蒂部常被强行拔下，皱缩不平。

（四）预防食物中毒和用药说明

旅途中保持身体健康的首要问题就是时刻注意饮食卫生，经常消毒，适量用药，防止病从口入。旅行中的饮食卫生，重点要注意以下几个方面：

（1）饮水卫生。一般而言，生水是不能饮用的，旅途饮水以开水和消毒净化过的自来水最为理想，其次是山泉和深井水，江、河、塘、湖水千万不能生饮。无合格水可饮时，可用瓜果代替。

（2）瓜果一定要洗净或去皮吃。因为瓜果除了受农药污染外，在采摘与销售过程中也会受到病菌或寄生虫的污染。

（3）慎重对待每一餐，饥不择食要不得。高中档的饮食店一般可放心去吃，大排档的食物可有选择性地吃，摊位或沿街摆卖（推车卖）的食物不要去吃。旅行中虽然饥肠辘辘的情况不少，但小摊小贩的食物不宜去碰。

（4）学会鉴别饮食店卫生是否合格。合格的一般标准应是：有卫生许可证，有清洁的水源，有消毒设备，有防尘设备，食品原料新鲜，无蚊蝇，周围环境干净，收款人员不接触食品且钱票与食品保持相当距离。

（5）在车船或飞机上要节制饮食。乘行时，由于没有运动条件，食物的消化过程延长、速度减慢，如果不节制饮食，必然增加胃肠的负担，可能引起肠胃不适。

为了谨防肠道传染病，这里有一种简易方法：旅游时随身携带一小瓶浓度为75%的酒精的棉球，棉球用酒精浸着，瓶要密闭。当你进食前，从瓶内取出几个棉球，迅速擦拭餐具和手。这是因为一切肠道传染病病菌，一旦接触到浓度为75%的酒精就会被消灭。

另外，应适当地服用药物。黄连素片是预防和治疗腹泻的良药，如果在旅途中进食后感到胃肠不适，或觉得饮食店的卫生不尽如人意，或食物不太新鲜，均可立服黄连素片2～3片，定能起到预防作用。

如果不慎染上急性腹泻，应立刻采取治疗措施。急性腹泻如果治疗不及时，就会转变成慢性肠炎。慢性肠炎可反复发作，很难彻底治愈。因此，对急性腹泻一定要急治，治疗方法可参考以下几点：

（1）口服黄连素片3片，每日3～4次。

（2）口服痢特灵1～2片，每日3次，注意过量很可能引起胃痛和厌食。

（3）口服易蒙停胶囊，首次2粒，以后每次腹泻后服1粒，至治愈为止，但每日不超过8粒。

如无随身携带的药物，可按摩治疗，效果亦十分理想，方法是：患者俯卧，两肘撑在床上，两掌托腮，用枕头或其他软物（约20厘米厚）垫在靠膝盖的大腿下使腰部弯曲；施治者用两拇指按在第二腰椎棘突（棘突即脊梁骨上突起的、能用手触到或可看到的隆起骨）的两侧以强力朝脚的方向按压2分钟。如此重复数次即可止泻。

四、价格欺诈的应对措施

价格欺诈主要是指餐饮经营业主对旅游者的欺诈行为，这种欺诈行为主要表现为诱骗、敲诈、强买强卖及宰客。相对于盗窃案件，经营业主的欺诈行为更为可恶、对旅游者造成的精神伤害更大。

案 例

案例1

收茶位费、上餐前小食已是深圳餐饮业内不成文的惯例。游客陈先生称，他曾遭遇过被强收茶位费和强收餐前小吃费的情况。陈先生说，在深圳部分餐厅吃饭，不管喝不喝茶，很多时候坐下就会收费；有的餐厅服务员太热情，自己还没看菜单、没看茶位费价目表，对方不作任何说明就倒茶，经常糊里糊涂地喝到了“极品茶叶”，随便一杯就十几元或几十元，防不胜防。上茶的同时还会上小菜，都是要收费的，2 元至 10 元不等。陈先生强调，在退单尤其是退小菜、米饭、纸巾等单价较小的收费时，一定要看到服务员在点菜单上有明确的标记，否则很容易在买单时遇到实际并未被退单的情况。

另外，价格欺诈已成为餐饮业生存的潜规则，重复多算、偷偷加价等陷阱屡见不鲜。游客方先生接受记者采访时称，自己在深圳酒店吃饭时曾遭遇 3 次店家“两套标价”结账法，即点菜时的菜单价格和买单时的账单价格不一样。第 1 次是自己请客，碍于面子没有细查价格，只是感觉有些高；第 2 次询问服务员核查后，对方辩称点菜时用的是旧菜单，后来才知道这其实是商家的惯用伎俩。

方先生表示，深圳部分餐厅模糊标价，菜谱上不标明具体价格，使用的是时价或位、份、例等不明确的标价。此外，部分贴出“某月某日至某月某日在本店消费一律打 8 折”广告的酒店，其折扣实际上只针对价格低的饭菜，值钱的海鲜和烟、酒水一律不打折，这些菜品非但不优惠，要价往往还比平时高很多，虚假折价下消费者会吃亏更多。

案例2

2015 年 10 月 4 日，青岛交通广播 FM897 报道，有网友爆料称，其在青岛市乐陵路“善德活海鲜烧烤家常菜”吃饭时遇到宰客事件，该网友称点菜时已向老板确认过“海捕大虾”是 38 元一份，结果结账时变成 38 元一只，一盘虾的价格就高达 1 500 余元。

案例3

青岛蓬莱景区的一些餐饮店里打着“蛤蜊 15 元一盘”的招牌，客人以为 15 元一份，等点了这道菜之后，商家往往用一个小竹篮呈上来。等客人结账时，店家当着客人的面把竹篮里的蛤蜊壳倒在小碟盘中，每个碟盘只能盛放3～4只蛤蜊，结果一篮子的蛤蜊能盛放在十几个盘中，客人必须支付那十几盘的钱方能离开。

分析：

餐饮行业价格欺诈屡屡见诸媒体，对当地的旅游形象造成极其恶劣的影响。对于游客而言，要积极防范此类风险。

应对价格欺诈，首先应科学合理地选择用餐地点和场所，非必要时尽量少去旅游景区、景点周围的餐馆、饭店。出租车、人力三轮车拉你去的地方不要去，街头派小传单的地方不要去，那些提供令人血脉偾张的优惠与诱惑的地方不要去。因为景区周围的店面和雇人做托的店铺的租金、成本较一般店铺要高很多，有些商家为了谋利铤而走险，用低价餐饮、酒水的招牌或者模糊定价的方式吸引不知情的游客，等客人用餐后，店家再用另一套计价方式迫使客人支付高额的费用，如若客人有异议，就会遭受人身伤害的威胁。用餐地点应尽量选择在市中心正规的餐饮经营场所，可以通过网络平台的信息反馈来做合理的选择。

其次，遇到价格欺诈，你最需要的就是冷静下来，打量一下周围的状况。一般而言，这些欺客宰客的黑店的典型手法就是恐吓、威胁、侮辱，如果不见效，就继续恐吓、威胁、侮辱，甚至有动手殴打的情况。作为受害者，要理性维权，切莫与经营者直接发生肢体冲突，正确的做法如下：

第一，只要商家涉嫌有以下违规行为的一种或者几种，马上拨打12315寻求帮助：非法经营、缺斤短两、未使用电子秤具、利用广告招牌虚假宣传、价格欺诈、经营国家保护动物、标价不全、招手拉客等。

第二，注意收集和保存证据，在吃饭前要用手机拍下所点的东西；一般在买完结账的时候，海鲜店的老板都会让客人签字确认，如果觉得价格有问题，千万别签；保留收据和发票，打开手机的录音功能，把和店家交涉的内容和店家的威胁等全部进行录音，以作为报案的证据。

模块二　住宿安全管理

在外旅游，住宿安全被提到一个非常重要的位置。在整个旅游活动过程中，旅游者都处在一个陌生的环境中，只有住宿的地点是一个相对独立和安全的场所，在这个场所，旅游者可获得重新投入旅游活动前的身心放松和休息。旅游者往往认为，住宿场所是整个旅游活动中最可放心和值得信赖的“庇护所”。

然而，住宿场所（酒店）是一个公共场所，是一个消费场地，每天都有大量的人流、物流和信息流。人流中，有住客、访客，也可能有伺机作案的犯罪分子，犯罪分子往往又不能从外表来确认；物流中，既有客人与酒店、客人与客人的物流过程，又有客人与外界的物流过程；信息流既包括电波流、文件流、数据流，也包括商务过程的洽谈、会议期间的报告和产品演示的交流。大量的人流、物流与信息流的存在造成了住宿场所（酒店）安全环境的复杂性。因此，旅游住宿实际上是旅游活动中旅游安全问题的高发环节之一。

案　例

一天傍晚，北京某酒店总服务台的电话铃响了，服务员小姚马上接听，对方自称是住店的一位美籍华人的朋友，要求查询这位美籍华人。小姚迅速查阅了住房登记中的有关资料，向他报了几个姓名，对方确认其中一位就是他找的人，小姚未加思索，就把这位美籍华人所住房间的号码818告诉了他。

过了一会儿，酒店总服务台又接到一个电话，打电话者自称是818房的“美籍华人”，说他的侄子（姓谢）要来看他，此时他正在谈一笔生意，不能马上回来，请服务员把他房间的钥匙交给他的侄子，让其在房间等候。接电话的小姚满口答应。

又过了一会儿，一位西装笔挺的男青年来到服务台前，自称是那位美籍华人的侄子，要取钥匙。小姚见了，就毫无顾虑地把818房间的钥匙交给了那男青年。晚上，当那位真正的美籍华人回房时，发现一只高级密码箱不见了，其中包括一份护照、几千美元现金和若干首饰。

以上即是由一个犯罪青年分别扮演“美籍华人的朋友”“美籍华人”和“美籍华人的侄子”，而演的一出诈骗饭店的丑剧。几天后，当这位神秘的男青年又出现在另一家酒店用同样的手法搞诈骗活动时，被具有高度警惕性、严格按酒店规章制度与服务规程办事的总台服务员和总台保安员识破，并被当场抓获。

分析：

冒名顶替是不法分子在酒店犯罪作案的惯用伎俩。相比之下，本案例中的这位犯罪青年的诈骗手法并不高明。总台服务员只要提高警惕，严格按规章制度办事，罪犯的骗局完全可以防范。

首先，按酒店通常规定，为了保障入住客人的人身、财产安全，其住处对外应严格保密，即使是了解其姓名等情况的朋友、熟人要打听其入住房号，总台服务员也应谢绝。变通的办法有：可为来访或来电者拨通客人房间的电话，由客人与来访或来电者直接通话；如客人不在，可让来访者留条或留电，由总台负责转送或转达给客人。这样既遵守了酒店的规章制度，保护了客人的隐私，又沟通了客人与其朋友、熟人的联系。本案例中打电话者连朋友的姓名都叫不出，令人生疑，总台服务员更应谢绝要求。

其次，“美籍华人”打电话要总台让其“侄子”领了钥匙进房等候，这个要求也是完全不能接受的。因为按酒店规定，任何人只有凭住宿证方能领取钥匙入房。仅凭一个来路不明的电话“委托”，如何证明来访者的合法性？总台服务员仅根据一个电话便轻易答应别人的“委托”，明显违反了服务规程，是很不应该的。总台若能把好这第二关，犯罪分子的诈骗阴谋仍然来得及制止。

一、酒店住宿安全类型分析

酒店安全环境的复杂性决定了在酒店住宿安全系数的偏低，为确保旅游者的人身和财产不受损失，就需要有针对性地对各种潜在的安全问题类型做出归纳和总结，提出相应的对策。

（一）旅游住宿场所类型

目前，我国旅游住宿接待设施或旅游住宿场所大体分为以下四种类型：

1. 旅游酒店

这是由国家行业行政部门统一管理，有严格审查和检查的旅游住宿接待设施。只有符合特定的标准，才可以被认定为旅游酒店。这类住宿接待设施等级较高。

2. 招待所、旅社等

这类住宿场所没有旅游酒店高级，未获取相应的认可，但仍然受政府部门的检查管理，有工商部门颁发的营业执照。这类住宿场所是目前旅游接待设施的重要组成部分，较受低收入旅游者和青年背包客的欢迎。

3. 临时家庭旅馆

这类住宿场所是指未经工商部门核准、备案，临时供旅游者住宿的场所。临时家庭旅馆在卫生、安全等方面往往没有保障，对当地社会经济文化、主人道德水平的依赖程度较高。

4. 野外宿营地

这是指任何可供露宿的野外场所，往往是青年背包客和探险爱好者的首选。这类住宿场所没有任何安全保障措施，国家目前也没有对此种住宿场地制定相关规定。严格地讲，这不属于住宿接待设施，只能属于住宿场所。

考虑到行业管理的可操作性以及旅游住宿接待设施的主流性质，我们仅以前两类旅游住宿接待设施尤其是旅游酒店为例来论述住宿安全。

(二) 住宿安全管理涉及的层面

1. 宏观行业安全管理

宏观行业安全管理是指全国性、地区性的行业安全管理，由国家或地区制定相应的法规，设置专门的机构和人员，对全国住宿接待设施加以规范、管理，检查住宿接待设施的安全状况、管理工作，从宏观上把握住宿业的行业安全。例如：通过《中华人民共和国消防法》《治安管理处罚法》《旅馆业治安管理办法》对住宿业的治安、消防等予以宏观管理。因此，行业安全管理很大程度上依靠国家、地区的安全管理政策法规。

2. 微观住宿企业安全管理

微观住宿企业安全管理主要是指住宿接待企业根据国家的相应政策法规开展的企业内部安全管理。住宿接待企业内部的安全环节千头万绪，安全管理工作较为琐碎，难度也较大。归纳起来，微观住宿企业安全管理涉及以下几方面：1）安全管理规章制度；2）安全管理机构；3）安全设施设备；4）部门安全管理；5）防火、防盗；6）其他安全管理。

3. 旅游者管理

旅游者管理包括以下两方面内容：

（1）对旅游者的管理与引导。一方面，要对旅游者进行管理，防止旅游者借助旅游者身份的掩护变成犯罪分子和旅游安全问题的故意肇事者；另一方面，要正确引导旅游者，使旅游者能够遵守相应的安全规章制度，安全操作，不致引发旅游安全问题。例如：据统计，酒店火灾中约有40%是由客人吸烟不注意引发的。因此，引导旅游者不要卧床吸烟和对住宿的旅游者加强管理显得非常重要。

（2）旅游者的自我安全管理。旅游安全问题的发生，有很大一部分是由旅游者自身的原因造成的。例如：旅游者疏忽大意而在住宿场所丢失东西或物品被盗，旅游者吸烟引发火灾，等等。因此，旅游者一方面要提高警惕，充分认识到旅游住宿中潜在的安全隐患；另一方面应该尽量克制自己的不良行为，以免让自己成为旅游安全问题的制造者。

（三）住宿安全管理的内容

住宿安全管理的内容主要包含：以偷盗为主的犯罪行为；火灾；卫生与健康；隐私安全；等等。

1. 以偷盗为主的犯罪行为

旅游住宿安全中的犯罪大多以偷盗为主，可以说盗窃案件是发生在酒店中最普遍、最常见的犯罪行为之一。酒店是一个存放有大量财产、物资、资金的公共场所，极易成为盗窃分子进行犯罪活动的目标。酒店客人的物品新奇、小巧、价值高，酒店客人把钱财在客房内随意存放，酒店的许多物品具有家庭使用或出售的价值等都成为诱惑不法分子犯罪的因素。盗窃案件对酒店造成的后果也较为严重，不但造成客人和酒店的财产损失，而且使酒店的名誉受损，直接影响酒店的经营。

2. 火灾

火灾是因失火而造成的住宿场所人员伤亡和财产损失的灾害。由于住宿接待设施尤其是酒店建筑费用高、内部设施完善、装饰豪华、流动资金和各类高档消耗品储存较多，且多地处繁华地段，一旦发生火灾，其直接经济损失较高。酒店火灾不仅危及客人、酒店员工的生命，使酒店遭受重大的经济损失且名誉严重受损，部分酒店发生的火灾甚至还给国家带来不可估量的损失。

3. 卫生与健康

酒店住宿的一大特点就是住宿场所的重复使用率非常高，也就是同一个场所要接待各类客人入住，这就不可避免会导致细菌、病菌的高度集中，并且引发交叉传播。于是，酒店客房成了各类传染病的源头，给旅游者的身体健康造成了严重的威胁。因此，“求卫生”也是旅游者对酒店住宿场所继“求安全”之后的第二大要求。

4. 隐私安全

住宿场所是能让旅游者在陌生环境中感觉身心放松的地方，因为他们觉得这里能够保证个人的隐私。隐私安全是指客人的一些个人生活习惯、爱好、嗜好甚至一些不良行为和生理缺陷的安全保障问题。客人住店期间，或在消费中，或在接受服务过程中会无意间流露出难以启齿的个人生活中的一些嗜好、不良习惯与行为，甚至一些生理缺陷。这些隐私如果外泄，会影响客人的情绪甚至影响其工作，严重者会导致客人产生极端的想法和举动。

二、酒店火灾事故的避险和处理

酒店住宿一般都在楼层较高的地方，高楼层在避免外界嘈杂环境的同时增添了火灾发生时的逃生难度。而且酒店内部一般都有大量的木板、泡沫、地毯等装饰品，这些都属于易燃品，加之有些酒店年久失修，电线线路老化，存在火灾隐患。酒店火灾的预防和自救要做好以下几个方面：

（一）留意酒店的安全标识

在下榻陌生的酒店时，里面有一些非常人性化的安全设施，是设计者按照通用的建筑规范为酒店设置的，它们有特殊的位置、特别的用途，不是每个人都明白它们的功能。你是否注意到了以下与安全相关的细节，并能够像了解飞机上的安全装置那样主动地了解它们？

1. 客房门背后的图纸不是白画的，应该读懂

据了解，进了客房，半数以上的客人不会注意门后的“逃生路线图”。它一般是一张印有本楼层平面示意的图纸，本房间的位置和房号被清晰地标记出来，同时有一个箭头（通常是红色）自房间的位置沿走廊指向最近的疏散部位——高层酒店建筑中通常不走的疏散用的楼梯间。因为火灾时，普通的电梯是不能使用的，除非有特别标识。

逃生路线图是客房设计之中必备的，它不起眼，只在关键时刻起作用，在发生火灾等意外事件时，熟悉它的人会比较容易并且迅速地找到出路。紧急时刻，人们往往不冷静，更不会也来不及看图，内部空间简单的情况下还容易找到楼梯，否则会很被动。因此，在入住酒店的第一时刻读懂这张图很有必要。

2. 留意门上、墙下绿色指示牌

还有一种装置能够在关键时刻帮助人们，它是一些绿色长方形、画着人奔跑形态的指示牌。在火灾发生时，为了避免更大的意外，正常的照明用电会被切断，这些接有应急照明的绿牌子会显得异常明亮。按照它们的引导，人们无论在走廊、餐厅还是会议室等公共空间里，都能以最便捷的路线找到出口。公共部分的大房间里，这个牌子通常在门的上方，表明从这里出去；到了走廊里，它通常在墙的下方，因为发生火灾时，有毒气体在上方，人们应该俯身或匍匐前进，指示牌位于距地面几十厘米的高度刚好方便看到。

3. 疏散门的开启方向有讲究

符合规范要求的酒店建筑，房间门到外部出口或楼梯间的最大距离都会控制在一定范围内。例如：高层酒店建筑（高度超过 24 米），房间门到最近楼梯间的最大距离是 30 米（位于两个安全出口之间的房间）和 15 米（位于袋形走廊两侧或尽端的房间）。疏散途中的门和楼梯间的门都是开向逃生疏散方向的，只要向外用力，就可以方便打开而不至于浪费时间。还有一种疏散用的门，设计上更加周到，它加上

了一种特殊五金件，用身体的任何部位推、撞就可以轻易打开，避免了慌忙之中找扶手的麻烦。

4. 发现防毒面具摆在柜子里

房间中有防毒面具的酒店一般比较高档，这个装置在规范中不是必需的。然而不是每个人都能发现它，或者发现了也没在意怎么用。其实，看看说明，学会一招，没什么不好。随着建筑物防灾设计日益先进，会有更多相应的新鲜事物出现，多留心、多观察，虽没有专人指导，至少有意识自己学。

另外，还要注意避免一些可能引发火灾的行为，例如：酒后卧床吸烟或是坐在沙发上吸烟，可能在香烟未燃尽时人已睡着，因烟头引燃沙发和床上用品而导致火灾；蜡烛放在木制的桌子上，当蜡烛燃尽或是被碰倒后会引燃桌子或是桌上的可燃物；蚊香放在床边，会因床上用品掉到蚊香上而引发火灾；用遥控器关电器而不拔掉插头，电器的部分部件在长期通电状况下会因发热而引发火灾，或是因雷击而引发电器火灾；将球形金鱼缸放在阳光下，这就如同在阳光下放置一个凸透镜，会引起焦点处可燃物燃烧。另外，也不要将易燃、易爆、腐蚀性、放射性的物品或化学药品带入客房。

（二）火场中的逃生要诀

每个人都在祈求平安，但天有不测风云，人有旦夕祸福。一旦火灾降临，在浓烟毒气和烈焰包围下，不少人葬身火海，也有人死里逃生幸免于难。“只有绝望的人，没有绝望的处境”，面对滚滚浓烟和熊熊烈焰，只要冷静机智地运用火场自救与逃生知识，就有极大可能拯救自己。因此，多掌握一些火场自救的要诀，在困境中也许就能获得第二次生命。

第一要诀：熟悉环境，暗记出口。当处在陌生的环境时，为了自身安全，务必留心疏散通道、安全出口及楼梯方位等，以便关键时候能尽快逃离现场。请记住：在安全无事时，一定要居安思危，给自己预留一条通路。

第二要诀：通道出口，畅通无阻。楼梯、通道、安全出口等是火灾发生时最重要的逃生之路，应保证畅通无阻，切不可堆放杂物或设闸上锁，以便紧急时能安全迅速地通过。请记住：自断后路，机会渺茫。

第三要诀：扑灭小火，惠及他人。发生火灾时，如果发现火势并不大，且尚未对人造成很大威胁，当周围有足够的消防器材，如灭火器、消防栓等时，应奋力将小火控制、扑灭；千万不要惊慌失措地乱叫乱窜，置小火于不顾而酿成大灾。请记住：要争分夺秒，扑灭“初期火灾”。

第四要诀：保持镇静，明辨方向，迅速撤离。突遇火灾，面对浓烟和烈火，要强令自己保持镇静，迅速判断危险地点和安全地点，决定逃生的办法，尽快撤离险地。千万不要盲目地跟从人流和相互拥挤、乱冲乱窜。撤离时要注意，朝明亮处或外面空旷地方跑，要尽量往楼层下面跑，若通道已被烟火封阻，则应背向烟火方向离开，通过阳台、气窗、天台等往室外逃生。请记住：人只有沉着镇静，才能想出好办法。

第五要诀：不入险地，不贪财物。身处险境，应尽快撤离，不要因害羞或顾及贵重物品，而把逃生时间浪费在寻找、搬离贵重物品上。已经逃离险境的人员，切莫重返险地，自投罗网。请记住：留得青山在，不怕没柴烧。

第六要诀：简易防护，蒙鼻匍匐。逃生时经过充满烟雾的路线，要防止烟雾中毒、预防窒息。为了防止火场浓烟呛入，可采用毛巾、口罩蒙鼻以及匍匐撤离的办法。烟气较空气轻而飘于上部，贴近地面撤离是避免烟气吸入、滤去毒气的最佳方法。穿过烟火封锁区，应佩戴防毒面具、头盔、阻燃隔热服等护具，如果没有这些护具，那么可向头部、身上浇冷水或用湿毛巾、湿棉被、湿毯子等将头、身裹好，再冲出去。请记住：多件防护工具在手，总比赤手空拳好。

第七要诀：善用通道，莫入电梯。按规范标准设计建造的建筑物，都会有两条以上逃生楼梯、通道或两个以上安全出口。发生火灾时，要根据情况选择进入相对安全的楼梯、通道。除可以利用楼梯外，还可以利用建筑物的阳台、窗台等攀到周围的安全地点，沿着落水管、避雷线等建筑结构中凸出物滑下楼也可脱险。在高层建筑中，电梯的供电系统在发生火灾时随时会切断或因热的作用电梯变形而使人被困在电梯内，同时由于电梯井犹如贯通的烟囱般直通各楼层，毒烟雾直接威胁被困人员的生命。请记住：火灾发生时，禁止使用电梯逃生。

第八要诀：缓降逃生，滑绳自救。高层、多层公共建筑内一般都设有高空缓降器或救生绳，你可以通过这些设施安全地离开危险的楼层。如果没有这些专门设施，而安全通道又已被堵，救援人员不能及时赶到的情况下，你可以迅速利用身边的绳索或床单、窗帘、衣服等自制简易救生绳，并用水打湿从窗台或阳台沿绳缓滑到下面楼层或地面，从而安全逃生。请记住：胆大心细，救命绳就在身边。

第九要诀：避难场所，固守待援。假如用手摸房门已感到烫手，此时一旦开门，火焰与浓烟势必迎面扑来。或者逃生通道被切断，且短时间内无人救援。这种时候，可采取创造避难场所、固守待援的办法。首先应关紧迎火的门窗，打开背火的门窗，用湿毛巾、湿布塞堵门缝或用水浸湿棉被蒙上门窗然后不停用水淋透房间，防止烟火渗入，固守在房内，直到救援人员到达。请记住：坚盾何惧利矛？

第十要诀：缓晃轻抛，寻求援助。被烟火围困暂时无法逃离的人员，应尽量待在阳台、窗口等易于被人发现和能避免烟火近身的地方。在白天，可以向窗外晃动鲜艳衣物，或外抛轻型晃眼的东西；在晚上，可以用手电筒不停地在窗口闪动或者敲击东西，及时发出有效的求救信号，引起救援人员的注意。请记住：充分暴露自己，才能争取有效拯救自己的机会。

第十一要诀：火已及身，切勿惊跑。火场上的人如果发现身上着了火，千万不可惊跑或用手拍打。当身上衣服着火时，应赶紧设法脱掉衣服或就地打滚，压灭火苗；若能及时跳进水中或让人向身上浇水、喷灭火剂就更有效了。请记住：就地打滚虽狼狈，烈火焚身可免除。

第十二要诀：跳楼有术，虽损求生。跳楼逃生，也是一个逃生办法，但应该注意的是：只有消防队员准备好救生气垫并指挥跳楼时或楼层不高（一般 4 层以下）、非跳楼不可的情况下，才采取跳楼的方法。跳楼也要讲技巧，跳楼时应尽量往救生气垫中部跳或选择往水池、软雨篷、草地等地方跳；如有可能，要尽量抱些棉被、沙发垫等松软物品或打开大雨伞跳下，以减缓冲击力。如果徒手跳楼一定要扒窗台或阳台使身体自然下垂跳下，以尽量降低垂直距离，落地前要双手抱紧头部且身体弯曲蜷成一团，以减少伤害。

（三）导游在火灾中的领导作用

作为导游，必须在突发事故和灾难面前承担起旅行团领导的责任。因此，导游有必要掌握预防和处理火灾事故的步骤：

第一步：提醒游客酒店安全注意事项，介绍客房的设施设备和使用方法，劝诫游客切勿在房内吸烟，携带易燃、易爆等危险品。

第二步：尽快熟悉酒店的环境，牢记逃生通道的位置，记住游客的房间号。

第三步：在火灾事故发生时，第一时间通知游客，镇定地与领队协调行动。配合酒店人员，听从统一指挥，引导客人疏散。不要让客人盲目跳窗，要引导客人自救，脸贴近墙壁、墙根，或用湿毛巾捂住脸顺墙爬出去，或打开未燃烧一方的窗户。看到救护人员，要大声呼救，并摇动色彩鲜艳的衣物。救援人员来到后，要服从命令。得救后，应立即组织抢救受伤者，解决因火灾而造成的困难，设法使旅游活动继续下去。

三、酒店住宿的防盗管理

酒店作为一个人流、物流、信息流的密集中心，安全环境比较复杂，很多不法分子利用酒店安保系统的不完善，混入住宿区域实施盗窃。这些不法分子中有一部分是外盗，还有一部分是内贼。因此，旅游者在入住酒店后，千万不能放松警惕，留给犯罪分子可乘之机。如何保障酒店住宿的防盗安全，关键是在住宿活动的全程中都要有足够的安全意识，住宿的每一个环节都要按照设定的安全步骤进行。

首先，要谨慎选择投宿旅馆，避免单独投宿环境复杂的小旅馆，尽量投宿熟悉的酒店或有良好信誉的旅馆。良好的内部管理和保安措施令人有更好的安全感，对投宿酒店的内外部环境越熟悉就越容易在意外发生时随机应变，应对危险。还要告知家人旅馆名称、电话、预定留宿时间，如果是团队游，要记下队友的房间电话，晚上要早归，切忌单独外出。

其次，在入住登记时，不要让前台人员大声说出你的房间号码，让他们写在纸上递给你，如果他们说出了你的房间号码，换一间客房；在服务员陪同进房间时，最好马上检查门、窗及柜子的锁是否安全，检视房内橱柜、浴室是否有可疑人物；如果遇到窗子的锁损坏这种情况，应马上回到前台要求另换房间；确保酒店工作人员不泄露你的房间号码。另外，可以用手机给前台打个电话，提供你的姓名，询问你的房间号码，用这个方法测试一下。

最后，在入住期间，不能放松安全意识，应注意以下几点：

（1）住宿时不要轻易和陌生人一起进餐或者进食，不喝来历不明的饮料或者酒水。

（2）对于只见过一两面的人不要随便告诉对方你的房间号，对于“好意”来接你的人也请他们在大堂等你，尽量不在房间里会客，如有访客须经再三确认，开门时询问来人是谁，在未确认之前不要开门，不可随便让陌生人或自称酒店维修人员的人随便进入房间。

（3）离开房间外出办事时，不要在你的门外留下“请整理房间”的标志，除非你想让全世界都知道你不在房间。相反，应在门上留下“请勿打扰”的标志。如果你想让人在你外出时打扫房间，可以叫客房服务。住宿期间如有贵重物品，应随身携带，离开房间时关好房门；如果携带不便，可交到服务台办理保管手续，并索取保管单。

（4）晚上休息前，要确认门窗是否关好、保险锁是否锁上；物品最好放于身边，不要放在靠窗的地方；不要理睬陌生异性的电话骚扰，不要轻易应门，即使只开条门缝或门上还挂着锁链也不行。

（5）万一发生财物失窃，尽快通知服务台，及时报警，并保护好现场。

四、酒店住宿的卫生保健措施

旅游、出差或参加会议，需在旅社、招待所、宾馆食宿，有时还得在这些地方住上一段时间。虽然这些服务单位有不少已注意了清洁卫生，可是由于住客南来北往、流动性大，如不注意，就可能感染各种传染病，如性病、结膜炎、沙眼、肝炎、疥疮等。住旅社、宾馆的人必须特别注意做好自我保健，预防“旅馆病”的发生。

（一）选择一家干净适宜的酒店

（1）选择高质量的现代酒店。古老的酒店房间和公共区域固然迷人，但很可能有过敏原和灰尘，因而为了健康，应选择一家质量高的现代酒店。

（2）选择酒店而不是汽车旅馆，这主要是为安全起见。如果从停车场很容易就可以到达你的房间，这样很容易遭到窃贼光顾，开门时也会有很多来自门口的灰尘和过敏原。

（3）如果你要住数天，应选择一个有游泳池和健身馆的酒店，并使用它们。锻炼会使你的身体不再僵硬，可以燃烧自助早餐、商务午餐给你带来的卡路里。

（4）选择位于三楼以上、七楼以下的房间。大多数偷窃都发生在第一、二层，而且一般消防梯无法达到七楼以上的楼层。

（5）选择防过敏房间。即使你自己不过敏，也可以防止入住这些房间患上感冒和流感。一些酒店会提供防过敏物品，如面罩、特殊枕头和床单，但是你得自己向酒店索取。

（二）客房要进行通风换气和消毒

（1）房间内要经常开窗换气。一般宾馆虽然备有空调，但常门窗紧闭，气温恒定，室内空气得不到流通，十分适合某些病毒或细菌的生长和繁殖。加之室内外温差较大，很容易使住在里面的人感到头昏、乏力、鼻塞，甚至感冒，患上“空调综合征”。为了预防疾病，应每天定时打开门窗通风换气，特别是夜间就寝前和早晨起床后，一定要开窗通风换气 20 分钟左右，使空气对流，以净化室内空气。

（2）旅游住宿时还要正确使用空调，防止“空调病”，具体来说有以下几点：

1）离开房间外出时开机放进冷气，旅行归来住宿休息时关闭，这样房间内会非常凉爽。

2）睡前调好温度的高低，睡时切忌开冷风。

3）室内温度与室外温度不宜相差太大，一般差幅以 5℃左右为宜，当然也要适当考虑个人的生活习惯和要求。

4）无论在什么时候，都要避免冷风直吹身体。

5）旅行归来满身是汗或刚洗完澡时，都不要吹冷风，否则极易感冒。

（3）在房间里点一根香薰蜡烛，香味会驱除酒店里的陈腐味道，还可以减压。

（三）科学使用房间内的卫生设施

（1）洗漱用具尽量自备，不要使用公共洗漱用具，如毛巾、浴巾、漱口杯、面盆等。住旅社或宾馆，每天免不了要洗脸、洗澡、漱口，这些用具因使用人多而易引发交叉感染。

（2）不使用盆浴，因为热水浴盆可以繁殖细菌，这些细菌可以污染空气，一些人由于吸入了这些被污染的空气而患了支气管炎甚至更严重的肺炎。注意洗澡应采取淋浴，洗脸也以在水龙头下用流水冲洗为宜。带上你自己的凉鞋，在洗澡和游泳时使用，可以防止真菌感染。

（3）厕所尽量使用蹲式而不用坐式。因为坐式马桶，最容易使人感染痢疾、伤寒、淋病、梅毒、疥疮等传染病。为了安全起见，最好将清洁的卫生纸垫在马桶的木垫上再用。

（四）认真检查床铺卫生

（1）睡觉前检查床下是否有臭虫。这种灰色虫子只有一颗苹果籽那么大，但可以让你皮肤发痒。还要看枕头上或床垫上是否有血迹，仔细检查床垫缝合处。如果看到可疑情况，应换一个房间，重复这个步骤。即使没有发现什么臭虫，也应挪开床、卷起被单再看看，但不要让床单碰到地板。

（2）并不是所有酒店都会提供绝对安全和干净的长毛绒睡衣，即使五星级酒店也会有潜在的细菌。自行带上大号的床单铺在酒店床单上，就不用担心隐藏的灰尘和细菌了。

（3）不要裸身睡觉。有的人习惯夜间裸身或仅穿内裤睡觉，这在住旅社、宾馆时是万万不可以的，这样很容易感染多种传染病；应穿一套自己的长袖睡衣和袜子睡觉。

模块三　出游安全管理

出游是旅游活动过程中的具体执行部分，也是旅游活动的核心环节。总的来说，出游可以分为沿途的转移旅行和景点、景区旅游活动的开展两块内容。前者的安全风险主要集中在交通工具的故障和乘坐交通工具引发的事故上，后者的安全问题主要是由景点、景区环境对旅游者的客观影响造成的人身和财产的损失。出游过程中出现的安全问题主要有旅游交通事故、疾病、犯罪、黄赌毒、自然灾害以及特殊事故六种表现形态，妥善处理和规避这些安全问题，是旅游活动最终顺利完结的标志之一。目前，旅游活动中70%的安全问题都集中于此，因此在安全隐患诱发的第一时间采取必要的措施就能最大限度地降低和避免人员伤亡、财产损失的风险。

案　例

案例1

据云南省西双版纳傣族自治州政府新闻办通报，2011年7月3日上午，在著名景区野象谷，由于一棵老树雨后倾倒碰压致索道反弹，空中缆车被掀翻并掉落地面，事故造成游客1人死亡、3人受伤。

通报称，7月3日上午9点20分，距离景区南门索道下站350米、索道东侧20米处一棵老树由于连日大雨、土质疏松翻根倒向索道方向，砸到从北门至南门运行的索道后，索道产生强大反弹力将缆车掀翻并掉落地面。由于缆车距离地面高8米，导致1名女性游客死亡、包括2个小孩在内的3名游客受伤，另有1名游客受到重度惊吓，10名游客受到轻度惊吓。3名伤者已全部送到西双版纳州人民医院，经检查均无生命危险。

分析：

旅游景点、景区发生的意外事故有一定的突发性，是由诸多偶发的因素相互影响造成的。但是偶发的背后还有必然的因素，那就是旅游景区的环境属性的变化有一定的规律性。案例中的云南西双版纳地处热带边缘，每年的7、8月份是多雨的季节，而且多为强对流性的暴雨，强降雨势必使土质松软，雨林中的大树常有倒覆的情况。另外，相关单位没有对旅游景区的环境进行及时的监测和控制，最终导致了悲剧的发生。

案例 2

2018 年 1 月 14 日，一艘载有 27 名中国游客的快艇当地时间 14 日下午前往皮皮岛途中在维京洞穴附近发生故障，船长到艇尾检查发动机时突然发生爆炸。中国游客均不同程度受伤，其中 5 人重伤。艇上 1 名泰国人因严重烧伤而不幸身亡。泰国警方初步调查显示，爆炸很可能是快艇漏油所致。

分析：

旅游活动过程中的意外事故在很多情况下具有必然性，而不是偶发性的。这是一个概率的问题，案例中的快艇漏油故障是一直存在的，但是没有得到很好的保养修缮，最终酿成这一起恶性事件。追根究底还是人为因素造成的，出事是迟早的。对于因乘船而受伤的游客而言是偶发事故，但是对于游客群体来说，这是必发事故。

一、旅游安全问题的分类

（一）旅游交通事故

旅游交通事故是旅游安全问题主要的表现形态，也是旅游活动各环节中影响最大、发生频率最高的不安全事件之一。按照交通工具形式，旅游交通事故可分为四种类型：

（1）道路交通事故。这是指旅游者因乘坐汽车、火车而发生的撞车、翻车等车祸以及车祸后发生的爆炸与火灾引发的不安全事故。

（2）高速公路事故。严格地讲，高速公路事故属于道路交通事故，但随着高速公路的发展，发生于高速公路上的重大交通事故呈急剧上升之势，高速公路已成为道路交通事故的多发区。

（3）水难事故。这是指因在海域或江、河、湖面乘坐轮船、游船、汽艇等水上交通工具而引发的翻船、沉船等危及人身、财产安全的事故。

（4）航空事故。这是指因乘坐飞机而引发的不安全事故。

（二）旅行途中的疾病

旅行途中的疾病是指旅游者在旅途中因个人身体原因或他人原因而发生的或被传染而发生的病症，也包括运动量大、旅途劳累、交通工具晃动、交通工具内气压变化以及噪声、污染等因素造成旅游者产生身体不适等生理反应，进而引发的疾病。对旅游者而言，这些疾病可能是新疾，也可能是旧症。旅行中旅游者的生理反应和疾病主要有以下几种：

1. 晕动症

晕动症也称运动症，是旅游者乘坐飞机、火车、汽车和轮船时最常出现的一种生理性反应。这种生理反应主要是人在车、船或飞机运动过程中发生的。由于汽车、轮船、飞机在行进中不断变换方向，上下颠簸或者旋转，从而产生加速度，这些加速度会刺激人的感觉器官，导致旅游者的前庭神经异常兴奋，产生一系列植物神经反应，进而出现晕动症状。这种症状最初表现为头昏眼花、头胀、头痛、烦躁不安、肠胃不适，症状加剧时会出现恶心呕吐、面色苍白、心慌、胸闷、出冷汗、手脚发凉、四肢无力等症状，严重时会晕倒、脉搏减弱、血压下降。如果呕吐频繁，可能出现轻度脱水、眼窝下陷、衰竭无力、怠倦思睡等症状。

2. 航空性疾病

此种生理反应主要诱自飞机升降时机舱内气压的变化。飞机在升空或降落时，舱内的气压会出现相应的下降或增高之变化，此时，旅游者体内各种气腔（如中耳腔、鼻窦、胃肠道等）就会随之扩张或缩小，若这种内外压力变化不能迅速平衡，就会出现各种气压损伤。例如：伤及耳腔的称为航空性中耳炎；伤及鼻窦的称为航空性鼻窦炎；影响胃肠道的称为航空性胃肠胀气；等等。

3. “上火”

“上火”是旅游者在旅行中最常出现的一种生理反应。面红耳赤、眼花耳鸣、全身燥热、心绪不宁、口干舌燥、口苦食无味、大便秘结、尿少而黄等都是“上火”的表现。此外，眼结膜充血发红、牙龈肿胀、牙痛出血、口生溃疡等也与“上火”这一生理反应有关。“上火”是人体处在应激状态下所反映出来的一种生理现象，旅游者在旅游活动中常处于精神兴奋紧张、心理情绪不稳定、睡眠不足和作息时间不规律等应激状态。此外，外界环境变化频繁，交通工具的颠簸和噪声，参观游览活动量大以及旅游中出汗多、饮水量少等都是造成旅游者出现“上火”生理反应的因素。

4. 时差反应

时差反应是洲际旅游中旅游者常出现的一种生理反应，它不是一种独立的病症，而是一种综合征。时差反应是由于同时差联系着的环境节律与旅游者固有的人体节律发生冲突并破坏了人体的昼夜节律，致使“生物钟”紊乱而出现的一种生理反应。当旅游者进行洲际旅游时，由于跨越时区多、时差大，出现白昼、黑夜延长或缩短，新时区与原有时区的生活节律不一致而使旅游者原有的生活规律被打乱，“生物钟”发生紊乱，出现疲劳、睡眠障碍、食欲不振等时差反应。疲乏、睡眠障碍、食欲不振、消化不良都是时差反应的典型表现。此外，由于时差反应所带来的一系列生理反应，也使得旅游者容易“上火”和着凉感冒。

5. 水土不服

在正常情况下，人们的皮肤、黏膜以及与外界相通的腔道，都有细菌、真菌等微生物存在，这些菌群互相依赖、互相制约，彼此和平共处、相安无事，维持着人体与外界的平衡；这些正常菌群对人体非但无害，反而有益，它们促进食物消化，而且抑制致病菌繁殖，这在医学上被称为生态平衡。当人们外出时，由于使正常菌群的生活环境发生了变化，机体各部位的正常菌群在种类、数量、毒力等方面都会发生变化，有些平时与机体共存的致病菌由于得不到制约，就会使人得病，而那些平时正常提供营养物质、帮助消化吸收的细菌也会因受到抑制而减少，从而出现“水土不服”的症状，用医学术语来说，就是“菌群失调症”。水土不服当中，尤以“腹泻”最为常见。

6. 传染性疾病

由于旅行交通工具内人员密集度高，若有传染病源存在，旅游者在旅途中就极易被传染得病。旅途中常见的传染病有：霍乱、猩红热、痢疾、风寒、流行性感冒、红眼病以及各类皮肤病等。

（三）治安犯罪

治安犯罪是指旅行过程中，旅游者遭遇的抢劫、偷窃、欺诈、人身攻击等不安全行为。由于旅行途中鱼龙混杂，存在各种不安全因素，因此旅行中的犯罪时有发生。此外，旅游者在旅途中被不法司乘人员强买强卖、强行拉客、半途强行下车、诱骗上车等事件也属于旅游中的犯罪行为。

（四）景区环境伤害

在旅游景点和景区，由于环境的属性或者外界因素的影响，旅游者会在旅游活动的过程中遭遇不可预知的危险。例如：山石的滚落、高空失足坠落、蛇虫鼠蚁的叮咬、野兽的袭击、暴雨山洪的围困等。

二、旅游交通事故的处理和预防

旅游主要包括交通旅游和徒步旅游两种方式。考虑到徒步旅行是旅游者的个别行为，其安全问题也多由道路、汽车、飞机、轮船等引起，故本模块主要探讨交通旅游方面的事故处理和预防。

（一）道路交通事故的处理和预防

案例

2017年8月10日23时34分，一辆车牌号为豫C88858号的客车自成都驶往洛阳，途经京昆高速公路安康段秦岭一号隧道南口（1 164千米+930米）时，撞向隧道口发生交通事故。事故造成36人死亡，13人受伤。事故的主要原因已查明。一是驾驶人疲劳驾驶。经查，自8月9日12时至事故发生时，驾驶员王百明没有落地休息，事发前已在夜间连续驾车达2小时29分钟。二是事故车辆超速行驶。经鉴定，事故发生前车速约为80千米/小时至86千米/小时，高于事发路段限速（大车为60千米/小时），超过限定车速33%～43%。三是事故现场路面视认效果不良。经查，事发当晚事发地点所在桥梁右侧的5个单臂路灯均未开启，加速车道与货车道之间分界线局部磨损（约40米），实际宽度不满足要求。在夜间车辆高速运行的情况下，驾驶员对现场路面的视认情况受到一定的影响。

分析：

道路交通事故总体来说人为因素是主导，既然是人为因素，那就是可防可控的，只要交通参与各方能高度重视交通安全，定不会发生上述悲剧。

1. 事故发生时，尽量在第一时间采取必要的措施保护自己，确保生命安全

（1）意外失火时要破窗脱身、打滚灭火。行车途中汽车突然起火，驾驶员应立即熄火、切断油和电源，关闭百叶窗和点火开关，设法组织车内人员离开车体。若因车辆碰撞变形车门无法打开，可从前后挡风玻璃或车窗处脱身。当人身已经着火时，应采取向水源处滚动的姿势，边滚动边脱去身上的衣服，注意保护好露在外面的皮肤和头发。不要张嘴深呼吸或高声呼喊，以免烟火灼伤上呼吸道。离开汽车后，不要着急脱掉粘在烧伤皮肤上的衣服，大面积的烧伤可用干净的布单或毛巾包扎，如有可能尽量多喝水或饮料。与此同时，没受伤的人员要尽快用灭火器、沙土、衣物或篷布蒙盖灭火，但切忌用水扑救。

（2）汽车翻车时脚勾踏板随车翻转。当驾驶员感到车辆不可避免地要倾翻时，应紧紧抓住方向盘，两脚勾住踏板，使身体固定，随车体翻转。如果车辆侧翻在路沟、山崖边上，应判断车辆是否还会继续往下翻滚。在不能判明的情况下，应维持车内秩序，让靠近悬崖外侧的人先下，从外到里依次离开。否则，车辆一旦重心偏离，会继续往下翻滚。

如果车辆向深沟翻滚，所有人员应迅速趴到座椅上，抓住车内的固定物，使身体夹在座椅中，稳住身体，避免身体因在车内滚动而受伤。翻车时，不可顺着翻车的方向跳出车外，防止跳车时被车体挤压，而应向车辆翻转的相反方向跳跃。若在车中感到将被抛出车外时，应在被抛出车外的瞬间，猛蹬双腿，增加向外抛出的力量，以增加离开危险区的距离。落地时，应双手抱头，顺势向惯性的方向滚动或跑开一段距离，避免遭受二次损伤。

车辆在行驶中一旦刹车失灵，乘客绝不能盲目跳车。因为驾驶员会减挡降低车速，如减挡失败，驾驶员应将车辆开到靠近山体的一边去，必要时用车体侧面与山体剐撞，所以乘客应该抓紧车内的固定物，以减轻对身体的伤害。

（3）车辆落水时先深呼吸再开车门。汽车翻进河里，若水较浅，不能淹没全车

时，应待汽车稳定以后，再设法从安全的出处离开车辆。若水较深时，先不要急于打开车门和车窗玻璃，因为这时车门是难以打开的。此时，车厢内的氧气可供驾驶员和乘客维持 5～10 分钟，应首先使儿童、老人和妇女的头部保持在水面上。若车厢内的水面大致相等、有空间，应迅速用力推开车门或玻璃，同时深吸一口气，及时浮出水面。

如果岸边无人救护，掉到水里的人神志清醒，应尽量采用仰卧位、身体挺直、头部向后，这样可使口、鼻露出水面，继续呼吸，如果是公共汽车或载有儿童的车辆，可手牵着手、牵着衣服、牵着脚，形成人链，一起脱离汽车逃出水面。

（4）汽车迎面碰撞时两脚踏直、身体后倾。迎面碰撞时，受到致命危险的主要是驾驶员。一旦遇有事故发生，当迎面碰撞的主要方位不在驾驶员一侧时，驾驶员应手臂紧握方向盘，两腿向前蹬直，身体后倾，保持身体平衡，以免在车辆撞击的一瞬间，头撞到挡风玻璃上而受伤。如果迎面碰撞的主要方位临近驾驶员座位或者撞击力度大，驾驶员应迅速躲离方向盘，将两脚抬起，以免因受到挤压而受伤。

2. 事故发生后，立即展开自救，并且保护现场

现场抢救的基本顺序是先呼救，后抢救；先抢救人员，后抢救财物；先抢救轻伤人员，后抢救重伤人员，发动轻伤员一起加入抢救队伍，切不可因伤员伤势过重而放弃施救。利用附近的电话向公安、交通、医疗救护部门呼救，也可拦截过往车辆求救，向就近工矿企业、部队、机关等单位寻求紧急求援。

遇伤员被挤压、夹嵌在事故车辆内的，不要生拉硬拖，而应用机械拉开或切开车辆，再救出伤员。遇车辆压住伤员，不要轻易开动车辆，应用顶升工具（如千斤顶等）或者发动群众抬起车辆，再救出伤员。如怀疑伤者是骨折，注意让伤者千万不要贸然移动身体，避免碎骨对内脏造成新的伤害。如伤者感到剧痛和呼吸困难，很有可能是肋骨发生骨折。肋骨骨折之后，如果碎骨进入肺叶，刺破肺泡，可能形成血气胸，引起肺栓塞，甚至导致死亡。伤员救出后，应对其进行必要的检查和急救，再转送医院。

3. 交通事故是可防、可控的

本着“安全第一，预防为主”的原则，在预防交通事故方面，旅游车辆驾驶员应该自觉遵守道路交通管理法规，文明开车，坚持做到“十要十不开”，确保行车安全。

一要自觉遵守交通法规，不开违章车；

二要经常做好车辆保养，不开带病车；

三要注意劳逸结合，不开疲劳车；

四要做到安全装载，不开超载车；

五要按规定车道行驶，不开急躁车；

六要做到文明礼让，不开赌气车；

七要按照规定车速，不开英雄车；

八要超车注意迎面来车，不开莽撞车；

九要掌握行车规律，不开盲目车；

十要坚持预防为主，不开冒险车。

如果是导游带领的旅行团队乘车，导游必须承担起行车安全的监督职责。这包括以下几个方面：

(1) 科学规划旅途行程，切忌太过早出晚归，造成驾驶员的疲劳。一般以7:00—9:00出发、16:00—18:00到为宜，路途中每隔2～3小时应进服务区休息半小时。选择过早或过晚的时间段会让驾驶员休息不充分，同时会因伴有晨雾暮霭，造成道路视线不良而留下隐患。应重视驾驶员的经验，让其参与行程的规划，使行程更趋于合理。

(2) 注意观察驾驶员的状态，导游必须坐在前排靠近驾驶员的位置实时观察，帮忙留意路面的状况和路标指示信息，同时观察驾驶员的疲劳程度，一旦出现打哈欠、闭眼等情况，要立即进行干预并去往就近服务区休息。

(3) 导游应保持充沛的体力和精力，尽量不要在乘车途中睡觉；可以适当地与驾驶员聊天，保证驾驶员的思维清醒度，但是切莫谈论太过激烈的话题，也尽量不要影响旅客休息。

(二) 乘船事故的处理和预防

在所有交通工具中，船舶事故的发生率最高。因为船在水上行驶，受自然条件限制较多，而自然条件又是复杂多变的。在水上航行的船只主要的不安全因素是恶劣的天气引起的风浪，巨风大浪可以造成翻船沉船事故，或触礁撞船事故，当然这些因素都是客观的。作为旅客，主观上要了解的是船只在正常航行时的安全知识和非常情况下的救生知识，以备不测。

案　例

案例1

2015年6月1日晚，从南京驶往重庆的客船“东方之星”号在长江中游湖北省荆州市监利段水域发生翻沉。事发时客船上共有454人，其中旅客403人，船员46人，旅行社工作人员5人。旅客多为旅行社组织出游的老年人。沉船共造成442人死亡，只有12人生还。这是新中国成立以来伤亡损失最大的一次安全事故。根据事故调查报告，事发时段当地出现的龙卷风造成船体倾覆，龙卷风风力在12级以上，主体位于江面，水平尺度不足1千米，持续时间为15～20分钟，属局地性、小尺度、突发性强对流灾害天气。同时，船体的历次改装、取消甲板通道、船体过于老旧等也是造成人员伤亡惨重的主要原因。

案例2

2014年4月16日，韩国“世越”号客轮由仁川港驶往济州岛，这艘客轮载有476人，其中包含檀园高等学校高中二年级学生325名、船员30名。这艘总重6 825吨的客轮于韩国标准时间当日8时58分在距离屏风岛20千米（12英里）处触礁发出求救信号，船体很快倾覆沉没。事故共造成293人死亡，172人受伤，另有11人下落不明。

事故原因已查明，船长在客轮触礁的第一时间逃跑，没有下达弃船和逃生的指令，导致很多遇难者是穿着救生衣在舱内被淹死。

案例3

2018年7月5日17时45分左右，游船“凤凰”号和“艾莎公主”号在普吉岛附近海域突遇特大暴风雨，船只发生倾覆并沉没。“凤凰”号上载有101人，其中游客89人，87人为中国籍。“艾莎公主”号载有42人，其中包括35名游客、5名船员、1名导游和1名摄影师。遇难和失联人员均来自“凤凰”号。事发后，普吉府尹即赴现场指挥救援，海军、水警和旅游警察等相关部门派出数艘救援船和直升机持续进行海上联合搜救，海事局、防灾减灾中心、游客协助中心及各大医院均前往码头参与后续救援工作。事故发生地风高浪急，现浪高5米，搜救难度极大。

分析：

从以上的3个案例可以看出，每一次事故从表面上看原因各有不同，环境的不可抗力实难预测，但是重点分析人为因素，则是可以减少事故损失的重要方面。如果有科学的建造、科学的航行、科学的自救，就不会造成上述惨剧。

1. 乘船的安全预防事项

（1）不要乘坐缺乏救护设施、无证经营的船以及其他简陋船只。遇到大风大雨等恶劣天气，最好不要冒险乘坐渡船或其他小型船只，更不能搭乘吃水线明显低于水位或乘客拥挤的超载船只。

（2）凭票乘船。客船一般在启程前40分钟检票，旅客应提前到码头候船，特别是在中途站候船更要注意。因为船舶在航行时受到风向、水流的影响，到港时间没有把握。另外，旅客不仅自己不能夹带危险物品上船，还应主动配合站埠人员做好对危险物品的检查工作，若发现有人将危险物品带上船，应督促其交给管理人员作妥善处理。

（3）上、下船时，一定要等船靠稳，待管理人员安置好上下船的跳板后再行动。上船后要听从管理人员的安排，并根据指示牌寻找自己的座位。不拥挤，不随意攀爬船杆，不跨越船档，以免发生意外落水事故。上船后要留心通往甲板的最近通道和摆放救生衣的位置。这样，一旦发生意外事故，就可以争取时间。在船上要保持安静，不要吵闹，要仔细听清管理人员的要求。

（4）客船航行时，不要在船上嬉闹。摄影时，不要站在甲板边缘向下看波浪，以防晕眩或失足落水。观景时切莫一窝蜂地拥向船的一侧，以免引起船体倾斜，发生意外。船上的许多设备直接关乎船舶的安全行驶，特别是一些救生消防设施，它们存放的位置有一定的规范，不能随意挪动。

（5）客舱内严禁卧床吸烟，严禁违章用火，勿过量饮酒。如发现有影响旅客和船舶安全的情况，应及时向船舶负责人报告。

（6）船行途中一旦发生意外事故，旅客应按管理人员的要求穿好船上配备的救生衣，不要慌张，更不要乱跑，要听从指挥，不要盲目行动，以免影响客船的稳定性和抗风浪能力。

（7）若在航行途中遇到大雾、大风等恶劣天气临时停泊，旅客要静心等待，不要让船员冒险开航，以免发生事故。在客船中途停泊上岸观光时，旅客要遵守时间约定，要与团体一起行动，一旦走失，要尽快返回船上。上岸前应记住自己的船号，不要上错了船。

2. 船舶事故中的自救与救助

航行中的船只远离陆地使所有旅客结合成为一个临时集体。如果船只在水上发生事故，大家应患难与共，听从船上管理人员的统一指挥，这样才能保证船上施救措施的正常进行，使大家转危为安，逃脱险境。航行中，无论是发生碰撞、火灾或颠覆事故，船方会全力加以救护，以保证船只与旅客安全；在救护无效后，会实行弃船也就是放弃船只，让船上人员撤离。弃船命令只能由船长发布，在命令弃船时，船长会同时布置人员撤离办法，这时旅客要沉着冷静，绝对服从指挥。

（1）船长发布弃船指令后，会指挥旅客登上救生艇。这时旅客要抓紧时间准备，要尽快穿好衣服，特别是在海轮上更要多穿衣服，以使落水时身体保温，还应带上食物或饮用水，以防在水上漂泊时间过久。如果弃船时情况紧急，就不能顾及衣服食物之类了，走为上策，逃命要紧。如果无法登上救生艇，要尽快跳水，以避开沉船或火灾。跳水时不要慌张，要避开水上硬物，更主要的是要观察船只情况，如果船只正在下沉，千万不要在倾倒侧落水，否则将会被船体压入水下难以逃生。

（2）如果船体尾部首先下沉，则要逃到船头处下水。如果是火灾，则要在上风一侧逃生下水。落水后，应尽快游得远一些，以防沉船形成的旋涡将人吸入水下。落水者应尽量抓住一些漂浮物体以支撑身体，如穿有救生衣，则要保持平稳，不要盲目游动，把双膝屈到胸前呈腹中胎儿状可暂保暖，并举起一臂，尽量让救护人员发现自己。如未穿救生衣，应脱去鞋或扔掉口袋中的重物，切勿脱衣，并尽量少动，慢慢呼吸，保存体力及体温，除大声呼救外，应尽量保持冷静，让身体漂浮在水面上。对于带有儿童的落水者，要尽可能抓住漂浮物让儿童抱住，应使儿童保持镇静，避免其胡乱挣扎，或抱住儿童，使之保暖并浮在水面上，还要设法尽快获救。

（3）如在白天，要向过往船只发出呼喊或摇动色彩鲜艳的物品以求救。如在夜间，可吹响救生衣上的口哨，与共同落水者联系。在夜间落水时，不要盲目游动，以免远离出事地点失去获救机会。如能观望到海上有光，则表明那里有船只或礁岛，可向其靠拢以求救。

（三）航空事故的处理和预防

随着社会的进步，飞机成为一种十分通用的交通工具，乘坐飞机旅行既省时，又舒适。虽然飞机的事故发生率远远低于汽车、火车等交通工具，但由于飞机的特殊性，一旦发生事故就会造成较严重后果。航空事故多发于起飞和降落阶段，一般发生空难事故后生还可能性较小，但是若事故发生在紧急迫降时，如果措施得当，则可以保证乘客生命的安全。

案　例

案例1

1997年5月8日，执飞重庆至深圳CZ3456航班的中国南方航空有限公司深圳公司波音737-300型B-2925号飞机，在着陆过程中失事。机上乘客65人，死亡33人；空勤组9人，死亡2人。事故的结论：飞机在最后进近过程中遇到大雨，机组人员在看不清道面的情况下，违反规定，盲目下降；由于判断高度不准，致使飞机没有保持正确的接地姿态，造成重着陆跳跃，加之机长处置错误，是造成这次重大事故的直接原因。复飞后，由于飞机已严重受损，部分操纵系统失灵，机组人员控制不了飞机着陆姿态，以致飞机第二次落地时，大速度带下俯角触地，造成飞机解体失事。这是一起人为原因造成的重大责任事故。

案例2

2013年7月6日，韩国韩亚航空公司214航班，由波音777-200型客机执飞，从首尔仁川国际机场飞往旧金山国际机场。航班于美国当地时间6日11点28分

（北京时间7日凌晨2点28分）在美国旧金山机场降落时，失事滑出跑道，机身起火。客机最初降落时正常，已放下起落架，但就在着陆前出现异常，机尾着地，一些飞机部件脱落，飞机偏离跑道，起火燃烧。客机载有291名乘客和16名机组人员，其中包括141名中国人（包括34名高中学生和1名教师）、77名韩国人和61名美国人。共有3名中国学生在本次空难中遇难，均为“90后”女生。

调查人员已经初步确认此次事故为飞行员疏忽所致，飞机坠毁前的指示表速仅为110节，远低于FMC指示的进近表速137节。副驾驶处理不当，导致飞机失速。虽在1.5秒后加大油门复飞，但为时已晚。韩国国土交通部认为，此次事故的发生很可能是由于韩亚航空公司内部的培训出现了问题，因为当时坐在机长位子上握着操纵杆的是1名运行该机种仅有43小时的培训生。

分析：

航空事故概率虽然是所有交通事故中最小的，但是事故发生后果却是最严重的，一旦发生事故，往往是机毁人亡，人员生存概率比较低。然而，这并不意味着完全没有生还的希望，乘客要做的就是按照科学的救生流程去操作。

1. 乘坐飞机的一般注意事项

（1）不宜乘坐飞机的人。有哪些疾病的人不宜乘坐飞机呢？一般而言，这些病人包括未经控制的心力衰竭患者，发病后不到6周的心肌梗死患者，7日内做过气胸照相术的人，发病后不到3个月的气胸病人，3周内做过胃肠手术的人，胃溃疡出血者，空洞型肺结核病人，血红蛋白量低于标准值50%或红细胞低于250万/立方毫米的贫血患者，伴有严重并发症的高血压患者，严重哮喘、严重肺炎、支气管扩张、急性肺水肿等患者，脑梗死、脑动脉硬化的患者。此外，对于接近预产期的孕妇，旅行可能导致早产，而且在飞行中分娩是较危险的，因此怀孕超过8个月者，也不应乘坐飞机。

（2）登机前切莫吃得过饱，否则乘客会有不适感，出现恶心或呕吐等症状。乘机前，不宜吃含纤维素较多和易产生气体的食物，如汽水、薯类、豆类、生菜、黄瓜、胡萝卜及花生等，也不要吃高脂肪、高蛋白食物。最好选择一些热量高、易消化的食品，如白面包、蛋糕、面条、酸牛奶、瘦肉、水果糖、巧克力以及水果等。旅客在登机前必须办理登机手续，同时接受安全检查，确保所携带的物品符合安全规定，以减少事故隐患。

（3）登上飞机以后，一定要在起飞和着陆前根据提示系好安全带，这是为了避免因飞机的加速度的变化而引起人体前后被动位移，以及在复杂气候因素引起飞机上下剧烈颠簸时，保护乘客人身安全。例如：飞机着陆速度过快时，如果乘客没有系好安全带，这时飞机突然减速，乘客身体向前倾，就可能发生碰撞。飞机在急转弯时，由于产生较大的向心加速度，没系好安全带的乘客就会向外倾倒。当乘客系好安全带时，就与飞机同步运动了，因而可以避免惯性力对身体的危害。

由于飞机在起飞和着陆时处于颠簸的气流中，因此少数人可能会感到不适，有些人会出现像晕车一样的晕机现象，有这种情况的乘客只要在登机前服用防晕车药，同时注意减少活动即可。此外，飞机高度的变化所引起的气压变化可能会导致耳部不适，此时只要做吞咽动作，使耳腔内的气压平衡，就可以消除不适反应。

(4) 飞行时应仔细观看安全须知录像或乘务人员的演示。不同机型的逃生门位置不同，登机后要留意与自己座位最近的紧急出口；查看椅背袋里的紧急措施说明，竖直椅背（突发紧急状况时，打开的椅背会把后方乘客的逃生通道卡住）并收回小桌板，保证逃生通道畅通；打开遮阳板，保持良好的视线，以确保在紧急状况发生时观察机外的情形，决定向哪个方向逃生；摘下眼镜、项链、戒指、假牙，脱掉高跟鞋，取出口袋里的尖锐物件等。

2. 飞机紧急迫降的安全措施

迫降是指飞机因特殊情况不能继续飞行时的被迫降落，通常是在飞机发生故障、燃料用尽、迷航后无法复航、气象条件恶劣等情况下进行。迫降时，有以下几个方面的问题需要引起注意：

(1) 在飞机迫降过程中，成人和小孩应身体向前倾，把头贴在双膝上，双手紧抱双腿，两脚平放用力蹬地，系紧安全带。特殊乘客（肥胖者、孕妇、高血压患者及高大者）应双臂交叉，伸出双手抓住前排座椅靠背，头俯下紧贴在交叉的双臂上，双脚放平，用力蹬地；孕妇应把安全带系在大腿根部。婴儿应用衣服或毛毯包好斜抱在怀中，头靠通道内侧；抱婴儿者俯下身，安全带系在腹部，并系好婴儿安全带。

(2) 打开应急出口。不同客机上都设计了不同规格的应急出口，它们的作用都是一样的，即保证乘客在紧急情况下迅速撤离。每架客机根据乘客总人数，安排有一定数量的应急出口。当发生意外飞机迫降着陆后，应打开应急门，敞开应急出口。如果机体扭曲，应急门发生变形很难打开时，需要乘客齐心协力，用力打开。如果应急门旁有太平斧，也可以用它将门砸开。

应急门的开关方式因机种不同也有区别。在打开应急门时，只有按照乘务人员的指导或应急门上的开门说明来操作，才能确保应急门及时打开。要特别注意，当不该打开应急门时，乘客千万不要私自打开应急门，以免使得客舱泄压，发生意外事故。

(3) 陆上迫降后的紧急撤离。飞机在陆地上停住后，乘务人员会组织并引导乘客，打开应急门，从应急门上放下充气滑梯。乘客千万不要着急，应按要求依次滑下充气滑梯。当滑梯从应急出口放下后，一般 10 秒钟后便支撑起来。乘客要按照乘务人员的示范讲解和要求，依次从高处滑下。为了不使充气滑梯被蹬破而影响撤离，穿高跟鞋的乘客要先把高跟鞋脱去后，再顺滑梯下滑。其他乘客也不能用尖锐物刺破滑梯。滑梯放下后，会形成有一定刚度的滑道，乘客应按照下面的方法顺着滑道滑下：

第一步：上体保持垂直，微向前倾。

第二步：双腿伸直，足尖翘起。

第三步：下滑不畅时，借助双手略使些力。

第四步：滑到地面时，脚一蹬地便站起闪开。

要特别注意，充气滑梯有一定的弹性，如不小心，在下滑时有跳跃动作，容易被弹起来，直滚而下。曾经出现过滑梯被乘客的高跟鞋蹬破，使得很多乘客滚到地下的情况。也有乘客因穿尼龙过膝袜，下滑时造成腿部与滑梯摩擦生热熔化尼龙袜而灼伤的。因此，应尽量穿羊毛、棉质长裤。乘客滑下客机以后，应尽快离开客机并保持一定的距离，当确定客机真正平安无事时，才可以将客机作为一个临时避难所。

三、抢劫、盗窃的预防和处理

在旅行过程中，出于地方治安的原因也会发生抢劫、盗窃等恶性犯罪事件，对旅游者的身心造成巨大的伤害，因此在面对这些犯罪活动时应采取一些必要的措施，以最大限度地减少损失。

（一）抢劫的预防和处理

1. 提高自身的防范意识是预防抢劫犯罪活动的基础

（1）要与陌生人保持距离。对同行的陌生人不要过于亲近，旅途中不要有问必答，不要自我吹嘘，不要让陌生人知道你带有巨款和贵重首饰等，以免对方起歹意；不要将不明底细的人随便往住处带，自己的住处、工作单位、电话号码等也不要随便告诉陌生人；对试图与自己表示亲近的陌生人，在无法确认其真实意图的情况下，不要随意接受其提供的饮料、茶水及香烟、食物等，拒绝的方式要讲究，但态度一定要坚决；不能相信陌生人有“特效药”能够治疗突发的疾病。

（2）不要露财。外出旅游不能携带大量的现金，只需带上些许零钞即可，大宗旅游购物选择使用信用卡或者旅行支票；千万不能戴贵重的首饰物品，应将身上的贵重财物放在妥善处保管；到金融机构存、取大额款项时，一定要有人护送，路上注意不要暴露现金；不要让手机等值钱物品过于显眼，不要一边走一边旁若无人地打手机，手机最好装进口袋里而不要挂在腰间或脖子上；不要被色相引诱，不要贪图便宜，以免被劫遇害。

(3) 注意周围环境。旅游活动中一般不宜深夜外出离开酒店，如果需要外出，最好与人结伴同行，同时不要贪图路近而穿越冷清、狭窄、昏暗的小路或胡同，更不要在偏僻的地方停留；注意遵守交通规则，不要走在机动车道上，或把手袋放在机动车道一侧，对两人骑摩托车停停走走的，以及车站闲散人员应多加留神；遇到形迹可疑的人，可进入附近商店、单位内，设法摆脱跟踪或随身携带哨笛、小型鸣声器和简易防护报警器械，以备求救呼叫；进入建筑物楼道时，应先注意后面是否有可疑人跟随，如发现可疑人，应及时与其他团友联系，让他们出来接应。

2. 遭到抢劫后，要克服畏惧、恐慌情绪

(1) 冷静分析所处的环境，对比双方的力量，针对不同情况采取不同的措施。具备反抗的能力或有利时机，应及时反击制伏罪犯，使其丧失继续作案的心理和能力，利用地形和身边可以自卫的工具与作案人僵持以争取时间引来援助者并给作案人造成心理上的压力；无法与作案人抗衡时，可把握时机向有人、有灯光、有住宅的地方奔跑或大声呼救，或故意高声与作案人对话。

(2) 巧妙麻痹作案人。当自己处于作案人的控制之下而无法反抗时，可按作案人的需求交出部分财物，并采用语言反抗法理直气壮地对作案人进行说服教育、晓以利害，从而造成作案人心理上的恐慌。切不可一味地求饶，应当尽力保持镇定，与作案人说笑斗口，采取幽默方式表明自己已交出全部财物并无反抗的意图，使作案人放松警惕，以便自己看准时机进行反抗或逃脱其控制。

(3) 采用间接反抗法。这是指趁其不注意在作案人身上留下记号，如在其衣服上擦点泥土、血迹，在其口袋中装点有标记的小物件，在作案人得逞后悄悄尾随其后注意其逃跑去向等。

(4) 及时报案。注意观察作案人的特征，如身高、年龄、疤痕等；注意作案人车辆颜色、型号、车牌号码；注意记下案发地点、时间，及时报警。作案人得逞以后，很有可能继续寻找下一个抢劫对象，甚至还敢在作案现场附近的商店和餐厅进行挥霍。及时报案和准确描述作案人特征，有利于有关部门及时组织力量布控、抓获作案人。

(二) 盗窃的预防和处理

1. 如何辨认小偷和典型的小偷举止

小偷大多衣着宽松，手里通常拿着东西，冬天一般拿手套或者外套，其他季节多是报纸、杂志之类的东西，是打掩护用。他们一般不看人的眼睛，目光都是盯在胸部以下腰部以上的位置；在寻找行窃目标时，两眼总是注视顾客的衣兜、皮包、背包，特别留心外地人、妇女、中老年人。选准目标后，他们一般先环顾四周，若无他人注意便迅速下手，此时因精神比较紧张，往往有两眼发直、发呆、脸色时红时白等现象。

小偷活动的场所，大多为拥挤的路口、商场门口，还有卖服装的地方以及公共汽车上。在公共汽车上，小偷多利用上下车混乱之机下手，主要是假装和车下的人说话，爬到车窗边对目标下手。

小偷行窃的方法一般有三种。第一种以人作掩护，利用车厢内拥挤的客观条件行窃，或以同伙之身挡住被窃对象的视线或被窃部位，或用自己身体掩护作案，一般是把一只胳膊架起挡住被窃对象的视线，用另一只手行窃。第二种是以物作掩护，衣服、帽子、手套、围巾、书报等都是扒窃工具。小偷通常穿着又长又大的衣服，作案时用长袖搭在对象衣兜上，手在袖头底下动作，或用自己的衣襟挡住被窃对象的衣兜，手从底襟伸出作案，或以漏兜作掩护，将自己上衣的两下兜底剪开，手通过衣底的开口伸向对方的衣兜作案。第三种以语言、动作为掩护，以适当的言辞或动作把盗窃对象的注意力和视线引开之后作案。

为防盗窃，还应了解小偷的黑话，上衣上口袋他们称为“天窗”，上衣下口袋是“平台”，下衣前口袋是“地道”，下衣后口袋是“白给”，他们看到警察或者不利作案时会说“风紧”。

2. 外出如何防盗

外出旅游千万不能携带大量的现金和贵重物品，这是防盗的基本原则。并且要掌握一些防盗的小技巧：其一，在商场购物时，随身携带的背包、提包一定要和试衣服时脱下的衣服放在视线内伸手可及的地方，同时不要受外界因素干扰而转移视线。其二，坐公交车和逛街时不要将贵重物品和钱包放在外衣口袋内，将长背带的包背在身体前侧并用手护住，挎包要用胳膊肘夹住，走路时不要全神贯注地打手机，从而给小偷以可乘之机。其三，在餐厅用餐时将外衣口袋内的钱物放在裤子或衬衣口袋内，或将外衣叠好放在目光可及处，不要把包放在身后或旁边椅子上，而要放在桌子或对面椅子上，同时不要分散注意力。

3. 遇到小偷时如何应对

当旅游者到小偷经常活动的场所时一定要环顾四周有没有可疑之人，如果有，一定要用眼睛瞪他，用眼光告诉他，已经知道他是小偷，一般他会知趣地离开，小偷最怕和别人对视；如果小偷已经对旅游者下手，就一定要去抓他的手，并大呼同伴，哪怕旅游者是一个人也装着喊同伴的名字，并向远方招手，这个时候小偷肯定会慌不择路地逃跑。记住，一定不要怕，因为小偷胆小，如果要动手，公众也一定会出手帮忙的。

四、旅行疾病的预防和处理

旅游活动的特点就是在有限的时间内要完成既定的旅游项目，有时候就不得不进行长距离的转移和高负荷的身体活动。在这些情况下，旅游者容易出现疲劳和不舒适的感觉，随着抵抗力的下降，甚至会引发旧疾，感染传染性疾病。因为每个旅游者的身体素质不一，加之人体的疾病种类复杂多样，不能在本模块中详细阐述，所以就简要谈谈使旅游者身体抵抗力下降的两种主要的旅行疾病：水土不服和高原反应。

（一）水土不服的克服

近年来，到外地旅游度假的人越来越多。可是，许多人到了外地尤其是国外，常会出现失眠乏力、食欲不振、腹胀、腹泻等症状，有的人甚至患上荨麻疹，满身起了红疙瘩，这也是人们通常所说的“水土不服”。在异地，水土中微量元素的分布、土壤的酸碱度及有机物的含量，与原居住地相比都发生了较大变化，人的机体暂时不能适应气候、水质、饮食等生活环境的突然改变，就会产生一系列不适症状。例如：食物或水中的锌缺乏会影响食欲，铁过量会导致头晕乏力。另外，当地的水质及饮食结构还会改变人肠道内正常菌群的类别及数量，破坏肠道菌群原有的生态平衡，导致胃肠道紊乱，使人出现腹胀、腹泻等症状。

水土不服而引起腹泻通常是因为饮食上出了一些问题。例如：饮食受到病毒如轮状病毒，细菌如大肠杆菌（最常见）、志贺氏菌、沙门氏菌、金黄色葡萄球菌，寄生虫如梨形鞭毛虫等的污染；饮食不洁；饮食不节制；饮食时忽热忽冷；饮食的营养不均衡。

克服水土不服的方法：旅游者不要紧张，要从思想上认识到这是由于环境突然改变而产生的身体不适应症状。有的人只要休息几天，熟悉一下周围环境，让人体生理功能作相应的调整，逐渐适应新的环境，这些不适症状就会逐渐消失。只要保持心情愉快，消除紧张心理，积极主动地去适应新的环境，这种水土不服是可以克服的，一般不需特殊治疗。

如症状比较明显，长时间不能消失，不妨采取以下措施：

第一，睡前饮用蜂蜜。中医认为，水土不服的发生与脾胃虚弱有密切关系，蜂蜜不仅可以健脾和胃，还有镇静、安神的作用，因为蜂蜜中所含的葡萄糖、维生素以及磷、钙等物质能够调节神经系统功能，从而促进睡眠。而且，因环境改变引起的肠道菌群失调，还可能引起便秘，适当饮用蜂蜜也是不错的应对办法。此外，还可少量服用、短期服用镇静安眠类药物。

第二，常喝茶。茶叶中含有多种微量元素，可以及时补充当地食物、水中所含微量元素的不足；茶叶还具有提神利尿的作用，能加速血液循环，有利于致敏物质排出体外，减少荨麻疹的发生。

第三，品尝“风味特产”要适量，多喝酸奶。酸奶中的乳酸菌有助于保持肠道菌群的平衡，能最大限度避免胃肠道紊乱诱发的腹痛、腹泻等不适症状。如果胃口不好、消化不良，可服用保和丸等帮助消化，提高食欲；如果呕吐，可服用胃复安、诺氟沙星等；如果不慎出现了腹胀、腹泻，必要时可服用吗丁啉或黄连素片；如果皮肤瘙痒过敏，可服用息斯敏等。

第四，很多人还会出现咽喉疼痛、口腔溃疡、鼻出血、便秘等“上火”症状，应尽量保持原有的生活习惯；作息正常；选择与原来口味相近的食物；少食辛辣，多吃清淡的果蔬及粗纤维食物；多喝水。

（二）高原反应的克服

1. 高原反应的概念和特征

高原反应即高原病，是指未经适应训练的人迅速进入海拔 3 000 米以上高原地区，由于大气压中氧分压降低，机体对低氧环境耐受性降低以及难以适应而造成缺氧，由此引发一系列的高原不适应症。当然，除了高原缺氧的因素之外，恶劣天气如风、雨、雪、寒冷和强烈的紫外线照射等，都可以加剧高原反应并引发不同的高原适应不全症。

初入高原旅游，短时间内进入海拔 3 000 米以上地区，就有一部分人可能出现高原反应，症状包括头痛、胸闷、气短、心悸、恶心、呕吐，以及口唇发绀、失眠、多梦，血压亦可能升高。这些症状第一、二天明显，之后就会逐渐减轻或消失，但也有极少数人因劳累、受寒或上呼吸道感染等原因，症状可能逐渐加重，发展成为高原肺水肿或高原脑水肿。高原反应的轻重程度因人而异，一般而言，青年人要好过儿童、青少年和中老年人。

但并不是每一个登上高原的人都会出现高原反应，高原反应的发生率、恢复的快慢与个体代偿适应能力有关，个体差异很大，这次没有高原反应的人也未必在下一次登上高原时就没有反应。有一些人每次都会发生高原反应，这些人就是高原反应敏感者或高度易发者。这里需要提醒的是，高原反应并不是通过反复锻炼就可以克服的。因此，为了保证身体健康，建议高原反应易发者尽量不要前往高海拔地区，在低海拔地区登山一样能陶冶情操、锻炼身体。

2. 高原反应的预防和注意事项

患下列疾病者不宜进入高原。初次进入高原之前，一定要进行严格的体格检查，如发现心、肺、脑、肝、肾的病变，以及严重贫血、高血压、感冒，切勿盲目进入高原；如果只患有一般疾病，必须预先采取必要的预防措施，如随身携带氧气等。

到达高原后应注意：

（1）刚到高原，每个人都会有不同程度的胸闷、气短、呼吸困难等缺氧症状，严重的会有头痛、全身肌肉痛、失眠等症状。但这种反应是很正常的，如果能够正确地保护自己，1～3天后，上述症状都会减轻或消失。反应缓解之后，应该控制自己的行为以保证安全。人们常常用吸氧来缓解不适，当然，吸氧能暂时解除胸闷、气短、呼吸困难等症状，但停止吸氧后，症状又会出现，这样便延缓了适应高原环境的时间。因此，如果上述症状不很严重，特别是在静处时较轻微，就最好不要吸氧，这有助于更快适应高原环境。

（2）尽量选择条件好一点的宾馆入住，使自己有一个好的居住环境，可以很舒适地休息，这样可以从生理上及心理上得到放松，有利于克服高原反应。另外，睡眠时尽量开窗，让空气流通，并尽量靠近窗户睡觉。还应选择较好的旅游车辆，如高档越野车或空间宽敞的进口面包车，使旅途更舒适。防晒措施能减少体内水分的蒸发，对于缓解高原反应也有间接的作用。

（3）初到高原，不可急速行走，也不能跑步，更不能做体力劳动，最好能用半天时间完全静养休息，第一天晚上要早休息、多睡觉。旅途尽量安排轻松，行程适当宽松，要防止因受凉而引起感冒，感冒是急性高原肺水肿的主要诱因之一。高原温差特别大，很容易着凉并感冒，这时要切记，宁可热一点，不可冷一点，多穿衣服。

（4）进入高原不可暴饮暴食，以免因加重消化器官的负担而不能很好地适应高原环境。最好不要饮酒和吸烟。要多吃蔬菜、水果等富含维生素的物质，要大量饮水，越多越好，只要能承受。进入高原前两天开始服用红景天、肌苷片、葡萄糖等，路途中也应坚持服用，可有效防止高原反应。

（5）一旦发生高原反应也不必恐慌，要视其反应程度而有针对性地应对。如果反应较轻，可采取静养的办法，多饮水、少运动，一般一段时间后会好转或症状消失；如果反应较重，影响睡眠，可服用一些药物帮助治疗；如果反应太重，就要到医院进行治疗，输液、吃药、吸氧等；如果实在受不了高原反应的折磨，就只好乘最早的航班返回内地了，一般情况可以立即得到缓解。

（6）可服用一些高原反应药和缓解高原反应的保健食品：

1）景天红花胶囊。功效：提高缺氧耐受力，缓解疲劳，可预防、缓解高原反应的发生。服用方法：出发前3～5天开始服用，防止高原反应；回家后还需服用2天，防止发生晕氧。

2）红景天及其制剂：藏族人民传统的保健食品，有助于增强体质，缓解高原反应，进入高原前10天服用。

3）百服宁（注意是加合，跟芬必得酚咖片一样都是酚咖片）：有助于控制高原反应引起的头痛，芬必得酚咖片也是旅友常备。

4）西洋参：有助于缓解疲劳，增强体质，减轻高原反应。

5）速效救心丸：高原反应紧急发作时服用，有助于缓解高原反应。

6）丹参丸：可治疗心血管疾病，有助于缓解高原反应。

7）麝香保心丸：可有效预防高原反应诱发的心脏期前收缩。

模块四　购物安全管理

旅游购物是我国旅游活动六个环节中最薄弱也是最有发展潜力的环节之一。目前旅游发达国家旅游购物收入一般可占旅游总收入的40%，而我国仅占12%，客观存在的旅游购物安全问题不能不说是制约我国旅游购物发展的重要因素之一。旅游购物安全是指旅游者在旅游期间的购物活动中的安全，旅游购物的安全事故是指旅游者在购物时遭受的欺诈、胁迫、盗窃、勒索等伤害性行为或事件。购物安全管理主要应从旅游购物行业安全管理和旅游者购物安全教育两方面入手。

案　例

案例1

新疆的王先生等8名游客经新疆中国旅行社组织赴新、马、泰、港、澳等地15日游，行至香港，在友佳旅游（香港）有限公司导游的带领下，于2010年4月5日在香港（国际）名表展销中心（地址：香港九龙土瓜湾九龙城道135号），以港币76 572元购买12块手表。回到新疆后，游客发现这些手表或严重脱色，或表针乱摆。其中，王先生以港币30 412元购买的一对商家声称“天然钻石”手表，经新疆维吾尔自治区岩矿宝玉石产品质量监督检验站鉴定为“群镶为合成立方氧化锆”，并判断这一对手表的市场价格为4 000～5 000元。香港（国际）名表展销中心以超过购买日14天为由不予退货，王先生等人至今未得到赔偿。

分析：

购物是旅游活动中非常重要的一个环节，然而近年来，有些不法商家利用以假乱真、以次充好的手段欺骗旅游者，旅游者的购物经历最终演变成了法律纠纷。对于商家来说，诚信经营才是良性发展的必要前提；对于政府相关职能部门来说，要加强监督和打击力度，绝对不能姑息旅游消费的欺诈行为。同时，对旅游者来说，也要擦亮眼睛，学会必要的商品鉴别知识和手段，不要贪图便宜，理智消费才能避开消费陷阱。

案例2

四川阿坝州导游管理服务有限公司导游秦姹，于2010年7月19日受九寨沟光大旅行社委派带领来自北京等地散客旅行团赴黄龙、九寨沟游览。该团在前往黄龙景区途中，秦姹以高山缺氧需要氧气以防高原反应为由，在明知当地政府物价部门对氧气以25元/听定价的情况下，向游客以50元/听进行宣传并动员其购买，还让旅游汽车开至松潘县川主寺安多高原供氧中心，让该中心人员上车向游客销售氧气。当游客进入黄龙景区发现当地的氧气销售点所销售的价格低于秦姹所宣传推销的价格并质疑后，秦姹则以50元/听是人用氧，20～30元/听不是纯氧，而是工业用氧的谎言欺骗游客。事后，游客得知其真相深感受骗，在《人民日报》上披露了秦姹欺骗旅游者消费的行为。

四川省旅游执法总队经调查取证后认为，当事人秦姹欺骗旅游者消费的行为，违反了《导游人员管理条例》第十六条的规定，造成了不良社会影响，情节严重；根据《导游人员管理条例》第二十四条的规定，作出吊销当事人秦姹导游证的处罚；同时，责令委派秦姹的九寨沟光大旅行社停业整顿。

分析：

首先，导游应当严格遵守《导游人员管理条例》《导游人员管理实施办法》等法规、规章，按照《导游服务质量》（GB/T 15971—1995）的规范要求，严格执行团队接待计划，切实做到诚信服务、优质接待，不得为个人利益擅自增减旅游项目欺诈旅游者消费。其次，旅游者在出游前应当适当了解旅游目的地的相关信息，特别是对高原地区等特殊区域的地理气候状况，更要了解相关知识并做好物质准备；在团队运行中出现急需处理的违约或违规问题时，应立即拨打组团社或当地旅游主管部门公布的旅游投诉电话，并注意收集和保存有效的证据。

一、旅游购物安全问题的类型

（一）欺诈

欺诈是旅游者进行旅游购物时容易出现的安全问题。欺诈往往表现为以次充好、以赝品冒充古董或真迹、销赃、拍高价格、宰客等形式。

（二）胁迫

在旅游活动中，有少数不法导游勾结当地的旅游商品店，利用旅游者不熟悉旅游目的地的情况，欺骗其进店购物，而且这些购物点都是非正式旅游定点商店，导游和商家就用语言和行为等手段威胁旅游者购物以牟取暴利。

（三）盗窃和抢劫、勒索

偷窃也是旅游购物中比较常见的安全问题之一。犯罪分子常利用旅游者集中精力挑选商品而营业员集中精力推销商品的有利时机作案。抢劫、勒索则是旅游购物安全问题的极端表现形态。犯罪分子为了达到获取钱财的目的而对旅游者实施这些犯罪手段。

二、旅游购物安全管理的内容

(一) 旅游行业购物安全管理

旅游购物安全管理主要是指对旅游商店进行控制与管理，为旅游者营造良好的购物环境，从而推动该地区旅游消费经济的稳步增长。

1. 旅游购物法规的制定与实施

我国现有关于消费、购物的法规仅有《中华人民共和国消费者权益保护法》，该法把旅游者笼统归为消费者，从普通消费者在购物、消费等方面的权利义务的角度进行阐述。考虑到旅游购物的特殊性，《中华人民共和国消费者权益保护法》有必要把旅游购物作为一个专项内容写入法中，旅游购物行业也可根据自己的特点制定相应的规则条例，以保证旅游者的购物安全。

2. 设立旅游定点购物商场

对信誉良好、旅游者口碑较好、各项评估成绩优良的旅游商场，由政府相关职能部门授予“旅游定点购物商场”称号，并对其进行相应的监控与管理，使其成为方便旅游者、让旅游者买得放心的购物场所。有关部门还要有意识地引导或规划专门的旅游购物街（区域），并规定或限制只有达到定点旅游购物商场要求的旅游商店才有资格进入购物街（区域）。

3. 挂牌经营与监督检查

采用各种评选方式，每年评选出信用好、服务质量良好、无旅游者投诉的优秀旅游购物商店，授予诸如“十佳旅游购物商店”之类的称号，或仿照旅游饭店的星级评定来评定星级旅游购物商店，并挂牌经营，以促进旅游购物商店的诚信经营。工商部门、旅游部门、消防部门几个部门应联合，定期或不定期地对旅游购物商店进行监督、检查、评比，对旅游者投诉多、违反相关法规的商店，予以适当的惩罚；可以根据情节轻重，处以罚款、停业整顿、取消旅游定点购物商店资格、责令退出旅游购物街（区域）、吊销营业执照等处罚，重者还可追究法律责任。

4. 规范行业制度、提高导游素质

目前，旅行社和导游“坑客”“宰客”现象屡见不鲜，个别旅行社和旅游购物商店甚至通过非法经营来牟取暴利，导游带团“逛”商店获取回扣的现象也很常见。这些现象，不仅使旅游者的合法权益受到损害，让旅游者感到旅游购物消费不安全，同时扰乱了旅游市场，破坏了旅游业的声誉。要从根本上消除这些现象，就要对旅行社、旅游购物商店、旅游从业人员进行全面整顿，规范行业制度和行风，提高行业监督能力，加大惩处的力度。同时，还应该提高旅游从业人员的整体素质，帮助其树立为旅游者服务，为旅游者创造愉快、安全、放心的购物氛围的意识。

(二) 旅游者的购物安全教育

旅游购物是旅游者和旅游商品供给者双方共同完成的过程，两者缺一不可，在加强旅游购物行业安全管理的同时，也应加强对旅游者的购物安全教育，让旅游者拥有“雪亮的眼睛”，提高警惕，增强消费安全意识。

1. 加强消费安全意识

应让旅游者意识到，旅游安全问题绝不仅仅存在于餐饮、住宿、旅行、游览过程中，也存在于旅游购物行为中，从而让旅游者树立旅游购物安全意识和自我保护、自我防范意识。要加强对旅游者的旅游常识、购物常识的宣传与教育。旅行社导游带团前往旅游购物场所时要根据各种旅游购物场所的不同情况，提醒旅游者购物时应注意的问题和应防范的事项，以免旅游者在生疏的购物环境中被坑骗。

旅游者在购物时应加强消费安全意识，尽量了解所购商品的相关知识，提高鉴别真假的能力，特别是在购买字画、玉器、古董时，最好要在识货懂行的人陪同下购买。旅行社导游要提醒或教育旅游者购物时不要有从众心理和贪图便宜的想法，以免上当受骗。导游更不能引诱、怂恿、哄骗旅游者购买某些物品。另外，尽量选择正规的购物店或者商场，切勿贪图便宜，在毫无质量保障的个人摊贩处购买旅游商品。

2. 避免购买赃物

赃物是违法犯罪分子的非法所得，违法犯罪分子往往通过不法商贩或以私人转卖的形式将其低价出售，并打着“物美价廉”的旗号交易。对于购买赃物的旅游者，无论是受骗上当还是明知故犯，客观上都为违法犯罪分子销了赃，都有可能受到法律追究。因此，旅游者在购物时应注意两点：第一，要弄清物品的来历，对于来历不明的物品，不应购买；第二，若所欲购商品属转卖物品，应弄清转卖人的背景。一定要提高防范意识，不要过分相信他人，以免上当受骗。

3. 避免购买假货

旅游购物中假冒伪劣商品照样存在，假冒伪劣商品既严重扰乱了消费市场，还造成广大消费者的财物损失，甚至危及消费者身体健康和生命安全。旅游中，违法犯罪分子通常采用如下方式对旅游者进行欺诈蒙骗：利用虚假广告推销低劣商品和假货；以部分商品或商品的外壳来代替整体商品；违法团伙在公开场合演戏，假装抢购廉价物品，引诱旅游者上当。

为避免在旅游购物中购买到假货，旅游者在购物时应注意如下几点：

1）在旅游出发前，一定要弄清旅游目的地的特产和鉴别真伪的方法。同时，平时也要积累一些商品防伪知识，这样才能提高识假的能力。

2）尽量避免单人外出购买商品，购物时最好随团，并在导游的陪同下到定点旅游购物商店购物。不能贪图便宜，防止被“物美价廉”的假象迷惑。

3）应注意经营者是否具有此类商品的经营权和经营者的真实企业名称和营业标识，查清所购物品是否有生产厂家及其地址和联络电话，以及物品的商标等是否齐全完整。

课后练习

一、思考题

1. 试总结旅游吃和住环节的安全管理措施。

2. 如何在旅行团队出发前做好相应的安全管理工作？

3. 在旅游过程中哪个环节最容易出现安全问题？试述理由。

4. 试总结火灾事故发生后的逃生步骤。

5. 试总结外出旅游时如何做好防盗措施。

二、实践题

1. 以小组为单位，互相问答六大旅游环节安全问题的表现形式以及具体的处理措施。

2. 以小组为单位，收集近5年的全球航空事故案例，尝试分析造成事故的共性有哪些。

3. 以小组为单位，收集贵重旅游商品的辨伪技巧，如龙井茶、翡翠、丝绸、珍珠、人参等。

第三单元
自驾游活动安全管理

【学习目标】

了解自驾游的准备环节

掌握路书规划步骤

了解防御性驾驶

【项目导入】

自驾游作为新兴的旅游模式迅速发展，掌握自驾游的活动规律，合理规划和设计行程，注重旅行途中的安全细节，这是旅游者和组织自驾游活动的旅行社工作人员应具备的基本素质。

模块一　自驾游活动概况

自驾游属于自助旅游的一种类型，是有别于传统的集体参团旅游的一种新的旅游形态。自驾游在选择对象、参与程序和体验自由等方面，给旅游者提供了伸缩自如的空间。自驾游其本身具有自由化与个性化、灵活性与舒适性及选择性与季节性等内在特点，与传统的参团方式相比具有自身的特点和魅力。

一、自驾游的发展概况

自驾游兴起于 20 世纪中期的美国，后流行于西方发达国家。进入 21 世纪，汽车工业的大发展推动了旅游业的发展，为自驾游的推广和普及奠定了基础，也使得自驾游从自助游中脱颖而出。最初，人们把周末开车出游叫"Sunday drive"，发展到后来成为自驾车旅游"Drive travel"。

2018 年，国内游人数突破 55 亿人次，旅游收入超 5.1 万亿元。据统计，2018 年全国自驾游人数达到 32 亿人次，同比增长 16.4%，占全年国内游客总人数的 59.2%。相关数据显示，2018 年我国自驾游客年度出游频次为 5.7 次，平均时长为 3.3 天；一日自驾游的人均消费在 422 元（同比增长 16.2%），过夜人均消费为2 530元（同比增长 15%），高于国内游人均消费水平；从出行距离来看，300 千米以内占比为 43.6%，300～500 千米占比为 37.5%，有 1 000 千米以上自驾经历的占比达 18.9%。

中国自驾游产业的形成与发展是建立在经济飞速发展、交通状况持续改善、人民生活水平日益提高的基础之上的，是"自由、个性、探索、驾驭"理念的体现，自驾游现已悄然成为我国大中型城市中有一定消费能力和消费理念的中青年人群所热爱的旅游生活休闲方式。从时间上说，有组织、较正规的自驾游活动始于 2000 年。之后，自驾游开始引起业界和社会的普遍关注，2003 年开始由网络扩散到大众媒体，特别是电视、电台、报纸等传统媒体的介入，有力促进了中国自驾游的飞速发展。

截至 2017 年，中国持有机动车驾驶证（汽车驾驶证）的人数已近 3.5 亿，轿车保有量特别是家用轿车保有量超过 1.94 亿辆，每百户家庭拥有 41 辆。中国自驾游正蓬勃发展，逐渐成长为一个全新的旅游经济形态，像自由行一样，成为新的经济增长点。在此背景下，全国各地由旅行社、半官方机构、个人成立了众多自驾游的相关机构。

与美国自驾游发展的方式一样，在中国不仅流行开自己的车去城市周边以及更远的地方探险游，更兴起了异地租车旅游，即利用"飞机＋当地租车"方式旅游，这种方式节约了成本，更使异地自驾游成为可能。

中国自驾游活动比较成熟的地区，以东部经济发达地区的大城市为主，如：华南地区的深圳、广州、东莞，华东地区的南京、上海，华北地区的北京、天津，西南地区则以昆明最为热闹。广东地区自驾游发展的一些特点值得一提：(1) 定向投资增大，已产生一批具备一定规模投资的专业经营自驾游的公司，其中成立 3 年以上的有搜美行车主俱乐部公司、人车行公司等；(2) 活动半径扩大，经常性地走出国门——自驾前往东南亚、大洋洲、北美洲、欧洲已经不是什么新鲜事了；(3) 组织能力强大，单一活动超百车的统一行动越来越多。

二、自驾游的概念

自驾游简单地说就是自己驾驶汽车出游，对此，2006 年首届中国自驾游高峰论坛给出了定义：“自驾游是有组织、有计划，以自驾车为主要交通手段的旅游形式。”自驾游的兴起，符合年轻一代的心理，他们不愿意受拘束，追求人格的独立和心性的自由，而自驾游恰恰满足了这种需求。

自驾车的字面含义为：驾车者为自己，车辆主要有轿车、越野车、房车、摩托车和自行车等，以私有为主，也可以采用借用、租赁及其他方式（本教材中的自驾游重点介绍四轮滚动载客方式的交通工具，摩托车和自行车暂不在列）。驾车的目的具有多样性和随意性，最终决定权在于车主或出行团队。可见，旅游是自驾车的活动内容之一，当自驾车作为旅游手段时会有以下变化：驾车者可以是车主或其同行者，驾车出行以休闲旅游为主要目的，非出于工作、运输等原因；自驾车旅游带有私人出游性质，非公众旅游。

（一）自驾游与传统参团旅游的区别

(1) 自主性。自驾车旅游者通常不需要由旅行社安排旅游行程，在旅游目的地的选择、到达与停留时间以及食宿安排上都有很大的自主性。

(2) 区域性。对自驾车旅游者来说，旅游是一个学习与累积经验的过程。旅游的尝试首先从自驾车旅游者的居住地周边开始，逐步向远处辐射。

(3) 短期性。中国的周休二日与两大黄金周的假日制度使得自驾游受到一定程度的制约。区域性的自驾游只能是短期的，即以 2～3 天为主。不过，一旦年休假制度开始普遍实施，这种特性也会出现改变，长达 2～3 周的自驾游如暑期家庭旅游活动也会流行起来。

(4) 小团体性。私人非营业汽车的主要类型是可载 4～5 人的汽车（如小轿车、越野车等），即便是三五好友相约而行，也是小团体行为，与大型旅行团不同。

(5) 多样性。车有多种，人有百态。自驾车旅游者的消费习惯因其收入、受教育程度、年龄、地域性、旅游目的等因素而有所不同，表现在旅游消费中，可能是时间、费用、品质与特殊要求等变量的多重组合，这也与团体旅游有显著的不同。

（二）自驾游的出行特征

1. 人群特征

一般而言，自驾车旅游者属于中上收入阶层，从经济水平上看，普遍拥有较好的生活条件，是城镇居民中的中高收入者；从文化程度上看，绝大部分具有较高的受教育程度，拥有较强的旅游意识和旅游素养；从年龄比例上看，中青年占主体；从人员组成上看，主要表现出 2～7 个人的群体性特征。

2. 动机特征

自驾车旅游者外出旅游主要为了追求一种自由化、个性化的旅游空间，观光与休闲度假是自驾游的主要动机，其他动机还包括商务旅游、探亲访友、美食娱乐和探险摄影等。

3. 行为特征

（1）在旅游时间的安排方面，自驾车旅游者的出游多集中于双休日和过年以及各国各地不同的黄金节假日。

（2）在旅游地点的选择方面，受交通条件、体力、经济、时间、驾驶技术、维修技术、地理知识等诸多条件的限制，自驾游主要有以下四个流向：

1）近地域流动。受交通状况、出游时间、消费水平和汽车技术标准诸多因素的影响，大多数自驾车旅游者均以近距离出游为主。

2）城市周边休闲度假旅游区。本地游尤其本地周边游是自驾车旅游者比较喜爱的旅游产品，许多国家和地区中心城市周边都开办有休闲度假村，举行民俗活动、美食节、花果会等。城市周边自驾游因具有出行时间短（1～2 日游）、花费低、新奇度高等特点而成为自驾车旅游者的首选项目之一。

3）风景名胜区。尽管休闲度假旅游日益受到旅游者的重视，但观光旅游仍是最受欢迎的旅游项目，各地风景名胜区仍是自驾车旅游者的首选目的地。

4）公路通达条件较好的地区。受汽车档次、性能和自驾车旅游者驾驶技术的影响，公路状况是自驾车旅游者必须面对的重要问题，自驾车旅游者在旅游产品的选择上，不得不将公路状况作为重要因素加以考虑。

（3）在信息的获取方面，自驾车旅游者多为年轻人，他们学历高、收入高，其主要特征与上网人群类似。研究发现，网络是自驾车旅游者获取信息的主要渠道，其次为广播电视，亲朋好友的推荐也占了很大比例。

4. 消费特征

我国自驾车旅游者的消费水平比传统旅游方式高，大概集中在 200～400 元/天。

其中吃、住、行三项的开支占到了旅游总开支的80%，游、购、娱三项所占的比例很小。究其原因，主要是以下两点：其一，过高的交通费和住宿费的限制；其二，我国自驾游的产品体系还不完善，缺乏具有特色的旅游产品和旅游项目。

从中国旅游研究院评选出的36个自驾游重点城市的数据来看，经济型连锁酒店以及民宿是广大自驾车旅游者的首选。经济型酒店网点众多，价格低廉，品牌代表了一定的标准化和服务品质。民宿的主力消费价格在150～200元，其通过将装修以及软性服务与当地地域文化相结合，为旅游者提供差异化体验。

从出行目的来看，观光和休闲度假占据主导，探险猎奇等活动仍属于小众市场。由于出行的机动性较高，旅游者在目的地的选择上出现分化，选择非热门景区、休闲游目的地以及农家乐的旅游者的比例明显高于选择热门景区的旅游者。

5. 地域特征

我国自驾游客源地以“胡氏线”为界，东边是以环渤海都市圈、长三角地区以及珠三角地区为主的客源地，并向自然环境得天独厚、资源禀赋力强、文化特色突出的西部目的地辐射。中国旅游研究院评选出的自驾游精品线路中有近六成集中在西部地区。随着交通条件的改善，形成了川藏线、青藏线、滇藏线、环青海湖线、甘南民族游线、宁夏—阿拉善沙漠旅游线等特色线路。

市场在东，资源在西。在国家“一带一路”、长江经济带、京津冀协同发展等区域战略机遇期，自驾游成为联通重点区域、次区域、城乡结合点的理想桥梁；同时，由于流动性强、随机性大、追求特色等因素，旅游者避开了重点经济圈和经济带，向更“老少边穷”、工业化发展落后的地区流动，刺激了沿线旅游经济的发展。

自驾游精品线路区域分布情况如图3－1所示：

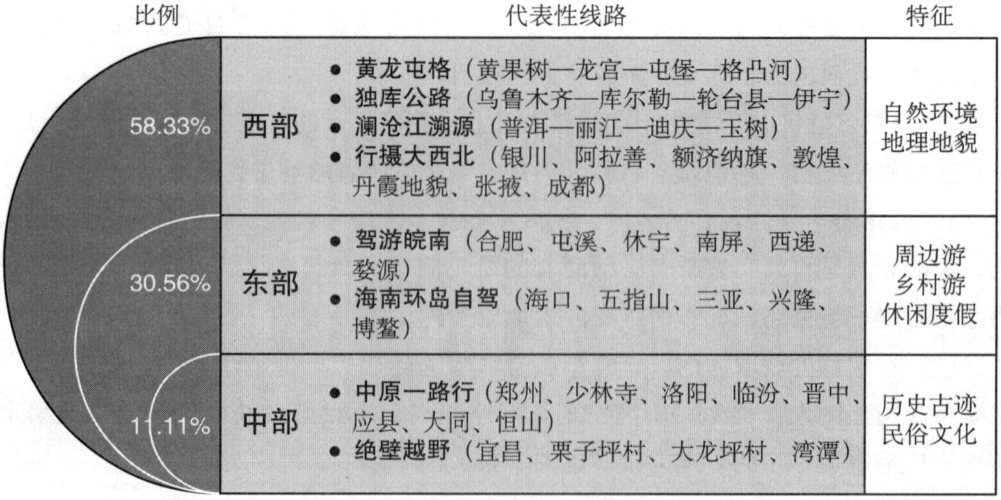

图3－1 自驾游精品线路区域分布情况

(三) 自驾游的组织

自驾游组织形式呈现多样化，主要有以下几种：

1. 自主组织的自驾车出游

自驾车团体出游多是自发组织的，参加者大多以家庭为单位。怎样使旅游过程尽量按照自己的主观意愿而达到完美，是他们特别关注的问题。按照计划好的线路或者自己制订的旅游规划驾车出游，也是从2010年以后特别火爆的一种旅游出行活动。自驾游最难规划的是路程安排和时间计算问题，如果对路程不熟悉，那么很可能耽误行程，所以出游之前最好先计算好行程时间，以免路途中因发生堵车、天气变化等情况而影响行程。

2. 旅行社组织的自驾车出游

自驾游的兴起为旅行社提供了新商机，旅行社组织的自驾车出游也成为自驾游的一种重要形式。但值得一提的是，大多数旅行社只能为自驾车旅游者提供订房、订餐及汽车维修等基本服务，而不能提供车辆让旅游者自己驾驶。经营性车辆以及驾驶者是应该有特定资质的，旅行社不具备这方面的资质。

3. 汽车俱乐部或其他各种俱乐部组织的出游

一些汽车俱乐部也组织其会员进行自驾游活动，并在自驾游过程中为会员提供拖车、救援及线路指引、食宿娱乐等有关服务，但由于俱乐部本身不具备营利性企业的法定资质，因此这种组织方式不能以营利为目的。

三、自驾游迅速发展的原因分析

自由行理念在“80后”“90后”人群中快速渗透，自驾游客群集中在21～40岁。“80后”已进入事业稳定期，在具备经济基础的同时开始追求生活品质，多以家庭为单位出游，对个性化需求较高。“85后”正处于事业上升期，工作压力大，渴望逃离城市、亲近自然。“90后”追求独立自由，初入社会并对周围产生强烈的社交欲和探索欲，经济基础薄弱但渴望成为意见领袖，易于形成圈子文化和“极客群体”。

具体而言，自驾游之所以能迅速发展，是因为受到以下因素的推动：

(一) 主观因素

自驾游有效提高了旅程的灵活性与体验感，使体验旅游深入人心，并因其“更自由、更节约、更真切”的特性，已作为游览景区的主要方式之一蓬勃发展。相对于跟团游或者借助飞机、高铁等公共交通工具出行的自助游而言，自驾游在出行时间安排和景点选择上都更自由、更节约，想停就停、想走就走、想住就住的出行方式使得旅游者更能根据自身规划和现场感受来灵活地调整行程，不仅能与同行者拥有更多的交流机会，亦能更加深入、真切地体验当地的风土人情，因此对于朋友、情侣和亲子、公司团建主体都十分适合，逐渐成为现代人青睐的旅行方式之一。从客观数据上来看，根据相关数据，2018 年我国自驾游所占比重继续攀升，已成为游客到达景区的主要方式，利用此类方式的游客人数占景区接待游客总人数的 75%。

（二）客观因素

1. 公路网络建设成功延伸自驾游可辐射区域

共享公路网络建设红利，自驾游可选目的地增加。国家发改委 2013 年发布的《国家公路网规划（2013—2030）》提出截至 2030 年我国将形成总规模为 26.5 万千米的普通国道网以及总规模为 11.8 万千米的国家高速公路网，基本实现首都辐射省会、省际多路连通、地方高速通达、县县国道覆盖的目标，1 000 千米以内省会可当日到达、东中部地区省会到地市可当日往返，西部地区省会到地市可当日到达。若再结合“八横八纵”高速铁路网络建设实现相邻大中城市间 1～4 小时交通圈、城市群内 0.5～2 小时交通圈，即可实现“高铁＋目的地租车自驾”形式，大大提升可选目的地范围。

2. 私家车保有量上升，壮大自驾游潜在客户群体

私家车及驾驶人数量逐年增加，同时汽车租赁市场快速扩张，进一步带动自驾游发展。截至 2017 年，中国持有机动车驾驶证（汽车驾驶证）的人数已近 3.5 亿，轿车保有量特别是家用轿车保有量超过 1.94 亿辆，每百户家庭拥有 41 辆。而机动车驾驶人数量已超过 3.45 亿，按照一个家庭 2 个驾驶人 1 部车来测算，汽车保有量在未来依旧存在很大的上涨空间，这无疑将助力自驾出行的选择与相应市场规模的扩大。

3. 汽车短租市场蓬勃发展，降低自驾游门槛

汽车短租市场发展迅猛，提升了旅游者参与自驾游的便利性。我国汽车租赁市场自 2005 年开始发展，现正处于迅速扩张阶段，目前整体租车公司车队规模不断扩张，致力于迅速提高租车市场渗透率，截至 2017 年底，我国汽车租赁公司车队总规模达到了 57.9 万辆。汽车租赁业务中，短期租赁业务（主要针对休闲及商务旅游需求）快速扩张，2017 年业务额达到 115 亿美元，占整个租车市场规模的 24%，汽车短期租赁的出现及蓬勃发展有效弥补了居民出行时“有证无车”的尴尬局面，进一步降低了居民参与自驾游的门槛，提高了便利性。

模块二　自驾游活动安全管理实务

一次成功的自驾游不仅在于领略了旅游线路沿途的风光美景和风土人情，更在于能避开旅途中四伏的危机，顺利返回出发点。“无安全，无旅游”这一原则对于自驾游活动而言显得尤为重要。

案　例

案例 1

2018 年 2 月 22 日，随着春节假期结束，全国各地迎来返程高峰，但从大年初三开始，受十年未遇的罕见大雾天气影响，琼州海峡出现反复停航，导致海口三个港口和周边道路出现上万车辆和数万旅客滞留。根据“@海口发布”22 日消息，目前海口秀英港、新海港、南港正常通航；港口外道路有车辆 7 752 辆，港区内车辆 2 980辆，还有 10 732 辆待渡。

堵车是春节的常规议题，不过海南更加特殊，偏居一隅的地理位置，使得它与内地之间的交通极度依赖海运。很多人可能不知道，在海南连通广东的粤海铁路，也需要把火车装进轮船里，才能渡过海峡。海运容易受天气影响，加上运输能力有限，加剧了拥堵滞留的严重性，以至于有自驾游旅客表示，“以前 20 分钟的路，现在走了 20 个小时都没走完”。

应急处理层面，海南有值得称道的地方。尽管出现了“天价机票”“滞留司机集体鸣笛”等舆论风波，滞留事件发生地的整体秩序还谈得上和谐有序，沿途随处可见志愿者、义工、爱心企业给滞留旅客送水、送面包，海口紧急临时调休的通知，也反映出这座城市经过历年拥堵后积累的处置经验。

分析：

罕见大雾天气，属于不可抗力，港口因此停运，出现一定程度的滞留和堵车，能够理解。但在技术层面，这种历史罕见的严重大雾，并非不可预测。如果当初有及时的预警，并对入岛车辆进行限流，又或者自驾游旅客如果能考虑到这些不确定因素，改道其他地域旅行，就不至于出现如此严重的滞留。

案例 2

旅游达人王海涛筹备了两年时间，一家三口以宣传南京青年奥运会的名义于 2014 年 3 月开始环欧亚自驾游，历时 7 个月，从满洲里出发，穿越西伯利亚，抵达欧洲，后驾车游历芬兰、比利时、德国、瑞士、西班牙、希腊等三十几个国家，10月从新疆回到南京，总里程达2万多千米，这也标志着国内旅客前往欧洲地区自驾游的兴起。

分析：

王海涛成功的自驾旅游活动和前期充分的准备是密切相关的，一场说走就走的旅行并不是自驾游的代名词，反而是草率和莽撞的象征。

一、出发前的准备工作

要去自驾游了，诸多准备是必不可少的。

（一）物质准备

1. 各种能够证明身份的证件和卡

除了带足钞票外，别忘了带驾驶证、行驶证、身份证、保险卡，如果是长途旅行，三证是缺一不可的；还要注意以上证件是否都已审验了。此外，有些地方查车时要查养路费凭证和车辆购置税证，应带齐这些证件，有备无患。携带相机、手机等贵重物品，最好自备可密封的胶袋、防潮袋以防万一。

2. 随车的各种装备工具

（1）自驾游中，如果爱车出了问题，那就完全不能行动了，所以有必要带一些必备的工具，如千斤顶、轮胎扳手、一字和十字改锥、手钳，以及至少一把死扳手（根据自己车的情况配）、一只活动扳手、一根5米长的拉力不低于1 500千克的牵引绳、一个工作灯（手电筒也行）。

（2）如果旅途比较漫长或到人烟稀少的地方，有条件的话不妨准备一个好一点的启动电源、电动充气泵（选择那种可以长时间连续工作的）、一把补胎锥和几根补胎塞条（使用极为方便、简单）、一个备用油桶、一副40A的电源搭线。

（3）到一个陌生地方，地图和GPS导航仪是驾车旅行必不可少的东西。地图的出版永远赶不上道路的建设，所以除了要准备一本比较全的行政地区图及高速公路地图外，尽量带上一台GPS导航仪。

3. 在自驾游中能用到的各种生活用品

（1）应急药箱：创可贴、云南白药、绷带、医用胶布、体温计、退烧药、止腹泻药、止痛药、风油精或清凉油。如果去的地方常有毒虫出没，那么最好备一些蛇药。

（2）衣物：俗话说，出门在外，饱带干粮、热带衣。因为天气冷暖无常，所以必备的衣物是不可少的，除了随身用于换洗的衣物外，根据季节的不同，还要适当带一些防寒、防风、防雨的衣物。

(3) 针线包：大小号的缝衣针各准备一两根，线要结实、稍粗一些。针除了缝东西外，也会有其他的用处，比如说挑扎到肉里的刺。

(4) 电源：随车带一个 12V 变 220V 的电源逆变器，一般选功率 300W 左右的即可，可以为手机、DV、电脑等有 220V 电压要求的设备提供即时供电和充电，而不会损坏这些设备。

(5) 车家两用冷暖箱：野外不比家中，气温不恒定，冷暖箱能使携带的食物保持恒温。

(6) 路上的应急食物：尤其要多买些巧克力，因为巧克力是高热量食物。水是必备的，特别是纯净水，不但人喝，车子有的时候也要使用。例如：发动机冷却水缺乏，纯净水可以应急；长距离下坡刹车过热，可以使用纯净水降温；等等。

(7) 备足零钞：到外地自驾汽车旅游，过路费、过桥费、停车费等杂费是随时随地要用的，最好备足 10 元以下的零钞，这样做既方便自己也方便他人。

4. 自驾游过程中的安全装备

(1) 灭火器。这个不用说，是必备物品。

(2) 停车警示牌或警示灯。

(3) 防身用品。出门在外，谁都不能保证下一秒会发生什么，坏人还是比较多的。以防万一，应携带一些防身工具，如方向盘锁、工兵铲、辣椒水等。

5. 露营的装备

如果准备露营，那么自驾出游前必须准备好露营时所需的物品，帐篷、铲子、食物饮料以及止痛药都是必备的。如果遇到危险情况要及时拨打求助电话或发出 SOS 警报。

(二) 业务准备

进行长途自驾游，旅游者应做好以下业务准备：

(1) 向老司机或者在网上询问沿途路况，做到心里有数。

(2) 如果是车队最好购买对讲机，不但可以节约很多手机费用，而且到了手机没有信号的地方对讲机就显得特别重要。如果车队的车超过 6 辆，就把车分组，每 3 辆 1 组，这样既方便驾驶，还可以有效地防止追尾。

(3) 最重要的是把车彻底检测一下，常规检查机油、冷却液、助力油、玻璃水；重点检查轮胎、备胎胎压和轮胎磨损情况，轮胎上有没有扎钉子；看看千斤顶和更换轮胎的工具是不是在车上，带一个轮胎充气泵也许有用处。有可能的话，还应去 4S 店检测一下发动机、刹车、防锁死刹车系统（ABS）和电路情况。

(4) 要学会换胎，首先拿出备胎，用一字改锥取下装饰盖子，先不放千斤顶，松一下螺丝，记住，是松一点点，因为原来的螺丝很紧，得用脚才能弄得动。然后支上千斤顶，全部卸下4个螺丝，记得把螺丝放好，支上千斤顶后继续松螺丝，取下螺丝。换上新轮胎后就可以上螺丝，先把四个螺丝用手拧紧，然后放下千斤顶，再用工具把螺丝拧紧。最后安上装饰盖，轮胎的换装就完成了。

(5) 出发前，请务必检查好随车证件（带上车辆购置税证）和个人证件；买一本最新出版的交通地图，在图上标明自己将要走的路线，标出路过的城市，选好休息和加油的地方。

(6) 带上一个笔记本，坐在副驾驶位置的人负责记录一路上的油耗、路况以及发生的有趣事情。如果走高速，则要记录出口处和服务区的公里数，以便下次行车以及为其他有需要的朋友提供参考。

(7) 注意安全行驶。由于高速宽阔的路面很容易刺激血气方刚的中青年人开快车，在我国当前的道路状况下这样做是很不安全的，尤其是行驶自己不熟悉的路面更是危险。因此，要注意掌握行驶速度，与前车要保持一定的距离，停车或缓行一定要靠右边，注意观察周围路面动态，不可忘乎所以。

(8) 如果是车队，自驾游注意事项如下：

1) 出发前对车队车辆进行编号，以便在行车途中相互联系；车辆行驶中通过手机保持联络，请勿使用手机播放音乐或长时间按发射键聊天。

2) 加油要特别注意，必须在大地方的正规加油站，不要贪图便宜在小地方加油。

3) 车队车辆行驶中注意保持适当距离，各车分散行动，定点集合，切勿跟车；行驶途中如发现异常情况或有需要临时停车请立即通过手机通报。

4) 车队成员根据行驶情况在途中选择适当地点临时休息，各车主负责照顾本车乘客的情况。如遇塞车、问路等情况临时停车，乘客尽量不要离车。到达住宿地点，及时给手机、对讲机等电子设备充电。

5) 在外地如发生车辆碰擦等意外情况，务必保持冷静，避免矛盾激化。如行车中伤及路面的家禽家畜，一般情况下车队车辆应保持全速通过，车主和乘客不要立即下车查看。

(三) 做好路书规划

1. 路书包含的内容

路书是为一次旅行制作的详细计划，其中包括行程安排、交通信息、住宿信息、景点和餐厅推荐、娱乐项目预订、费用支出信息、注意事项等。制作路书是出行前的重要准备工作。

1) 行程安排。行程是一本路书的框架，包含旅行的时间段以及途中重要的地点，将这些地点串联起来就是一条路线。

2）交通信息。路线设计好之后路书还要给出地点之间所使用的交通工具、预估行车时长等信息。

3）住宿信息。一般情况下，设计路书的个人或公司会提前跟客户沟通住宿要求以及预算，然后根据这一信息为客户选择合适的住宿地点。

4）景点和餐厅推荐。这是路书最精彩也是对旅行帮助最大的一部分。景点和餐厅不是盲目推荐和选择的，而是根据客户的喜好，加上路书设计者对目的地的了解，有针对性地给予推荐。一本好的路书除了给出一些必去景点和餐厅，一般会额外给出一些备选项。这样，既不用担心错过经典的风景和美食，又给了客户自主选择的空间。

5）娱乐项目预订。对于目的地有特色的项目，路书一般也会给出具体的游玩信息，有的旅行社或定制公司还会根据客户要求提前帮客户预订某些项目。

6）费用支出信息。这项信息可能是单独列出来的，也可能直接体现在行程中的具体项目中。

7）注意事项。除了以上几点，路书一般还包括行程注意事项、行李清单、保险信息、急救电话等旅行中可能会用到的信息。

2. 制作路书的步骤

路书是自驾游行程的依据和导向标，旅途的安排必须基于路书来实现。规划良好的路书能够帮助旅游者避免潜在的旅途风险，降低遭遇不可控风险的概率。路书规划必须做到以下几个步骤：

第一，做路书之前要明确目的地。

也许很多人会认为这跟没说一样，既然出去玩，自然知道自己要去哪里。但其实不然，很多人因为不常出远门，对真实地理状况其实并不十分清楚。因此，做路书之前要非常明确自己的目的地，途经的小目的地又有哪些，这样才能科学地规划路线。

第二，要去天气网站看一下目的地的历史同期天气。

这个步骤千万不能忽视，因为谁都不想到达目的地之后遇见坏天气。虽然看历史同期天气不能改变天气情况，但起码会在你计划出行时间时有一个参考依据，同时便于你根据天气情况选择携带的装备。而在出发前一周，就要看一下天气预报了，再根据天气预报决定出行计划。

第三，学会看地图。

虽然现在导航设备很便宜，但因为很多导航更新不及时，导致里面的数据并不完全准确，因此在做路书之前，要仔细研究从出发地到目的地之间的地图。虽然不用背下来，但起码要知道主干线是哪几条公路，大的岔口大致在什么区域，每300千米是否有城市或者服务区，常见堵车点在什么位置，哪些路可以绕行，等等。另外，不能只看平面地图，要把卫星地图也打开看一下。因为现在民用地图没有等高线，所以打开卫星地图后会更直观地看到这一路会经过什么样的地貌。

第四，规划路线。

规划路线时千万不要直接在地图上输入起点和终点，一定要把想途经的点都规划上，这样做出来的路线方案才更科学。然后把各个路线方案都研究一下，沿着路线仔细找找，看看哪些地方能够绕行，哪些地方有特殊地名。再对应卫星地图看一下有没有什么山水经过、城市和乡村的规模大小等。根据自己的要求修正几回路线之后就相当于做好了路书制作工作的第一步。

第五，规划节点。

对于往返400千米以内的短途自驾游来说，这个环节可以省略，但对于长途长时间的自驾游来说，这个步骤非常关键。你要在路线中规划一系列的主节点，这些节点可以给你指明在哪个城市吃饭，在哪个城市住宿，超长行车时哪些地方可以加油等等。在主节点的前后，要适当选择几个备选节点，这样才能避免非常疲惫地赶路或者突然错过目的地。

第六，研究一下每个节点的风土人情。

为了看到最真实自然的景观，吃到最地道的风味美食，一定要做好风土人情的研究。这个研究可以通过多看攻略或历史书籍来实现。反正只要是你觉得喜欢的方面，就尽可能找资料去研究。不过有一点要注意，不要被旅行社的宣传迷惑了。攻略里一旦带有非常明确的指向性，那就要自己多加分辨。还有就是不要看太多已经被修得失真了的照片，因为照片里的美景你很难看见。

第七，开始做路书。

做好以上准备后就把路书落实在文字上，可以按天分段，也可以按节点分段。路书内容包括从A点到B点的里程、公路名称，目标路线上的主要地名、宾馆、景区的联系方式。为了防止一路上手机没信号，可以把加油站的大概位置注明一下。但原则是不要特别复杂，因为那样反而会让你不知所措，路书只是一个备忘录而已。

第八，多了解一些旅行信息。

在各类网站也好，利用攻略也好，多收集一些旅行信息。这些信息包括景区开放时间、门票价格、当地消费水平等。这样能让你少被不良商家误导和蒙骗，也能让你有更多的时间游玩景区。在这些信息里，一定要多关注跟时间有关的信息，因为预算可以随时变化，但时间改不了，只有在最佳的时间段才能看见最美的景色。

第九，出发后的第一天，根据情况调整一下路书。

路书做得再好，也不能保证完全符合真实情况，所以第一天结束后，应根据驾驶情况、道路情况、天气情况再将路书稍作调整。

二、如何做好防御性驾驶

自驾游的核心就在于“驾”，漫长旅途基本上要通过利用同一交通工具来实现，这对驾驶员和车辆来说都是严峻的考验，这两者任何一方面出现问题都将会直接导致自驾游活动的终结，严重者会出现车毁人亡的悲剧。

对于车辆，在出发前要进行完备的检查，在旅途中要注意车辆的状态，做好保养和维护的工作；对于驾驶员，必须掌握良好的驾驶技巧，能应对各种突发的状况，如恶劣的天气、不利的地形、糟糕的道路交通条件等，这就涉及防御性驾驶的技巧。

防御性驾驶的基本含义是，驾驶员在行车过程中，能够准确地“预见”由其他驾驶员、行人、不良气候或路况而引发的危险，并能及时采取必要、合理、有效的措施防止事故的发生，这种可避免交通事故发生的驾驶方式即防御性驾驶。

(一) 防御性驾驶技术的五个要点

防御性驾驶需要做到以下五点：预估风险、放眼远方、顾全大局、留有余地、引人注意。

1. 预估风险

驾驶时，驾驶员需要根据天气、路况和目测的事物以及与安全驾驶有关的各种要素，提前分析预测可能会影响驾驶的潜在危险。

(1) 雨天驾驶，可能会遇到路面积水。

(2) 通过十字路口时，可能会遇到行人、非机动车甚至机动车突然闯红灯。

(3) 临近高速公路出口，可能会遇到车辆突然减速、变道。

(4) 超车时，可能会遇到被右侧车辆遮挡住右前方的视线。

(5) 车辆碰撞或失控后，驾乘人员经常会被甩出车外。

类似这样的潜在危险还有很多，而且经常反复出现在驾驶环境中，这就需要驾驶员养成提前分析预测风险的良好习惯，以便提前采取措施，防患于未然。

2. 放眼远方

行车过程中，驾驶员需要搜索前方至少 15 秒车程范围以外的交通状况，以便提前分析和判断可能出现的影响安全驾驶的各种情形，为下一步采取行动预留更多的时间和空间。

为什么需要将目光引导到 15 秒车程以外的地方呢？有关实验表明，正常行驶中，人从获得视觉线索到判断是否有潜在危险再到决定如何处置这一“感知、分析、决定”的过程一般需要 6～8 秒钟，而从“决定”到“操控实现”还需要 6～8 秒钟。那么，如何判断 15 秒车程的距离呢？可以采取“乘 4 法则”进行计算，乘 4 法则即距离＝速度数值（千米/小时）×4，例如：以每小时 100 千米的速度行驶，那么需要看到至少 400 米远的地方。

前面提到的预估风险针对的是可预见的风险，例如：今天下雨，就一定会遇到积水路面，因此要减速慢行。而放眼远方针对的是不可预见的风险，例如：通行环境良好的路面是否可能出现其他车辆或行人散落的物品所形成的路障，这些路障哪些是危险源、哪些不是危险源，是远还是近，是静止还是运动，等等。

3. 顾全大局

驾驶时，危险来自四面八方，变化无常，驾驶员需要保持不间断地、有序地搜索车周边 360 度空间的交通环境，及时发现潜在的危险，并有意识地避免被周边事物分散注意力。例如：在过十字路口时，不要过度依赖信号灯，闯红灯的车辆和行人每天都有；在变更车道时，不能仅仅依靠后视镜，其他车辆往往就在我们两侧的盲区内；在减速停车时，不要以为后面的车辆就一定会和我们一样安全停车，走神的驾驶员和刹车失效的车辆每天都有；在转弯时，不要只注意前轮的周边情况而忽视观察后轮的周边情况。

因此，驾车时驾驶员的眼睛要像雷达一样不断地扫描，不断重复地看看前方，再看看左侧后视镜，然后是仪表盘、后视镜、右侧后视镜及前方，这样的循环 6～8 秒进行一次。视觉搜索过程中还需要刻意避免被其他事物分散注意力，做到眼睛在任何事物或方向上停留的时间不超过 2 秒。否则，较长时间关注某一事物，会使驾驶员自己和他人处于高度危险之中。

4. 留有余地

驾驶时，车辆往往都是在流动变化的车阵中前行，这就需要我们的车辆与周围的车辆时刻保持足够的安全空间，以便从容应对各种危险的出现。

例如：在车阵中经常会遇到正常行驶的前车突然减速，左/右车道的车辆突然进入我们所在的车道，甚至这些情况同时出现，这就需要我们的车辆与前车保持至少 4 秒车程的安全距离；同时，应避免与两边的车辆并排行驶，要在我们的前方和左右至少一侧始终留有足够的空间，作为我们的应急逃生路线。

那么，如何判断 4 秒车程的距离呢？在道路前方选择一个固定的位置或参照物，当前车车尾超过参照物时开始数数，1001、1002、1003、1004，如果还没有数到 1004 就到了参照物的位置，说明离前车太近了。

5. 引人注意

在驾驶过程中，我们要经常有意识地让别人注意到自己，特别是在他人的行为影响我们安全驾驶或我们需要别人帮助时，要及时传递出我们的意图，并确认别人是否理解我们、支持我们；否则，别人的行为往往会使我们被动地牵涉进交通事故。

例如：在低能见度条件下，别人看不清我们；在我们进入车辆盲区后，别人看不见我们；在我们变更车道转弯前，别人不知道我们；在我们需要别人让行时，别人不理解我们；等等。面对这些情形，我们就需要通过灯光、喇叭甚至手势让别人注意我们、理解我们、支持我们，否则，我们引以为豪的驾驶技术将变得毫无价值。

（二）车队防御性驾驶的要点

自驾游常见的组织形式就是车队出行，一般由 3 辆以上的车前后随行，其防御性驾驶的要求比单车出行更高。

1. 车队出行宜单车同行、定点集合

旅游车队出行不能集体排队行驶，否则极易引发交通事故。这是因为队形的维护需要占据驾驶员很大的注意力，在高速行驶过程中如果要保持队形，必须缩小车队内车辆的间隔距离，这在高速环境下是十分危险的，引发追尾事故的概率是单车出行的几倍甚至十几倍。同时，缩小车队内车辆的间隔距离会降低行驶速度，弱化通行效率，在高速公路上减低车速也意味着危险的成倍增加。另外，一旦车队被其他车辆穿插打乱队形会引发车队内驾驶员的不安，需要通过更多的变道行驶来保持队形，也会增加交通事故的发生概率。

因此，车队出行的合理方式是预定好出发时间，确定好集合的时间和地点，路上鼓励单车同行，彼此不受队形的约束。

2. 保证合理的车速和间距

车辆的行驶速度并不是越慢越好，也不是越快越好，而是要在一个合理的范围内。首先，必须遵守道路标志标线的限速规定，不能超速行驶；其次，行驶的速度也要和其他的车辆形成动态平衡，合理保持前后左右的车距，根据周围的交通条件来实时调节速度，变道前要科学估计前后左右的距离，要提前打转向灯，变道动作要干脆，切不可拖泥带水。

3. 做好合理的行程规划安排

车队出行比单车出行更难的地方是要考虑驾驶员个体的差异，有些人体能更好，能集中注意力，驾驶技术也更成熟；有些人则容易疲劳，驾驶技术也比较一般。因此，在选择集合的时间和地点方面一定要有短板意识，要根据能力比较弱的人来制订行程计划，减少疲劳驾驶情况的发生。一般而言，日平均行驶距离控制在200～400千米，日行驶时间在3～5个小时为宜。

4. 确保信息沟通的畅通

车队出行要保持联络和信息畅通，可以在出发前配备对讲机，头车要和其他车辆随时沟通路况的变化；如果没有对讲机，可以指定车内的其他人员负责沟通，通过建立微信群、QQ群的方式保持在线的联系，但驾驶员不能直接参与其中。

（三）重视高速公路的危险点

高速公路上，有些地点往往是事故的多发地点。当途经这些地点时，如果提前做好应变准备，多加留意，能够有效预防和减少事故的发生。

1. 匝道出口和入口

匝道出口和入口主要集中在高速公路临近匝道口500米左右的路段内。

（1）出口。某些驾驶员临近出口时，搞不清从哪个出口下高速，或者走神忘了要下高速，在快到出口时才犹豫不决，往往在出口匝道附近突然减速，甚至停车、倒车，如果后车没有及时预判，很可能躲避不及，造成追尾。更可怕的是，再有后车连环追尾上来，随时可能导致致命的车祸。因此，在当下国内的高速公路行车，行经此地时一定要格外注意。

（2）入口。经常有些驾驶员还没在加速车道把车速提上来，就开始并到行车道上，有的甚至连续并多条车道，直接到最左侧快车道龟速行驶。如果没有预防这种情况，同样有可能发生事故。

2. 隧道进出口

这里会有几种危险情况，进出隧道时一定要格外注意，否则容易出事。

（1）进入隧道后视野突然发生转换，有些对路况不熟的驾驶员可能会急刹。

（2）很多驾驶员不会及时开车灯，导致无法看清或看到前车。

（3）前后车跟车太近，导致无法应对突发事件。

（4）还有的驾驶员甚至会在隧道内越过实线超车。

（5）有一些抛锚的汽车停在隧道内行车道上，可能还没开双闪灯，也没警示牌。

3. 高速公路弯道

高速公路弯道的危险主要有以下两种，在弯道行驶时一定要注意：

（1）弯道有极限的过弯速度，如果超过速度很可能冲出去。

（2）在弯道的出口有可能停着其他车辆，可能这些车辆什么警示信号都没有，甚至车道上可能还站着人。

4. 高位路段

沿河而建的高速公路处于高位，虽然沿河沿江路段都有防护措施，但防护能力有限，而且不一定做到全覆盖。一旦车辆失控，撞击力度超出防护限度，往往都是车毁人亡。在这些路段行车，严格按照指定限速行驶是非常必要的。

5. 高架桥梁

说高架桥梁是交通危险点，是因为其“不接地气”。天冷的时候，这些路段极易在凌晨和早上时段出现冰冻现象；夏天的时候，也容易积水路滑，再加上桥梁处在高位，一旦车辆在事故中冲出桥梁，一切都完了。

6. 团雾多发路段

在大范围天气状况较好的情况下，也有可能出现小区域的团雾。团雾一般出现在昼夜温差较大、无风的夜间和清晨，虽然它具有突发性、不确定性，但在易发团雾的路段，很可能有路牌提示。如果看到提示，就一定要打起精神，千万不要以为天气好就没事了，因为在天气状况较好的情况下，也有可能出现小区域的团雾。如果没有任何准备，突然陷入团雾中，能见度将瞬间降低，很可能引发事故。

7. 大车前后左右

这里说的大车，包括大货车、大巴车，高速公路上大车前后左右都是危险区域。遇到大车，一定要远远地避开，既不能在它的后面尾随，也不能被它尾随。同时，不要跟它并行，超车要干脆利落，尽量不要长时间出现在大车附近。

（四）克服“路怒”情绪

自驾游很多时间处在驾车状态，这给驾驶员的体能和情绪控制提出了很高的要求。然而，现在很多驾驶员因交通拥堵、交通参与者的不守规矩、恶意别车斗气等点燃负面情绪，做出危及自身和他人的不理智行为，这给自驾游带来很大的隐患。

如果驾驶员发现开车有以下的情况，很抱歉通知你，“路怒症”已经离你不远了：

（1）见不得别人车开快——谁敢超车或者乱并车道，一定骂脏话。

（2）见不得别人车开慢——要遇个新手在挡道“爬行”，喇叭一定按到沙哑为止。

（3）更加不许别人乱来——若碰到行人或非机动车交通违法，连动粗的念头都有。

那么如何去克制这种负面情绪呢？驾驶员应做到以下几点：

第一，要多想想后果。

当你每次发怒想要跟人斗车，甚至已经想要进行身体格斗的时候，请清醒一下，想一想自己进行这些行为的后果。一旦进行斗车甚至发生肢体冲突，双方都有可能受伤，严重的还可能导致身体残疾，破坏家庭和睦甚至威胁生命安全。想到这里，你是不是感觉完全没有去做这些事情的必要，因为忍一时风平浪静、退一步海阔天空，毕竟真正关心你的家人还在等你平安回家，完全没有必要为了一些小事情大动肝火。记住，这都不算什么——一旦你与人斗车甚至发生肢体冲突，不管输赢，你都显得可笑，因为还有更重要的事情等你去做。

第二，要学会自我安慰。

如果第一种办法不起作用，那么不妨试试这种。每次遇到不文明的驾驶行为时，愤怒只会让自己伤了身子，你可以尝试着去“理解”对方这么做的原因。例如，遇到有人加塞、不合理超车的情况，你可以尝试理解一下：说不定对方真的“有病”要急着去看医生或者生意要被别人“截胡”了。遇到在快车道爬行的车辆时，你不妨这么想想：可能对方已经尽力了，但是车里的人体重都太大了，一辆高尔夫里坐了五个300斤的胖子，压得车跑不动。

第三，要注重文明礼貌。

如果别人的不文明驾驶行为引发你的路怒小情绪，你肯定会因为生气而想“爆粗”，但是一旦爆粗了，那你的情绪就会变得无法控制。为了安全，虽然很生气，但要时刻记得自己是有文化、有素质的人，应保持微笑面对一切。

三、高速交通事故的处理

（一）轻微交通事故处理方法

发生的交通事故仅造成财产损失或人员轻伤、车辆能够移动的，可以适用以下简易程序处理：

（1）在确保安全的情况下，采用摄像、拍照、标画事故位置或其他方法保留事故现场证据。

（2）将车辆移至不妨碍交通的地点。

（3）当事各方互留电话号码，或互换驾驶证、行驶证等证件暂由对方保管，并共同前往指定地点协商处理或到附近高速交警大队处理。

（4）当事人经自行协商达成赔偿结果的，填写协议书由各方当事人共同签字，各执一份；或以文字方式如实记载交通事故发生的时间、地点、天气以及当事人姓名、身份证号、联系方式、机动车驾驶证号、机动车牌号、车型、投保公司、保险凭证号、保险有效期、碰撞部位、交通事故发生基本情形、事故损害赔偿责任等内容，由当事人共同签字确认。

（5）迅速报警。高速交警大队通过当事人电话报警了解现场情况后，利用“电话指导交警工作法”电话指导当事人采取相应措施。

（二）人员伤亡或车辆损坏难以移动的交通事故处理方法

如果发生这样的交通事故，为了尽快化解危险，车主应当：

（1）将车上人员迅速转移到安全地带。

（2）开启双闪灯，在来车方向 150 米以外设置警示标志。

（3）迅速报警。高速交警大队通过当事人电话报警了解现场情况后，利用“电话指导交警工作法”电话指导当事人采取相应措施。

不管发生什么车祸，注意自身安全和过往车辆安全是很重要的，应避免在发生车祸后造成连锁反应，导致更大的事故、财产损害或者人员伤亡。

课后习题

一、思考题

1. 如何理解自驾游的行为动机？

2. 请总结防御性驾驶的基本原则和要点。

3. 自驾游途中可能发生安全隐患的环节是什么？请说明理由。

4. 请总结做好一份路书的主要步骤。

二、实践题

1. 请以小组为单位，任意选择一个目的地，制订一个行程规划。

2. 请以小组为单位，在上一题的基础上制作一份具备安全要素且有操作性的路书。

3. 请以小组为单位，收集自驾游事故案例，并分析事故发生的共性以及预防的要点。

第四单元
现场急救基础知识

【学习目标】

掌握现场急救四大技术操作流程

掌握心肺复苏操作流程

【项目导入】

在旅游过程中，常常有一些意外的状况产生，使旅游者在毫无防备的情况下受到身体方面的伤害。假如事故发生在旅游途中，远离专业的医疗服务，倘若不采取正确的紧急救护措施，会错过最佳的治疗时机，严重者甚至会危及旅游者的生命。因此，掌握一些旅途中的急救知识是非常必要的，一方面能为旅行团队内部第一时间展开自我救援争取时间；另一方面这些急救知识也能作为突发事件的预防知识，提高旅行团队成员的自我安全意识。

模块一　现场急救四大技术

旅游途中如果突发恶性事故，旅行团队中的成员身体遭受到开放性创伤，这个时候要冷静、果断，科学地处理伤口，将伤员运送至急救车能到达处，所以需要掌握止血、包扎、骨折固定和搬运四大技术。

案　例

案例 1

2017 年 6 月 14 日，吉林省旅发委接到了一位女士打来的电话，电话的内容不是投诉，而是表扬。记者从省旅发委获悉，64 岁的长春游客崔正芝于 2017 年 2 月 27 日参加了吉林省青年商务国际旅行社组织的台湾环岛 8 日团队游，3 月 1 日在台湾日月潭参加单车骑行旅游项目时不慎滑倒致腿部骨折，该旅行社当即协调保险公司，启动游客意外险理赔程序。

“当事故发生后，该旅行社领队小彭立即带崔女士到就近的医院治疗。崔女士住院后，小彭全程陪同，直到 3 月 6 日崔女士做了腿部钢钉加固手术具备出院条件后，才带她安全返回长春。此后，该旅行社派人到崔女士家中慰问，团队其他游客则在完成余下行程后返程。”省旅发委的工作人员称，旅游时遇突发事件，该旅行社主动作为、妥善处理，积极维护游客权益，以用心服务赢得了游客的赞誉。省旅发委将进一步加强行业管理，规范企业经营服务行为，保障游客合法权益。

分析：

旅游在外，发生事故是难免的，游客因自身原因或者外界因素导致骨折的案例数不胜数，关键是如何进行科学的施救和处理，尽量把损失降到最低。在本案例中，导游的积极施救、旅行社的积极善后，最终让坏事也变成了好事。

案例 2

2018 年 6 月 20 日 11 时许，永嘉县大若岩派出所接报警称：在永嘉大若岩镇崖下库景区内一游客受伤，需要帮助。接警后，大若岩派出所立刻启动应急救援机制，民警刘怀旗带着救援队共十余人赶赴崖下库景区开展救援行动。民警电话联系报警人，一边叫报警人和其身边的游客帮助伤者先转移到安全地带，一边带领救援队火速赶往事发地点。因救护车赶到需要时间，而伤者又流血不止，和报警人沟通后，民警一路都奔跑登山，不敢停歇，按民警的话说：“我快一秒，伤者就少流一秒的血，危险就减少一分。”

当时又正值夏日中午12点，经过半个多小时的奔跑攀爬，民警和救援队员到达现场。民警发现伤者头部正在流血，立即一边用手让伤者靠着，一边配合救援队员进行包扎止血。包扎完毕后，民警为伤者补充水分。经过一个多小时的救援，伤者被安全救助。

原来，伤者与家里的亲戚和朋友慕名来崖下库游玩登山，下山时不幸与石头发生碰撞，头部出血不止，出现昏迷状态，慌乱的家属立即报警求助。幸好民警与救援人员及时赶到，将伤者送往医院。目前，伤者已脱离危险。警方提醒，景区游玩，一定要注意自身安全。

分析：

旅游在外，一定要注意周围的环境，一旦发生流血受伤的事件，在向外界寻求救援的同时必须做好自救。第一时间止血非常关键，否则伤者会因流血过多而休克甚至死亡。

一、止血

为更加适应现场及时、有效地抢救外伤出血伤员的需要，介绍以下几种可行且有效的止血方法：

（一）指压止血法

这是指抢救者用手指把出血部位近端的动脉血管压在骨骼上，使血管闭塞、血流中断而达到止血目的。这是一种快速、有效的首选止血方法。止住血后，应根据具体情况换用其他有效的止血方法，如填塞止血法、止血带止血法等。这种方法仅是一种临时的、用于动脉出血的止血方法，不宜持久采用。下面是根据不同的出血部位采用的不同的指压止血法。

（1）颞动脉止血法：一手固定伤员头部，用另一手拇指垂直压迫耳屏上方凹陷处，可感觉到动脉搏动，其余四指同时托住下颌。本法用于头部发际范围内及前额、颞部的出血。

（2）颌外动脉止血法：一手固定伤员头部，用另一手拇指在下颌角前上方约1.5厘米处向下颌骨方向垂直压迫，其余四指托住下颌。本法用于颌部及颜面部的出血。

（3）颈动脉止血法：用拇指在甲状软骨和环状软骨外侧与胸锁乳突肌前缘之间的沟内搏动处，向颈椎方向压迫，其余四指固定在伤员的颈后部。本法用于头、颈、面部大出血，且压迫其他部位无效时。非紧急情况，勿用此法。此外，不得同时压迫两侧颈动脉。

（4）锁骨下动脉止血法：用拇指在锁骨上窝搏动处向下垂直压迫，其余四指固定肩部。本法用于肩部、眼窝或上肢出血。

（5）肱动脉止血法：一手握住伤员伤肢的腕部，将上肢外展外旋，并屈肘抬高上肢；另一手拇指在上臂肱二头肌内侧沟搏动处，向肱骨方向垂直压迫。本法用于手、前臂及上臂中或远端出血。

（6）尺、桡动脉止血法：用双手拇指分别在腕横纹上方两侧动脉搏动处垂直压迫。本法用于手部的出血。

（7）股动脉止血法：用两手拇指重叠放在腹股沟韧带中点稍下方、大腿根部动脉搏动处用力垂直向下压迫。本法用于大腿、小腿或足部的出血。

（8）腘动脉止血法：用一手拇指在腘窝横纹中点处向下垂直压迫。本法用于小腿或足部出血。

（9）足背动脉与胫后动脉止血法：用两手拇指分别压迫足背中间近脚腕处（足背动脉）以及足跟内侧与内踝之间处（胫后动脉）。本法用于足部出血。

（10）指动脉止血法：用一手拇指与食指分别压迫指根部两侧。本法用于手指出血。

（二）加压包扎止血法

伤口覆盖无菌敷料后，再用纱布、棉花、毛巾、衣服等折叠成相应大小的垫，置于无菌敷料上面，然后用绷带、三角巾等紧紧包扎，以停止出血为度。这种方法用于小动脉以及静脉或毛细血管的出血，但伤口内有碎骨片时禁用此法，以免加重损伤。

（三）填塞止血法

用无菌的棉垫、纱布等，紧紧填塞在伤口内，再用绷带或三角巾等进行加压包扎，松紧以达到止血目的为宜。本法用于中等动脉、大中静脉损伤出血，或伤口较深、出血严重时，还可直接用于不能采用指压止血法或止血带止血法的出血部位。

（四）止血带止血法

本法是四肢较大动脉出血时救命的重要手段，多用于其他止血方法不能奏效时，如使用不当，可出现肢体缺血、组织坏死以及急性肾功能衰竭等严重并发症。

1. 结扎止血带的操作方法

（1）充气止血带。如血压计袖带，其压迫面积大，对受压迫的组织损伤较小，并容易控制压力，放松也方便。

（2）橡皮止血带。可选用橡皮管，如听诊器胶管，它的弹性好，易使血管闭塞，但管径过细易造成局部组织损伤。操作时，在准备结扎止血带的部位加好衬垫，以左手拇指和食指、中指拿好止血带的一端，另一手拉紧止血带围绕肢体缠绕一周，压住止血带的一端，然后缠绕第二周，并将止血带末端用左手食指、中指夹紧，向下拉出固定即可。还可将止血带的末端插入结中，拉紧止血带的另一端，使之更加牢固。

（3）绞紧止血法。如无橡皮止血带，可根据当时情况，就便取材，如三角巾、绷带、领带、布条等均可，将这些物品折叠呈条带状，即可当止血带使用。上止血带的部位加好衬垫后，用止血带缠绕，然后打一个活结，再用一根短棒、筷子或铅笔等的一端插入活结一侧的止血带下，并旋转绞紧至停止出血，再将短棒、筷子或铅笔的另一端插入活结套内，将活结拉紧即可。

2. 注意事项

（1）止血带不宜直接结扎在皮肤上，应先用三角巾、毛巾等做成平整的衬垫缠绕在要止血的部位，然后上止血带。

（2）结扎止血带的部位在伤口的近端（上方）。上肢大动脉出血应结扎在上臂的上 1/3 处，避免结扎在中 1/3 处以下的部位，以免损伤桡神经；下肢大动脉出血应结扎在大腿中部。而在实际抢救伤员的工作中，往往把止血带结扎在靠近伤口处的健康部位，有利于保存肢体。

（3）结扎止血带要松紧适度，以停止出血或远端动脉搏动消失为度。结扎过紧，可损伤受压局部；结扎过松，达不到止血目的。

（4）为防止远端肢体缺血坏死，原则上应尽量缩短使用止血带的时间，一般止血带的使用时间不宜超过 3 小时，应每隔 40～50 分钟松解一次，以暂时恢复远端肢体血液供应。松解止血带的同时，仍应用指压止血法，以防再度出血。止血带松解 1～3 分钟后，在比原来结扎部位稍低平面重新结扎。松解时，如仍大出血或远端肢体已无保留可能，在转运途中可不必再松解止血带。

（5）结扎好止血带后，在明显部位加上标记，注明结扎止血带的时间，并尽快将伤员送往医院。

（6）解除止血带在输血输液和采取其他有效的止血方法后方可进行，如组织已发生明显坏死，在截肢前不宜松解止血带。

二、包扎

包扎是外伤现场应急处理的重要措施之一。及时正确的包扎，可以达到压迫止血、减少感染、保护伤口、减少疼痛以及固定敷料和夹板等目的；相反，错误的包扎可能导致出血增加、感染加重、造成新的伤害、遗留后遗症等不良后果。

（一）包扎的器材

包扎的器材一般有三角巾、绷带、四头带，在紧急条件下，干净的毛巾、头巾、手帕、衣服等可作为临时的包扎材料。

（二）不同伤口的包扎处理

在外伤急救现场，不能只顾包扎表面看得到的伤口而忽略其他。

1. 内在的损伤

同样是肢体上的伤口，有合并骨折和没有合并骨折两种情况，其包扎方法有所不同，有骨折时，包扎应考虑到骨折部位的正确固定。同样是躯体上的伤口，如果合并内部脏器的损伤，如肝破裂、腹腔内出血、血胸等，则应优先考虑内脏损伤的救治，不能在表面伤口的包扎上耽误时间。同样是头部的伤口，如果合并颅脑损伤，不是简单包扎止血就完事了，还需要加强监护。对于头部受撞击的伤者，即使自觉良好，也需观察 24 小时，如出现头胀、头痛加重，甚至恶心、呕吐，则表明存在颅内损伤，需要紧急救治。因此，在对伤者明显可见的伤口进行包扎之前或同时，一定要了解有没有其他部位的损伤，特别要注意是否存在比较隐蔽的内脏损伤。

2. 与体腔相通的伤口的包扎

对于与体腔相通的开放性伤口，现场一般只需进行简单的覆盖，然后尽快将伤员送医院或紧急联系医务人员前来救治。例如：与腹腔相通的腹部伤口，可用干净的纱布、毛巾、被单等覆盖；如有肠管或网膜从创口处膨出，切勿试图将其回纳腹腔内，以免加重腹腔污染；对膨出的肠管或网膜，应用干净的碗将其完全盖住，或用干净纱布圈套于周围再行包扎，以防挤压膨出的肠管或网膜。又如：头颅外伤者如果出现“鼻孔、耳朵流出较大量的淡红色液体”，应考虑颅底骨折；伤口与颅腔相通，不要在现场试图压迫和填塞伤者鼻孔、耳朵，以免造成颅内感染；如骨折穿破头皮或有脑组织膨出，可按腹腔脏器膨出的原则处理。

3. 以出血为主要症状的伤口包扎

在有出血的情况下，外伤包扎的实施必须以止血为前提。有时候，包扎本身就是止血的措施。例如：组织损伤造成毛细血管出血，血液成水珠样从伤口流出，稍微压迫即可止血，有时也可自动凝固止血。这种出血，往往只需要在伤口上贴上止血贴，或在伤口上覆盖消毒纱布，然后稍微加压包扎，即可完成止血和包扎的双重任务。

对于由动脉血管损伤引起的“动脉出血”和由静脉血管损伤引起的“静脉出血”，单纯的压迫包扎往往不能达到止血的目的。动脉出血时，血液呈搏动性、喷射状，颜色鲜红，可在短时间内大量流失，造成生命危险；静脉出血时，血液不断缓缓外流，颜色紫红。这些可通过“指压”和“止血带”等应急措施临时止血，再将伤员送医院或请救护人员前来救治。指压止血是在伤口的上方，即近心端处，找到跳动的血管，用手指紧紧压住。需注意的是，此法仅能用于短时间控制血流，随后应立即采用止血带止血法。

（三）基本的包扎操作

1. 清洁伤口

清洁伤口前，先让伤者处于适当位置，以便救护人操作。如果伤口周围皮肤太脏并杂有泥土等，应先用清水洗净，然后用浓度为75%的酒精或浓度为0.1%的新洁尔灭溶液（一种常用消毒液）消毒。消毒伤口周围的皮肤要由内往外，即由伤口边缘开始，逐渐向周围扩大消毒区，这样越靠近伤口处越清洁。如果用碘酒消毒伤口周围皮肤，必须再用酒精擦去，这种“脱碘”方法是为了避免碘酒灼伤皮肤。应注意，这些消毒剂刺激性较强，不可直接涂抹在伤口上。

伤口要用棉球蘸生理盐水轻轻擦洗。自制生理盐水，用1 000毫升冷开水加食盐9克即成。在清洁、消毒伤口时，如有大而易取的异物，可酌情取出；深而小又不易取出的异物切勿勉强取出，以免把细菌带入伤口或增加出血；如果有刺入体腔或血管附近的异物，切不可轻率地拔出，以免因损伤血管或内脏而引起危险，此类异物现场不必处理。

伤口清洁后，可根据情况进行不同的处理。如果是黏膜处的小伤口，可涂上红汞或紫药水，也可撒上消炎粉，但是大面积创面不要涂撒上述药物。如果遇到一些特殊严重的伤口，如内脏脱出时，不应送回，以免引起严重的感染或发生其他意外；原则上可用消毒的大纱布或干净的布类将伤口包好，然后用酒精涂擦或将煮沸消毒后的碗或小盆扣在上面，用带子或三角巾包好。

2. 包扎伤口

包扎材料最常用的是卷轴绷带和三角巾，家庭中也可以用相应材料代替。卷轴绷带即用纱布卷成，一般长5米；一块方巾对角剪开，即成两块三角巾，三角巾应用灵活，包扎面积大，各个部位都可以使用。包扎时，要做到快、准、轻、牢。快，即动作敏捷迅速；准，即部位准确、严密；轻，即动作轻柔，不碰撞伤口；牢，即包扎牢靠，既不可过紧，以免影响血液循环，也不能过松，以免纱布脱落。

包扎伤口，不同材料、不同部位有不同的方法，下面介绍几种常用的包扎方法：

（1）绷带的包扎。

1）绷带环形法。这是绷带包扎法中最基本、最常用的，一般小伤口清洁后的包扎都采用此法。它还适用于颈部、头部、腿部以及胸腹等处伤口的包扎，方法是：第一圈环绕稍作斜状；第二圈、第三圈作环形，并将第一圈斜出的一角压于环形圈内，这样固定得更牢靠些；最后用粘膏将带尾固定，或将带尾剪开成两头打结。

2）绷带蛇形法。此法多用在夹板的固定上，方法是：先按绷带环形法缠绕数圈固定，然后按绷带的宽度作间隔，斜着上缠或下缠即成。

3）绷带螺旋法。此法多用在粗细差不多的地方，方法是：先按绷带环形法缠绕数圈固定，然后上缠，每圈盖住前圈的1/3或2/3，呈螺旋形。

（2）三角巾的包扎。

1）头部包扎。先把三角巾基底折叠放于前额，两边拉到脑后与基底先打一个半结，然后绕至前额打结、固定。

2）头面部包扎。将顶角结放于前额，底边结放在后脑勺下方，包住头部，两角往面部拉紧，向外反折包绕下颌，然后拉到枕后打结即成。

3）胸部包扎。如右胸受伤，将三角巾顶角放在右肩上，将底边扯到背后在右面打结，然后将右角拉到肩部与顶角打结。

4）背部包扎。与胸部包扎的方法一样，唯位置相反，结打在胸部。

5）手足包扎。将手、足放在三角巾上，顶角在前拉在手、足的背上，将底边缠绕打结固定。

6）手臂悬吊。如上肢骨折需要悬吊固定，可用三角巾吊臂。悬吊方法是：将患肢成屈肘状放在三角巾上，然后将底边一角绕过肩部，在背后打结即成悬臂状。

（四）包扎的注意事项

错误包扎可导致严重后果。如果包扎松散，起不到固定的作用，近期有可能发生出血、疼痛、休克等危险，远期则可能造成畸形愈合和假关节。相反，包扎得太紧，也有可能造成机体新的损伤。过紧的包扎影响血液循环，可出现肢体肿胀，或苍白、发绀、发冷、麻木等状况，如不及时放松重新进行恰当的包扎，就有可能造成肢体缺血、坏死。此外，为包扎伤口，不适当地移动患者，也可造成难以挽救的损伤。例如：造成长骨完全骨折患者的骨折端刺伤重要血管、神经，造成脊柱骨折的患者脊髓损伤而发生截瘫等。包扎过程中，还要始终注意肢体远端血运，外层一旦被渗液浸渍，应及时更换。但是有些情况不宜采取包扎，如炎热季节不宜包扎，否则对防治感染不利；大面积深度烧伤创面、头面、会阴等部位也不适合包扎。

三、骨折固定

骨折是旅游活动过程中常见的损伤，为了避免骨折的断端对血管、神经、肌肉及皮肤等组织的损伤，减轻伤员的痛苦，以及便于搬动与转运伤员，凡发生骨折或怀疑有骨折的伤员，均须在现场立即采取骨折临时固定措施。

（一）骨折的判断

（1）剧烈的疼痛：由于骨折处的尖端刺伤周围组织的血管、神经，活动时骨折处局部剧烈疼痛，并有明显压痛、肿胀。

（2）畸形：骨折部位在肌肉的作用下形态改变，如旋转、肢体缩短等。

（3）骨摩擦音及骨摩擦感：骨折断端相互碰触时出现的声音和感觉。

（4）功能障碍：骨的支撑、运动、保护等功能受到影响或完全丧失。

（二）常见骨折的固定方法

1. 肱骨（上臂）骨折固定法

（1）夹板固定法：用两块夹板分别放在上臂内外两侧（如果只有一块夹板，则放在上臂外侧），用绷带或三角巾等将上下两端固定；屈肘 90 度，前臂用小悬臂带悬吊。

（2）无夹板固定法：将三角巾折叠成 10～15 厘米宽的条带，其中央正对骨折处，将上臂固定在躯干上，于对侧腋下打结；屈肘 90 度，再用小悬臂带将前臂悬吊于胸前。

2. 尺、桡骨（前臂）骨折固定法

（1）夹板固定法：用两块长度超过肘关节至手心的夹板分别放在前臂的内外侧（只有一块夹板，则放在前臂外侧）并在手心放好衬垫，让伤员握好，以使腕关节稍向背屈，再固定夹板上下两端；屈肘 90 度，用大悬臂带悬吊，手略高于肘。

（2）无夹板固定法：用大悬臂带将骨折的前臂悬吊于胸前，手略高于肘；再用一条三角巾将上臂带一起固定于胸部，在健侧腋下打结。

3. 股骨（大腿）骨折固定法

（1）夹板固定法：伤员仰卧，伤腿伸直，用两块夹板（内侧夹板长度为上至大腿根部，下过足跟；外侧夹板长度为上至腋窝，下过足跟）分别放在伤腿内外两侧（只有一块夹板则，放在伤腿外侧），并将健肢靠近伤肢，使双下肢并列，两足对齐；关节处及空隙部位均放置衬垫，用 5～7 条三角巾或布带先将骨折部位的上下两端固定，然后分别固定腋下、腰部、膝、踝等处；足部用三角巾呈“8”字固定，使足部与小腿呈直角。

（2）无夹板固定法：伤员仰卧，伤腿伸直，健肢靠近伤肢，双下肢并列，两足对齐；在关节处与空隙部位之间放置衬垫，用 5～7 条三角巾或布条将两腿固定在一起（先固定骨折部位的上下两端）；足部用三角巾呈“8”字固定，使足部与小腿呈直角。

4. 脊柱骨折固定法

脊柱骨折，不得轻易搬动伤员，并严禁一人抱头、另一个人抬脚等不协调的动作。如伤员俯卧位，可用“工”字夹板固定，将两横板压住竖板分别横放于两肩上及腰骶部，在脊柱的凹凸部位放置衬垫，先用三角巾或布带固定两肩，再固定腰骶部。现场处理原则是：对背部受到剧烈的外伤，有颈、胸、腰椎骨折者，绝不能试扶着让其做一些活动，以此“判断”有无损伤，一定要就地固定。

5. 头颅部骨折固定法

头颅部骨折，关键要保持局部的固定，在检查、搬动、转运等过程中，力求头颅部不受到新的外界的影响而加重局部损伤。具体做法是：伤员静卧，头部可稍垫高，头颅部两侧放两个较大的硬实的枕头或沙袋等物将其固定住，以免搬动、转运时局部晃动。目前国际上采用让病人卧于特制硬板上，然后用带子固定头颅部，或用头颅部专用固定装置，其目的也如上述。颈部骨折的固定也如上述原则，应保持颈部安定。众所周知，颈部骨折的后果是非常严重的，如果转运中因搬运、位置不当可致脊髓损伤，甚至导致高位截瘫。

（三）骨折临时固定的注意事项

（1）开放性骨折，必须先止血，再包扎，最后进行骨折固定，此顺序绝不可颠倒。

（2）下肢或脊柱骨折，应就地固定，尽量不要移动伤员。

（3）四肢骨折，应先固定骨折的近端，后固定骨折的远端。如固定顺序相反，可导致骨折再度移位。夹板必须扶托整个伤肢，骨折上下两端的关节均须固定住，且绷带、三角巾不要绑扎在骨折处。

（4）夹板等固定材料不能与皮肤直接接触，要用棉垫、衣物等柔软物垫好，尤其骨突部位及夹板两端更要垫好。

（5）固定四肢骨折时应露出指（趾）端，以随时观察血液循环情况，如有苍白、发绀、发冷、麻木等表现，应立刻松开重新固定，以免造成肢体缺血、坏死。

四、搬运

伤员从发病现场到被搬运到担架、救护车、飞机等过程，都要求救护人员把握正确的救护搬运知识和技能。伤员的搬运护送是指将伤员从受伤现场（如从汽车驾驶室、倒塌的物体下、狭窄的坑道、旅游景点等）搬出，其目的是使伤员脱离危险区，实施现场救护，防止损伤加重。只有掌握正确的搬运方法，才能在急救中保证伤员的安全，从而达到有效救治的目的。

（一）搬运器材

担架是运送伤员最常用的工具，担架种类很多。

（1）担架器材：1）折叠楼梯担架，便于在狭窄的走廊、曲折的楼梯内搬运；2）折叠铲式担架，为医用专业担架，担架双侧均可打开，将伤员铲入担架，常用于脊柱损伤伤员的现场搬运；3）真空固定垫，可以自动（或打气）成形，并根据伤员的身体外形将伤员固定在垫中，以便用担架搬运；4）漂浮式吊篮担架，可在海上救护时将伤员固定于垂直的位置保证头部完全露出水面；5）帆布担架，适用于内科系列的伤员，对怀疑有脊柱损伤的伤员禁用。

（2）自制担架：1）木板担架，可用门板等制作；2）毛毯担架，在伤员无骨折的情况下运用，毛毯也可用床单、被罩、雨衣等替代；3）简易担架，在户外现场应用时要慎重，尽可能用木板担架，对于无骨折的伤员，病情严重时可用；4）绳索担架，将坚实绳索交叉缠绕在两根木棒之间，端头打结；5）衣物担架，用木棒两根，将大衣袖翻向内成两管，木棍插入其中，衣身整理平整。

（二）搬运护送原则

搬运护送要遵守科学的原则，否则错误的搬运可能会使伤员伤情加重甚至失去生命。一般而言，搬运护送应遵循以下原则：

1）迅速观察受伤现场和判定伤情；

2）做好伤员现场的救护，先救命后治伤；

3）应先止血、包扎、固定，再搬运；

4）伤员体位要适宜；

5）不要无目的地移动伤员；

6）保持脊柱及肢体在一条轴线上，防止损伤加重；

7）动作要轻便、迅速，避免不必要的震动；

8）注重伤情变化，并及时处理。

（三）搬运操作方法

正确的搬运方法能减少伤员的痛苦，防止损伤加重；错误的搬运方法不仅会加重伤员的痛苦，还会加重损伤。因此，正确的搬运在现场救护中显得尤为重要。

1. 徒手搬运

这是对于转运路程较近、病情较轻、无骨折的伤员所采用的搬运方法，徒手搬运最大的特点是不借助外界的工具，只凭救护人员的身体能力把伤员搬出受伤地点。徒手搬运可分为以下几种：

（1）拖行法。在现场环境危险，必须将伤员移到安全区域时可用此法。步骤如下：1）位于伤员的背后；2）将伤员的手臂横放于胸前；3）救护人员的双臂置于伤员的腋下，双手紧抓伤员手臂；4）缓慢向后拖行；5）或者将伤员外衣扣解开，衣服从背后反折，中间段托住颈部，拉住缓慢向后拖行。

（2）自行法。此法用来扶助伤势不重并能自行的清醒伤员。步骤如下：1）位于伤员一侧，将伤员靠近救护人员一侧的手臂抬起，置救护人员颈部；2）救护人员外侧的手紧握伤员的手臂，另一只手扶持其腰；3）使伤员身体略靠着救护人员。

（3）抱持法。此法用于运送体重轻的伤员。步骤如下：位于伤员一侧，一只手臂托伤员腰部，另一只手臂托大腿，然后将伤员抱起。

（4）爬行法。此法适用于在狭小的空间及火灾烟雾现场的伤员搬运。步骤如下：1）将伤员的双手用布带捆绑于胸前；2）救护人员骑跨跪于伤员的胸部，将伤员的双手套于颈部；3）使伤员的头、颈、肩部离开地面，救护人员的双手着地；4）救护人员拖带爬行前进。

（5）杠轿式。此法为两名救护人员的搬运。步骤如下：1）救护人员面对面站于伤员的背后，呈蹲位；2）各自用右手紧握左手腕，左手再紧握对方右手腕，组成手座杠轿；3）伤员将两手臂分别置于救护人员颈后，坐在手座杠轿上；4）救护人员慢慢抬起，站立，用外侧脚一同起步搬运。

2. 担架搬运

担架是现场救护搬运中最方便的用具。担架搬运一般需要2～4名人员，救护人员按救护搬运的正确方法将伤员轻轻移上担架，需要的话，做好固定。其搬运要点是：把伤员固定于担架上，伤员的头部向后，足部向前，以便后面抬担架的救护人员观察伤员的变化；抬担架人的脚步、行动要一致；向高处抬时，前面人要将担架放低，后面人要抬高，以使伤员保持水平状态；向低处抬则相反；一般情况下伤员多采取平卧位，有昏迷症状时头部应偏于一侧，有脑脊液耳漏、鼻漏表现时，头部应抬高，以防止因脑脊液逆流而引发窒息。

（1）铲式担架法。脊柱板有固定带，将伤员固定，前后各1～2人合力抬起搬运。

（2）帆布担架及简易担架法。担架上要先垫被褥、毛毯等，防止皮肤压伤；在颈部、腰部、踝下空虚处要加垫子、衣物等垫起。此法不适用于骨折伤员的搬运。

（3）毛毯担架抬法。伤员无骨折但伤势严重，楼梯狭窄时可用此方法。操作如下：1）将毛毯卷至半幅放在地上，卷边靠近伤员；2）四位救护人员分别跪在伤员头、肩、腰、腿部一侧；3）合作将伤员身体侧转，并使毛毯卷起部分贴近伤员背部；4）将伤员轻轻向后翻转过毛毯卷起部分；5）置伤员为仰卧位；6）再将毛毯两边紧紧卷向伤员，并贴近其身旁；7）两名救护人员一只手抓住平头部的卷毯，另一只手抓住平腰部的卷毯；8）另两名救护人员一只手抓住平髋部的卷毯，另一只手抓住平足踝部的卷毯；9）同时合力，抬起伤员。

3. 伤员紧急移出

在一些事故发生场所，由于伤员所处位置比较复杂，如果不及时救助，就会有生命危险，因此，救护人员必须在第一时间把伤员从事故场所中迅速移出，然后进行急救。

（1）从驾驶室搬出：一人双手掌抱于伤员头部两侧，轴向牵引颈部，可能的话带上颈托；另一人双手轻轻轴向牵引伤员的双踝部，使伤员双下肢伸直；第三、四人双手托伤员肩背部及腰臀部，保持伤员脊柱为一条直线，平稳将伤员搬出。

（2）从倒塌物下搬出：迅速清除压在伤员身上的泥土、砖块、水泥板等倒塌物；清除伤员口腔、鼻腔中的泥土及脱落的牙齿，使其保持呼吸道通畅；一人双手抱于伤员头部两侧牵引颈部，另一人双手牵引伤员双踝，使伤员双下肢伸直，第三、四人双手平托伤员肩背部和腰臀部，四人同时用力，保持脊柱轴位，平稳将伤员移出现场。

（3）从狭窄坑道搬出：一人双手抱于伤员头部两侧牵引颈部，另一人双手牵引伤员双踝，使其双下肢伸直，第三、四人双手平托伤员肩背部和腰臀部，将伤员托出坑道，交予坑道外人员搬出。

4. 危重伤员搬运操作

（1）脊柱、脊髓损伤（四人搬运法）。一人在伤员的头部，双手掌抱于头部两侧纵向牵引颈部，有条件时戴上颈托；另外三人在伤员的同一侧（一般为右侧），分别在伤员的肩背部、腰臀部、膝踝部双手掌平伸到伤员的对侧；四人单膝跪地，同时用力，保持脊柱为中立位，平稳地将伤员抬起放在脊柱板上，并将其头部固定；用6～8根固定带将伤员固定在脊柱板上。

（2）骨盆骨折的搬运（三人搬运法）。先固定伤员的骨盆，三名救护人员位于伤员一侧，一人位于伤员的胸部，将伤员的手臂抬起置于救护人员的肩上，一人位于腿部，一人专门保护骨盆，三人双手平伸，同时用力，抬起伤员放于硬板担架上，将其头部、双肩、骨盆、膝部用宽布带固定于担架上，防止途中颠簸和转动。

（3）颅脑损伤。颅脑损伤者常有脑组织暴露和呼吸不畅等表现，搬运时应使伤员取半仰卧位或侧卧位，以保持呼吸道通畅；脑组织暴露者，应保护好其脑组织，并用衣物、枕头等将伤员头部垫好，以减轻震动，并要注意颅脑损伤常合并颈椎损伤。

（4）胸部伤。胸部受伤者常伴有开放性血气胸，须包扎。搬运已封闭的气胸伤员时，以座椅式搬运为宜，伤员取坐位或半卧位。有条件时最好使用坐式担架、折叠椅或能调整至靠背状的担架。

（5）腹部伤。伤员取仰卧位，下肢屈曲，以防止腹腔脏器受压而脱出，脱出的肠管要包扎，不要回纳，此类伤员宜用担架或木板搬运。

（6）休克。伤员取平卧位，不用枕头，或取脚高头低位，搬运时用普通担架即可。

（7）呼吸困难。伤员取坐位，不能背驮，用软担架（床单、被褥）搬运时注意不能使伤员躯干屈曲，如有条件，最好用折叠担架（或椅）搬运。

（8）昏迷。昏迷伤员咽喉部肌肉松弛，仰卧位易引起呼吸道阻塞，此类伤员宜采用平卧位并使头转向一侧或采用侧卧位，搬运时用普通担架或活动床。

（四）搬运姿势和提抬技术

搬运者运用正确的搬运姿势和提抬技术，对保护搬运者的自身健康十分重要。

1. 保持正确的提抬姿势

提抬担架时，应该用腿部、背部和腹肌的力量。背部和腹肌同时收缩时，背部就会“锁”在正常的前凸位，使整个提抬过程中脊柱处于前凸位。在升高或降低担架和伤员时，腰、背部及大腿正处于工作状态，担架或伤员离搬运者越远，搬运者肌肉的负荷就越大。因此，提抬时应尽量使担架和伤员靠近自己。

2. 搬运时互相协调

当担架和伤员总重量大于 30 千克时，应由两人提抬，并尽可能将伤员放在轮式担架上滚动，这样既可节省体力，又可减少受伤的机会。搬运者在提抬担架或伤员的过程中，应用语言沟通并保持协调，尤其是当担架和伤员离地面的距离小于 70 厘米时要特别注意这一点。例如：可同时说“一、二、三，抬起”，以保持协调。

3. 安全抬起的两种类型

（1）半蹲位。膝或股四头肌弱的人可采用两膝呈部分弯曲的半蹲位抬起方式，方法是双足适当分开，然后背部及腹肌拉紧，使身体稍向前倾，重心在两脚中间或稍偏后，站立抬起时，背部也要稍向前倾，以保持双足平稳；若重心向后超过足跟，会造成不平衡，半蹲位抬起方式要求穿的鞋子合适，鞋跟不能过高，在整个提抬过程中应使足跟保持平稳。

（2）全蹲位。有两种情况：一种是搬运者两腿均强壮，与半蹲位一样两腿适当分开，除下蹲的程度与半蹲位不同外（膝关节弯曲 90 度），其他同半蹲位；另一种是搬运者有一足的足力稍弱或一腿疼痛，此足位置应稍向前，抬起时重心要落在另一较强的腿上。

4. 上下楼梯的正确搬运

运送伤员上下楼梯时需要两人或多人合作，正确的方法是：保持脊柱前凸位，髋部弯曲而不是腰部弯曲，并使身体和手臂紧靠伤员；使用折叠椅在力学上比担架更容易操作；收紧腹肌，使膝向后倾斜，可以比较省力。这种技术虽然学习和应用起来比较困难，但可避免腰背部损伤。

5. 推拉要点

伤员用移动床运送时需要推与拉，推拉时应记住：

（1）按时对轮子及轴承进行维修保养，可使移动床易于起动。

（2）移动床的高度尽可能调节在腰和肩之间的位置。

（3）推时屈双膝，行走和用力的线路应在身体的中间；身体稍向前倾，腿腰背同时用力。

（五）护送操作

作为运载工具的车辆、船艇、飞机，不仅仅是交通工具，同时是抢救、运送伤员的场所；伤员护送者，可能是亲属友人，也可能是医务人员或救护人员。在护送途中应注重以下三个方面：

1. 严密观察伤情

因为需要运送至医院的伤员情况多为比较危重，加之在现场搬运过程中，会不同程度地影响伤情，有时甚至能刺激、诱发某些症状的再度出现，如呕吐、抽搐等，所以护送者在运送途中要严密观察伤员伤情，途中应观察伤员的意识、呼吸、脉搏、瞳孔、血压、面色以及主要伤情的变化。

2. 处理危及生命的情况

一般而言，转运途中不再处理伤员的有关伤情，因为经过现场初步、必要的处置后，伤情能得到一些缓解，然后尽快送至医院，进一步全面地予以救治。但是，有些伤员经初步处理后，因为搬运，可能导致病情变化，所以当出现危及生命的情况时，应立即进行抢救处理。若伤员呼吸、心跳忽然出现危象或骤停，则应毫不犹豫地在救护车等环境中进行心肺复苏，以免前功尽弃。

3. 处理具体伤情的变化

在运送伤员的途中，若伤员的伤情出现了明显恶化，也需要进行紧急处理。如对肢体包扎过紧，造成肢体缺血而使手指、足趾变凉发紫，则应立即调整包扎；远距离长时间转运伤员，止血带须定时放松；伤员频繁剧烈的抽搐、呕吐等，须立即作相应处理。

模块二　心肺复苏急救

在旅游过程中，虽然电击、溺水、心脏病突发等意外事故很少发生，但由于其具有突发性、紧迫性，如果处理不当或耽误时间，常会造成严重后果，甚至死亡。因此，掌握急救的处理方法以及学会人工呼吸和心脏复苏的急救，对旅游安全有着重要的意义。

案　例

2017 年 6 月 3 日，上海市民虞先生与某旅行社签约，报团参加南京二日游。第二天清早 6 点 45 分，虞先生到指定地点乘坐旅行社安排的大巴。发车约 5 分钟后，车辆行驶在本市延安高架上，虞先生突然呼吸困难，进而昏迷。随团导游决定将虞先生送往医院救治。7 点 20 分左右，虞先生被送到长宁区中心医院，经医生诊断，虞先生已经死亡。医院出具的死亡证明书记载：直接死亡原因为冠心病，来院已死。

虞先生的家人认为，旅行社及大巴车所属汽车公司没有尽到安全保障义务，采取不当救助措施，最终导致虞先生死亡，应当共同承担赔偿责任，遂向长宁区人民法院起诉，要求两公司连带赔偿死亡赔偿金、丧葬费等共计 70 万元。

旅行社辩称，对虞先生的意外死亡，已尽力采取救助措施，不同意承担主要赔偿责任。汽车公司认为，自己只是提供租赁车辆并派员负责驾驶，驾驶员也配合了救助，因此没有过错，不应承担赔偿责任。

法院认为，旅行社未能积极采取合理的救治措施，存有过错。该过错一定程度上与虞先生的死亡存在因果关系。结合虞先生自身疾病状况及本案具体情况，法庭酌定旅行社承担 20%的责任，原告自负 80%的责任；汽车公司在本案中没有过错，不承担责任。

分析：

这是一起常见的旅游意外事故，中国每年因心源性猝死的病例高达 20 多万起。在病人心脏停搏的第一时间进行心肺复苏施救，在黄金四分钟内救活率高达 90%，因此对旅游从业人员尤其是导游而言，心肺复苏是一个必备的技能。本案例中，导游没有采取有效的施救措施导致错失最佳的抢救机会。

那么，如何进行心肺复苏的施救呢？以下的操作步骤必须掌握。

一、判断昏迷者的意识

轻拍昏迷者的肩部或面部，并在其耳边大声呼唤“你怎么了”以试其反应。如果伤员对轻拍、呼唤无反应，手掐人中、合谷穴无反应，双侧瞳孔散大，可以断定为神志丧失。此时救护人员应立即在原地高声呼救，若有他人在场，可要求其先拨打急救电话后参与共同现场抢救。

二、拨打急救电话

拨打急救电话时，语言必须精练、准确，讲清重点，无关的话不要说，以免耽误宝贵的时间。拨打急救电话的主要内容有以下几点：

（1）伤员姓名、性别、年龄。

（2）伤员目前最危急的状况如昏倒在地、心前区剧痛、呼吸困难、大出血等，以及发病的时间、过程，用药情况，过去病史和与本次发病有关的因素。

（3）发病现场的详细地址、电话和等候救护车的确切地址，等候地址最好选择有醒目标志处。

（4）说明伤害性质，如中毒、车祸、溺水、触电，以及受伤人数。这些信息在意外灾害事故、突发事件等造成有成批伤员时一定要传达到。

三、人工呼吸

（一）人工呼吸法的适应症

（1）伤员呼吸停止但心脏还在跳动或心脏停止跳动不久，应立即与心脏按压配合进行人工呼吸。

（2）中毒、心脏病突发、呼吸肌麻痹、休克、触电、缢死及淹溺等。

（二）人工呼吸前的准备

（1）先将伤员放置在空气流通的地方。

（2）解开伤员的衣扣。

（3）清除伤员口腔内异物和假牙。

（4）为避免伤员舌头向后阻塞喉部，需用舌钳将其舌提出口外并用开口器撑开其口。

（5）伤员头下不允许垫枕头，头部应稍后仰并偏向一侧，尽量使气管伸直。

（三）人工呼吸操作方法

人工呼吸操作方法包括口对口呼吸法、俯卧压背法和仰卧式压胸法。其中，口对口呼吸法的效果最好。

1. 口对口呼吸法

将空气由施术者的口直接对伤员的口吹入肺中，然后利用肺脏自动回缩再将空气排出，具体操作方法如下：

1）将伤员放于仰卧位，提起颈部，使其头部向后仰。

2）施术者用右手拇指和食指将伤员的下颌推向前，使其气管伸直。

3）施术者的口对准伤员的口内向吹气，直到伤员胸部扩张为止，然后停止吹气，使肺脏自动回缩将气排出。

4）如此连续进行，以每分钟 16 次为宜。

注意口对口吹气时，施术者可用面颊压住伤员鼻孔或用一手将伤员鼻孔按闭，以防漏气。吹气之前，应将伤员口腔或鼻腔分泌物拭去，以免有碍气体吹入。

2. 俯卧压背法

利用施术者的体重加压于伤员背后，以便推送膈肌向上移，这样做使伤员肺内的空气被迫呼出。当施术者移去压力时，伤员的膈肌即复位，胸廓因自身的弹力而扩张，于是新鲜空气即被吸入肺中。施术的方法如下：

1）置伤员俯卧位，一臂伸直，一臂弯曲放于头下，头偏向一侧或放伤员于斜坡，头低脚高。

2）施术者分开两下肢以骑马的姿势跪于伤员大腿两侧。

3）施术者上身挺直，两臂伸展、两掌张开，分别按在伤员最末一根肋骨上，使体重由伤员的后下方压向前上方，并持续 3 秒钟。

4）3 秒钟后，施术者上身后仰、两掌松开，以便伤员胸廓自然扩张并吸入空气。

5）2 秒钟后，再重复上述第三、第四两步动作，以每分钟 16 次为宜。

但是要注意压力必须施在最末一对肋骨上，施压时不可用力过猛，以免肋骨骨折。一压一松两掌均不要离开原位、手指要伸开。施压时要用身体重量而不要两手用力，施压时肘关节要伸直。此方法适用于溺水者。

3. 仰卧压胸法

此法与俯卧压背法相似，主要是将施术者体重加在伤员的胸廓前下方的肋弓上，以达到推动膈肌的目的。操作的方法如下：

1）置伤员仰卧位，背部垫以软枕，使伤员肩及头略低、头偏向一侧。

2）施术者两腿分开以骑马的姿势跪在伤员大腿两侧。

3）施术者两掌分别放在伤员胸廓前下方肋弓上，拇指放在剑突附近，其余四指放于肋部上。

4）施术者上身向下、向前，肘部弯曲，使上身与伤员上身近乎平行，借两掌支持体重，自前下方压向后上方，并持续 2 秒钟。

5）上身直起，两手松开，以使伤员胸廓自由扩张。

6）再过 2 秒钟后，重复上述第四、第五两步动作，以每分钟 16 次为宜。

操作时要注意压力必须施于伤员的胸廓肋弓上，施压时不要用力过猛，以免病人肋骨骨折；施压的方向避免与地面垂直，要自前下方压至后上方。此法适用于不能俯卧的病人，但病人口腔中异物不易排出。

四、心脏复苏

各种原因引起的心跳骤然停止如不及时恢复，几分钟后便会使全身器官尤其脑、心脏、肾脏缺氧，对人的生命构成严重威胁。过去人们认为心跳停止 4～6 分钟后脑组织缺氧是不可逆的，但有媒体报道曾有一位心跳停止 10 分钟的患者被成功抢救。这一病例启示人们，一方面心脏复苏抢救工作要分秒必争，另一方面对心跳停止时间较长的患者也要想尽办法争取让其心脏复跳。

（一）心脏骤停的原因

（1）器质性心脏病。患冠心病和风湿性心脏病的患者均可发生心脏骤停，因其心脏本身有一定的病变，复跳工作十分困难、成功率较低。

（2）药物中毒。强心药、安眠药、有机磷农药等均可出现因药物中毒而引起的心脏停止跳动。

（3）医源性。这是指心导管检查术、麻醉、心脏手术、心包穿刺术等引起的心脏停止跳动。

另外，高血钾、电击、溺水等也可引起心脏停止跳动。

（二）复苏操作技术

心脏骤停的性质有两种，即心跳停止和心室颤动，其临床表现都为心音消失、测不到血压、脉搏消失，只有心电图才能真正区别两种性质的心脏骤停。心脏骤停后，应立即采用心脏按压术（心脏按压术）。此操作方法有体外和体内两种，一般首先进行体外按压，体外按压无效时，再施开胸心脏按压术。

体外心脏按压时，使患者仰卧于硬板床上，或将其平放于地上，体下铺被褥。操作者位于患者一侧，以一手掌放于患者胸骨正中下 1/2 处，另一手掌叠放于其上，以体重和肩、臂部肌肉的力量适度用力有节奏地向下按压。每次按压要使胸骨及其相连的肋骨下降 3～4 厘米，每分钟按压 60～80 次。通过按压，使心脏排出足量的血液，而按压后的松弛又可使心脏充盈足够量的血液，如此代替心跳。如果按压有效，应观察到以下现象：口唇及皮肤颜色转为红润，可触到颈动脉、股动脉系大动脉的搏动或能测到血压，已散大的瞳孔开始缩小。

在心脏按压的同时，必须进行人工呼吸，否则心脏很难复跳，即使复跳成功也不能持久。应采用口对口人工呼吸 1 次，按压心脏 4 次。按压是否有效，取决于按压的力量、心脏的张力和血容量等因素，如果效果不佳，应从以上因素着手检查并加以纠正。

课后练习

一、思考题

1. 试述紧急救助的要点。

2. 请总结止血的操作步骤。

3. 请总结心肺复苏的操作步骤。

4. 你知道人体各部位的动脉位置吗?

二、实践题

1. 以四人为一组，轮流操作包扎止血、骨折固定和搬运等急救项目，并且要在规定的时间内考核通过操作规程。

2. 以小组为单位，实施心肺复苏协同操作项目，并总结心肺复苏的操作要点和细节。

第五单元
常见旅游意外的应急处理

【学习目标】

了解常见的旅游意外的情形

掌握常见旅游意外的处理操作程序

掌握动物刺、蜇、咬伤的处理

【项目导入】

在复杂的旅游环境中，由于旅游者属于心态很放松的特殊群体，往往会忽视外界环境中潜在的风险和危害，因此受突发事件侵害的可能性很大。作为导游和其他旅游从业人员，掌握一些常见的旅游意外急救知识十分必要。

模块一　常见的旅游意外和处理操作

旅游者不幸遭遇各种旅游意外伤害，导游和其他相关工作人员只有第一时间科学处理，才能把意外造成的损失降到最低。

一、中暑

旅游者到景点、景区，往往奔跑追逐，而长时间暴晒在猛烈的阳光下，体内的热气未能充分散发，导致体温升高，脑内部的体温调节中枢因受破坏而停止活动，这就是中暑。中暑症状表现为口渴、多汗、头晕、衰弱无力、心慌、高热、皮肤灼热、干燥，重症有昏迷、抽搐、呕吐、瞳孔缩小，严重者会死亡。

（一）中暑的种类

轻度中暑时表现为精神恍惚、疲乏无力、头晕、心慌、大汗、恶心、体温超过37.5℃等症状。有这些症状的人，如及时离开高温环境，一般休息3～4小时后可以恢复。

重症中暑常有四种类型：1）中暑衰竭：此类型最为常见，因大汗及周围血管扩张致血容量不足而引起；起病较急，患者常在站立或劳动时突然昏倒，多见于老年人和未能及时适应高温者。2）中暑痉挛：大汗后畅饮又未及时补充钠盐，致骨骼肌收缩时发生阵发性疼痛、抽搐，多见于青壮年。3）日射病：烈日暴晒头部（大脑温度可达40℃～42℃），引起脑组织充血、水肿；以剧烈头痛、呕吐为特征，重者昏迷，但体温不一定升高。4）中暑高热：患者体内滞留大量热能，体温可达41℃以上，皮肤干燥无汗，意识模糊，精神失常、躁动乃至昏迷。

（二）中暑的急救操作步骤

（1）将患者移到阴凉的地方，松开或脱掉其衣服，让其舒适地躺着，用东西将其头肩部垫高。

（2）以冷湿的毛巾覆在患者头上，如有水袋或冰袋更好；将海绵浸酒精，或毛巾浸冷水，用来擦拭身体，尽量用扇子降低其体温至38℃左右；或者在头颈、腋窝、腹股沟等浅表大血管区置冰袋，体表盖以湿毛巾，反复用冰水浇洒并用电风扇吹风。同时，必须配合全身按摩，使皮肤血管扩张。

（3）测量体温，或观察患者的脉搏率，若在每分钟110次以下，则表示体温仍可忍受，若达到110次以上，应停止使用降温的各种方法，观察约10分钟后，若体温继续上升，再重新给予降温。

(4) 患者恢复知觉后，应给其盐水喝，但不能给予刺激物；依患者之舒适程度，供应覆盖物。

(三) 中暑的防护

(1) 旅游在外，记得要备好防晒用具，最好不要在10点至16点时在烈日下行走，因为这个时间段的阳光最强烈，发生中暑的可能性是其他时段的数倍。如果此时必须外出，一定要做好防护工作，如打遮阳伞、戴遮阳帽、戴太阳镜，有条件的最好涂抹防晒霜。

(2) 防暑降温药品，如十滴水、龙虎人丹、风油精等一定要备在身边，以备不时之需。外出时的衣服尽量选用棉、麻、丝类的织物，应少穿化纤品类服装，以免大量出汗时不能及时散热，引起中暑。

(3) 科学饮水，别等口渴了才喝水，因为口渴表示身体已经缺水了。最理想的是根据气温的高低，每天喝1.5～2升水。出汗较多时可适当补充一些盐水，弥补人体因出汗而失去的盐分。

(4) 保持充足睡眠，可使大脑和身体各系统都得到放松，既利于旅游途中的体力恢复，也是预防中暑的措施。最佳就寝时间是22:00—23:00，最佳起床时间是5:30—6:30。睡眠时注意不要躺在空调的出风口和电风扇下，以免患空调病和热伤风。

二、触电

人体能导电，电流通过人体可引起皮肤接触处的灼伤，电流通过中枢神经和心脏会引起中枢神经抑制和循环衰竭，主要表现为呼吸停止和心室纤颤。如果不及时采取急救措施，恢复触电者的心跳和呼吸，其就会有生命危险。

(一) 触电方式

按照人体触及带电体的方式和电流流过人体的途径，电击可分为低压触电和高压触电。其中，低压触电可分为单线触电和双线触电，高压触电可分为高压电弧触电和跨步电压触电。

1. 单线触电

当人体直接碰触带电设备其中的一线时，电流通过人体流入大地，这种触电现象称为单线触电。对于高压带电体，人体虽未直接接触，但由于超过了安全距离，高电压对人体放电，造成单相接地而引起的触电，也属于单线触电。

2. 双线触电

人体同时接触带电设备或线路中的两相导体，或在高压系统中，人体同时接近不同相的两相带电导体而发生电弧放电，电流从一相导体通过人体流入另一相导体，构成一个闭合电路，这种触电方式称为双线触电。发生双线触电时，作用于人体上的电压等于线电压，这种触电是最危险的。

3. 高压电弧触电

高压电弧触电是指人靠近高压线（高压带电体），造成弧光放电而触电。电压越高，对人体的危险性越大。高压输电线路的电压高达几万伏甚至几十万伏，即使不直接接触，也能使人丧命。

4. 跨步电压触电

当电气设备发生接地故障，接地电流通过接地体向大地流散，在地面上形成电位分布时，若人在接地短路点周围行走，其两脚之间的电位差，就是跨步电压。由跨步电压引起的人体触电，称为跨步电压触电。跨步电压的大小受接地电流大小、鞋和地面特征、两脚之间的跨距、两脚的方位以及离接地点的远近等很多因素的影响。

（二）触电事故的应急处理

如果遇到触电情况，要沉着冷静、迅速果断地采取应急措施。针对不同的伤情，采取相应的急救方法，争分夺秒地抢救，直到救护人员到来。触电急救的要点是动作迅速，救护得法。发现有人触电，首先要使触电者尽快脱离电源，然后根据具体情况，进行相应的救治。

1. 脱离电源

（1）如开关箱在附近，可立即拉下闸刀或拔掉插头，断开电源。

（2）如距离闸刀较远，应迅速用绝缘良好的电工钳或有干燥木柄的利器（刀、斧、锹等）砍断电线，或用干燥的木棒、竹竿、硬塑料管等物迅速将电线拨离触电者。

（3）若现场无任何合适的绝缘物（如橡胶、尼龙、木头等）可利用，救护人员亦可用几层干燥的衣服将手包裹好，站在干燥的木板上，拉触电者的衣服，使其脱离电源。

（4）对高压触电，应立即通知有关部门停电，或迅速拉下开关，或由有经验的人采取特殊措施切断电源。

脱离电源后，救护人员一定要判明情况，做好自身防护，并在触电者脱离电源的同时防止其发生二次摔伤事故。

2. 抢救操作

对于触电者，可按以下三种情况分别处理：

（1）对触电后神志清醒者，要有专人照顾、观察，情况稳定后，方可正常活动；

对轻度昏迷或呼吸微弱者，可针刺或掐人中、十宣、涌泉等穴位，并送医院救治。

(2) 对触电后无呼吸但心脏有跳动者，应立即采用口对口人工呼吸法；对有呼吸但心脏停止跳动者，则应立刻用胸外心脏按压法进行抢救。

(3) 如触电者心跳和呼吸都已停止，则须同时采取口对口呼吸法和俯卧压背法、仰卧压胸法、心脏按压法等措施交替进行抢救。俯卧压背法和仰卧压胸法在上一个单元中已进行过讲解，以下对心脏按压法做简要讲解。

触电者心跳停止时，必须立即用心脏按压法进行抢救，具体步骤如下：

第一步：将触电者衣服解开，使其仰卧在地板上，头向后仰，姿势与口对口人工呼吸法相同。

第二步：救护者跪跨在触电者的腰部两侧，两手相叠，手掌根部放在触电者心口窝上方胸下 1/3 处。

第三步：掌根用力垂直向下，向脊背方向按压，对成人应压陷 3～4 厘米，每秒钟按压 1 次，每分钟按压 60 次为宜。

第四步：按压后，掌根迅速全部放松，让触电者胸部自动复原，每次放松时掌根不必完全离开胸部。

上述步骤反复操作。如果触电者的呼吸和心跳都停止了，应同时进行口对口人工呼吸和胸外心脏按压。如果现场仅一人抢救，两种方法应交替进行。每次吹气2～3 次，再按压 10～15 次。

三、溺水

当不熟悉水性的旅游者不慎落入水中，水会进入肺内，将空气排挤出去，引起肺水肿、窒息；水的刺激也会引起会厌的痉挛性闭锁，还会因迷走神经的抑制引起心脏突然停搏。溺水者会面部青紫、肿胀，双眼充血，口腔、鼻孔和气管充满血性泡沫；肢体冰冷，脉搏细弱，甚至发生抽搐或呼吸、心跳停止。落水时间短者，口唇四肢末端易青紫，面肿，四肢发硬，呼吸浅表。溺水者体内会吸入水，吸入水量为 2 毫升/千克时会出现轻度缺氧现象，吸入水量在 10 毫升/千克以上时，1 分钟内即会出现低氧血症。落水时间长者，面色青紫，口鼻腔充满血性泡沫或泥沙，四肢冰冷，昏睡不醒，瞳孔散大，呼吸停止。这种情况即使只有很少的水进入肺内也可引起死亡，但此类溺水者被救活的机会较大，因此当发生溺水事故后，不能过于草率地放弃急救。

（一）水中急救

1. 水中自救

(1) 首先应保持镇静，千万不要手脚乱蹬拼命挣扎，要减少水草缠绕，节省体力。只要不胡乱挣扎，不将手臂上举乱扑动，人体在水中就不会失去平衡，这样身体就不会下沉得很快。

(2) 除呼救外，落水后应立即屏住呼吸，踢掉鞋子，然后放松肢体，当感觉开始上浮时，尽可能地保持仰位，将头部后仰，使鼻部可露出水面呼吸。呼吸时尽量用嘴吸气、用鼻呼气，以防呛水。呼气要浅，吸气要深，因为深吸气时，人体比重会降到0.967，比水略轻，而肺脏就像一个大气囊，屏气后人的比重比水轻，可浮出水面（呼气时人体比重为1.057，比水略重）。

(3) 千万不要试图将整个头部伸出水面，这将是一个致命的错误，因为对于不会游泳的人来说将头伸出水面是不可能的，这种必然失败的做法将使溺水者更加紧张和被动，从而使整个自救行为功亏一篑。

(4) 当救助者出现时，溺水者只要理智还存在，绝不可惊慌失措去抓抱救助者的手、腿、腰等部位，一定要听从救助者的指挥。否则，非但自己不能获救，反而连累救助者的性命。

(5) 会游泳者，如果此时发生小腿抽筋，要保持镇静，采取仰泳位，用手将抽筋的腿的脚趾向背侧弯曲，可使痉挛松解，然后慢慢游向岸边；若是手指抽筋，则可将手握拳，然后用力张开，迅速反复多做几次，直到抽筋消除为止；若是小腿或脚趾抽筋，先吸一口气仰浮水上，用抽筋肢体对侧的手握住抽筋肢体的脚趾，并用力向身体方向拉，同时用同侧的手掌压在抽筋肢体的膝盖上，帮助抽筋的腿伸直；要是大腿抽筋，可同样采用拉长抽筋肌肉的办法解决。

2. 救助溺水者

未受过专业救人的训练或未领有救生员证的人，切记不要轻易下水救人，请谨记一点：会游泳并不代表会救人。

(1) 溺水情形发生时，在岸边的民众不宜直接下水，最好的救援方式是丢绑绳索的救生圈或长竿类的东西，千万不要徒手下水救人，可就地取材，树木、树藤、枝干、木块、矿泉水瓶都可用来救人。

(2) 抢救溺水者需要入水，须先脱衣解裤，以免被溺水者缠住而无法脱身。游到溺水者面前约3～5米，先吸大口气潜入水底从溺水者背后施救，才不至于被对方困住。须知当一个人面临死亡的一瞬间，力量绝对惊人，万一被溺水者缠住，应设法摆脱，不然必死无疑。

摆脱法有两种：一种是握紧拳头狠狠重击溺水者后脑，使其昏迷，再拖上岸来。第二种是深吸一口气憋住，把对方压下水底，有如同归于尽，但溺水者这时为了吸气，必定踩救助者肩头上，救助者可趁此机会顶住溺水者3～5秒，让其头部露出水面，顺畅换气及观察四周，配合岸上的同伴把木块、木头等漂浮物投入水中，只要溺水者抓住任何一物都能保命。

(3) 在水中要拖着溺水者的头颈与上背使其成直线尽量不动，维持脸朝上并露出水面，若溺水者呼吸不理想，即使还在水中仍应开始施予人工呼吸。

(二) 岸上复苏救护

把溺水者救上岸只是工作的一半，使溺水者复苏是另一半，对挽救生命来说是同等重要的。

1. 排除异物

首先清理溺水者口鼻内的污泥、痰涕，有假牙者还需取下假牙。救护人员单腿屈膝，将溺水者俯卧于救护者的大腿上，借体位使溺水者体内的水由气管口腔中排出；或将溺水者头部转向侧面，以便让水从其口鼻中流出，使其保持上呼吸道的通畅，再将头转回正面；还可从后抱起溺水者的腰部，使其背向上、头向下，也能将水排出来。

2. 心肺复苏

如果溺水者呼吸、心跳已停止，应立即对其进行口对口人工呼吸，同时进行胸外心脏按压。具体的操作程序如下：

第一步：确定溺水者是否在呼吸。

第二步：使溺水者仰卧。

第三步：为了采取通用安全措施，尽可能戴上乳胶手套，掰开他的嘴，用手指清除其咽部或气道里的阻塞物。

第四步：为了避免某些传染病菌通过唾液传播，把一次性导气管袋放在救护人员和溺水者的口中。

第五步：把一只手放在溺水者的下颌，另一只手放在他的前额，仰起他的头直至他能气道通畅，确保其嘴巴张开。

第六步：捏鼻孔使鼻孔关闭。

第七步：救护人员做深呼吸。

第八步：救护人员的嘴完全把溺水者的嘴罩住。

第九步：用力将气吹入溺水者的嘴里，连续做 4 次。

第十步：如果溺水者是成年人，此时停 5 秒钟，然后重复做人工呼吸；如果溺水者是儿童或婴儿，此时停 3 秒钟，然后重复做人工呼吸。

四、食物中毒

食物中毒一般可分为细菌性（如大肠杆菌）、化学性（如农药）、动植物性（如河豚、扁豆）和真菌性（毒蘑菇）食物中毒，既有个人中毒，也有群体中毒。食物中毒症状以恶心、呕吐、腹痛、腹泻为主，往往伴有发烧，吐泻严重的还会引发脱水、酸中毒甚至休克、昏迷等症状。

一旦有人出现上吐、下泻、腹痛等食物中毒症状，应立即停止食用可疑食物，同时立即拨打120。在急救车来到之前，可以采取以下救助措施：

（一）催吐

对中毒不久而无明显呕吐者，可先用手指、筷子等刺激其舌根部的方法催吐，或让中毒者大量饮用温开水并反复自行催吐，以减少毒素的吸收。在经大量温水催吐后呕吐物已为较澄清液体时，可适量饮用牛奶以保护胃黏膜。如在呕吐物中发现血性液体，则提示消化道或咽部可能出血，应暂时停止催吐。

（二）导泻

如果中毒者吃下有毒食物时间较长（如超过两小时），而且精神较好，可采用服用泻药的方式，促使有毒食物排出体外。用大黄、番泻叶煎服或用开水冲服，都能达到导泻的目的。

（三）保留食物样本

由于确定中毒物质对治疗来说至关重要，因此，在发生食物中毒后，要保存导致中毒的食物样本，以提供给医院进行检测。如果身边没有食物样本，也可保留患者的呕吐物和排泄物，以方便医生确诊和救治。

当然，这种紧急处理只是为治疗急性食物中毒争取时间，在紧急处理后，患者应该马上送医院进行治疗。

五、噎食

噎食是指进食时食物突然堵塞食道或气管而出现的相应症状，包括突然出现的吞咽困难、剧烈咳嗽或呼吸困难。噎食可以发生在任何年龄，但以小孩和老年人发生较多。食物堵塞气管要及时全力抢救，要在紧急致电120或向医疗单位求助的同时，争分夺秒进行如下救护：

（一）神志清楚的噎食患者

对于神志清楚的噎食患者，要敦促其主动用力咳嗽，通过咳嗽产生的气流，将堵塞呼吸通道的食物清除出来或形成可以保持呼吸的空隙；在患者主动自救的同时，要让患者坐着，上身前倾，救护者在患者的背后两肩胛之间以手掌根部快速有力地拍击四下；或者救护者以双臂从患者背后合抱其腰部，双手在前合掌，对准患者上腹部以拇指侧快速向内上方冲击四次。这些举措的目的在于驱使肺内的气体冲击气道，以便把气道内或声门处的食物排出或形成空隙而恢复呼吸。

（二）神志不清的噎食患者

对于神志不清的噎食患者，让患者侧卧（对于小孩可倒提患者双脚，然后斜抱住其身体），救护者一面用一指压患者的舌头，一面在患者的背后两肩胛之间以手掌根部快速有力地拍击四下；或者让患者仰卧，头后仰，救护者以一手（或两手相叠）掌根顶住患者上腹，快速向内上方冲击四次。这样做目的同样是驱使肺内的气体冲击气道，以便排除堵塞，恢复呼吸。

（三）进食黏稠食物的噎食患者

进食汤圆、年糕等黏性比较大的食物所出现的噎食，除用上述介绍的办法之外，还可采取用手指掏出或夹出堵塞食物的办法。无论是大人或小孩，均取侧卧位，以食指或食指及中指沿喉咙的内壁伸入喉咙深处，掏出或夹出食物。只要使喉咙与堵塞的食物之间保留一点空隙，就能保持呼吸，也就能保住生命。

（四）上述方法未能解决的噎食患者

对上述方法未能解决的噎食患者，要积极进行“压胸人工呼吸”，即让患者仰卧地上，救护者跪姿握住患者双手，在患者胸部推压之后，立即举其双手至肩膀以上，反复施行。此法既是“人工呼吸”，也同样有产生冲击气流以排除堵塞食物的作用。倘若堵塞仍无法解除，还可以用大注射针头经颈部正中穿刺入气管，以开放气道，保住生命，为后续医务人员的进一步救治赢得时间。

六、冻伤

冻伤是指低温袭击所引起的全身性或局部性损伤。局部冻伤症状表现为：皮肤冰凉、苍白、坚硬、麻木，伴有红肿、刺痛、灼痛、水疱；皮肤由青紫色、灰白色转为黑色、咖啡色。全身冻伤临床表现为：开始时皮肤苍白冰凉，复温后面部有水肿、身体打寒战，随着体温逐渐降低，患者感觉麻木、四肢无力、极度疲倦，神志恍惚并出现幻觉。引起冻伤的原因主要是：低温、身体长时间暴露、潮湿所造成的大量热量流失。而促进或加重冻伤的因素有以下几点：营养不良、过度疲劳、睡眠不足、肢体静止不动、醉酒等。

（一）冻伤程度分级

简单地说，冻伤的程度与烧伤一样分为四级：

（1）1度冻伤。临床表现：局部皮肤红斑及轻度水肿。解冻复温后：局部皮肤立刻变红或紫红、肿、充血，病人感到局部热、痒或烧灼痛。预后恢复：症状数日后消失，皮肤不留痕迹，功能不受影响。

（2）2度冻伤。临床表现：皮肤有水疱或大疱形成，疱内有黄色黏稠液体或黏稠血浆。解冻复温后：局部有较为剧烈的疼痛，并对冷热刺痛不敏感。预后恢复：症状于数日后消失，皮肤不留痕迹，功能同样不受影响。

（3）3度冻伤。临床表现：全皮坏死。解冻复温后：皮肤呈褐色、黑色，出现明显坏死，有时皮肤也会变白然后坏死。预后恢复：皮肤恢复后留有斑痕和功能障碍，属较严重的冻伤表现。

（4）4度冻伤。临床表现：身体某部位坏死脱落，如肢端、肢体。解冻复温后：皮肤逐渐变成褐色、黑色，出现明显坏死，有时皮肤也会变白然后坏死。预后恢复：皮肤留有斑痕和功能性障碍，留有残疾。

（二）冻伤紧急处理

1. 局部冻伤

（1）冻伤发生后应迅速用棉被保护受冻部位，并迅速将患者护送到室温20℃～30℃的室内。

（2）冷温水交替复温，用10℃的冷水和38℃的温水交替浸泡受冻部位20～30分钟，直至受冻部位恢复感觉，皮肤转为红紫、变软为止。

（3）如果鞋袜、手套和手足冻结在一起，应一同浸入温水内，待受冻部位恢复感觉后再用剪刀进行分离。

（4）涂抹冻伤药膏：冻疮尚无水疱糜烂时，可用樟脑酯、冻疮酊、辣椒酊涂于患处；有溃疡的，先应用生理盐水反复清洗创面，外涂新霉素霜，然后用无菌纱布包扎。

（5）在野外无温水的条件下，也可把患者放在未冻伤人的腋下或腹股沟等地方复温。注意，严禁火烤、雪搓、冷水浸泡或猛力捶打患者冻伤处。

2. 全身性冻伤

对全身性冻伤者，应进行全身保暖，迅速妥善将其移至温暖环境，脱掉衣服，盖上被子；用布或衣物裹热水袋、水壶等，放在其腋下、腹股沟处迅速升温；或将其浸泡在34℃～35℃水中5～10分钟，然后将浸泡水温提高到40℃～42℃，待患者出现有规律的呼吸后停止加温。患者意识恢复后可饮用热饮料或少量酒，猝死时应立即进行心肺复苏操作。

七、烧烫伤

烧烫伤是常见的旅游意外之一。由于疏忽或不小心烧伤、烫伤时，必须及时采取合理的急救措施，否则伤情加重，会损伤皮肤的正常功能。

（一）轻微烧伤处理

轻微的一级及二级烧伤（面积小于硬币），通常可以自行处理。较大型的烧伤或婴儿、老年人烧伤，必须尽快到医院处理。自行处理烧伤时，应注意以下方面：

用冷水冲洗伤处。用大量冷水冲洗伤处，约15～30分钟后或直到伤处不再灼热时停止。注意勿使用冰块或冰水接触伤处，以免加重伤情。如果是被热油、热汤或电池酸溅到，先将被沾湿的衣服脱下，洗去皮肤上的油脂，然后将伤处浸入冷水中，降低伤处温度。冲冷水可阻止创伤蔓延，且冷水可充当临时的止痛剂。

不要用醋、酱油、马铃薯皮或蜂蜜等物治疗伤处，这些物质会妨碍烫伤组织散热，使情况更严重，同时可能引发感染。可尝试用酒精散热止痛。如果烫伤不太严重，不妨尝试用酒精涂抹伤处。烧伤后2～3天，也可将新鲜的芦荟汁抹于伤处，会起到止痛的功效，但如果患者的心脏有问题，请不要使用芦荟。

日常护理时应注意，不能盖住伤处，否则会引起感染。处理好伤处24小时以后，每日用肥皂及清水轻轻地清洗烧伤部位，并保持干爽。千万不要刺破水疱，那样会引起感染。如果水疱已破，用消毒药水清洗创口，涂抹抗菌软膏，并保证伤口的透气性，以利于伤口的修复和结痂。当烧伤部位正逐渐复原，可把维生素E胶囊中的药液涂在受伤的皮肤上，可起到缓解不适、预防疤痕的作用。

（二）烫伤处理

1. 一度烫伤的处理

烫伤只损伤皮肤表层，局部轻度红肿、无水疱、疼痛明显，应立即脱去衣袜，将创面放入冷水中浸洗半小时，再用麻油、菜油涂擦创面。

2. 二度烫伤的处理

烫伤是真皮损伤，局部红肿疼痛，有大小不等的水疱，大水疱可用消毒针刺破水疱边缘放水，涂上烫伤膏后包扎，松紧要适度。

3. 三度烫伤的处理

烫伤深达皮下，脂肪、肌肉、骨骼都有损伤，并呈灰色或红褐色，此时应用干净布包住创面。后续伤口处理不能拖延，应将患者紧急送往医院。切不可在创面上涂紫药水或膏类药物，以免影响医生对病情的观察与处理。

如果伤员被开水严重烫伤，其在转送途中可能会出现休克或呼吸、心跳停止，此时应立即进行人工呼吸或胸外心脏按压。伤员渴时，可给少量的热茶水或淡盐水服用，绝不可以使其在短时间内饮服大量的开水，否则可能导致脑水肿。

（三）康复护理需注意

1. 饮食要注意

酒、辣椒、羊肉、生蒜、生姜、芥末、咖啡等刺激性食物会促进疤痕组织增生，康复期间应尽量避免摄入。

2. 不要撕开伤口的皮

创面结痂要待其自行脱落，不要强行揭去痂皮。若此时尚未完全长好的表皮细胞没有了痂皮的保护，会形成色素沉着，或发生炎症反应。

3. 不要给伤口发炎的机会

不可用手挠抓、热水烫洗、衣服摩擦等方法止痒，因为这样会刺激局部毛细血管扩张、肉芽组织增生而形成疤痕。

4. 别忽略了用药的重要性

如果被烫伤了，可以使用长河古典抗菌喷剂、磺胺嘧啶银乳膏、美宝湿润烧伤膏、冰王烧烫膏、京万红软膏等烧烫伤药剂、药膏。

模块二　动物咬、刺、蜇伤急救知识

旅游景点、景区一般都在户外开放的空间和区域，由于环境的特殊属性，通常有毒虫、走兽出没，这些毒虫、走兽有些甚至带有剧毒。旅游者很容易因没有留意而遭到动物咬、刺、蜇伤，所以要予以高度重视，第一时间采取有效救护措施。

一、毒蛇咬伤

毒蛇咬伤在旅游活动中为常见的一类恶性事故，因其毒性猛、发病快、死亡率高而“著称”，所以遇到此类事故要求导游和其他救护员在事发当时立即展开施救，科学的施救是挽救旅游者生命的关键。蛇毒的主要成分有神经毒、血循毒和酶，各种成分的多少或有无因蛇种而异，掌握几种常见毒蛇的知识，学会从伤口鉴别蛇有没有毒非常重要，这对蛇咬伤的急救有很大的帮助。

案　例

2017 年 9 月 13 日上午，家住四川省眉山市洪雅县槽渔滩镇 52 岁的李芳，干完农活正准备回家，突然脚下踩到了一个软软的东西，随即脚踝处传来一阵剧痛。“当时只听到那蛇叫了一声，像老鼠一样，顿时就觉得脚上特别痛，是那种好像心被针扎了般的疼痛感。”意识到被蛇咬后，李芳打算将毒血挤出来。当她挽起裤腿的时候却发现，事情并没有想象中那么简单。

她说，脚踝处当即肿了起来，被咬伤的左脚一点力气也没有，甚至出现了头晕眼花的症状。于是，李芳拄着镰刀，拖着已经没有力气的左脚，走了近半个小时的山路回到家中。随着血液的流动，蛇毒传播得非常迅速。当李芳回到家中后，大腿处已经肿得不成样子。“我用治疗蛇毒的草药简单给她敷伤口，但还是不行，她已经痛得在地上打滚。”李芳的丈夫说。

当天晚上 9 时，李芳被送入了市医院，当时，她已经出现休克症状。“马上给病人输血浆！”医生高守君一边口头医嘱，测量病人凝血功能，一边拿起手术刀，给患者脚踝处切开排毒，在伤口的近心端进行局部封闭疗法，以防病情进一步恶化。但是由于患者送到医院的时间较晚，其凝血功能已经处于崩溃的边缘。

虽然短时间内无法确定是哪种蛇咬伤了李芳，但考虑到四川多山地，在这个季节出现的蝮蛇较多，经市医院急诊科专家共同商讨后，立即将医院库存的抗蝮蛇蛇毒血清给李芳输入体内，将左腿肿胀的地方涂上治疗蛇毒的药膏，医生和护士守护在李芳身边不间断地监测病情。躺在病床上的李芳，一只手输着救命的抗蝮蛇蛇毒血清，一只手输着血浆，生命算是保住了。

9月15日中午12点，高守君在给李芳监测凝血功能的时候发现，已经无法在仪器上测出数值。经过前期的救治仍然出现异常状况，患者随时会出现多脏器出血的情形。毫不夸张地说，李芳如果随便乱动一下，都会造成体内出血，最终导致死亡。

眼看患者命悬一线，急诊科的医护人员始终没有放弃。急诊科主任吴艺与副主任高守君马上利用其身边有效的医疗资源，与重庆西南医院、四川大学华西医院等院专家积极会诊后发现，不排除患者被眉山市区域内及周边地区极少出现的五步蛇咬伤的可能性。

时间就是生命，为了保住李芳的生命，吴艺请示了院长邱雄后，在药剂科积极协调与配合下，联系省内各大医院，寻找抗尖吻蝮（五步蛇）蛇毒血清。但是，由于极少出现被五步蛇咬伤的患者，所以联系了四川大学华西医院、省医院、原成都军区总医院等大型医院以及其他地市州医院后，都未找到抗尖吻蝮蛇毒血清。

最后，在多方的配合和努力下，终于在成都的某专业经营血液制品药业公司找到了救命的血清。当晚10时，市医院相关负责人当机立断，要求不惜代价，用专门运输医用血液、生物制剂和药品等的冷链车，连夜从成都将4支保命的血清运回。正在成都开会学习的吴艺，全程护送血清回眉山。16日凌晨1时，血清送达市医院。医院立即开通绿色通道，简化一切手续，以最快速度进行交接。吴艺带领医护人员立刻在监护下将救命血清注射入李芳体内。

分析：

被毒蛇咬伤是比较常见的意外事故，只有正确进行救治，注入正确的抗毒血清才能救人。

（一）景区常见的毒蛇种类

（1）银环蛇，别名白节蛇、金钱白花蛇，头比颈大，呈椭圆形，蛇体有黑白相间的横纹带，但腹侧中断，背脊微隆起，尾末端尖细，全长60～120厘米，属前沟牙毒蛇；栖于平原及山脚多水之处，常在晚上活动。

（2）金环蛇，别名金脚带、金蛇、黄节蛇，头比颈大，稍呈黑色椭圆形，蛇体有黄黑相间的横纹带，尾末端钝圆而扁，全长约100厘米，属前沟牙毒蛇；栖于山地或水边，多在晚上活动。

（3）蝰蛇，别名百步金钱、金钱蝰，头背均为起棱小鳞，吻端圆宽，鼻孔大，体粗尾短，全长90～120厘米；背部棕褐色，头部有“X”形浅色纹，躯干有三行醒目的紫棕色大圆斑，腹面灰白，属管牙毒蛇；多栖于平原、丘陵或山区的田野中。

（4）竹叶青蛇，别名青竹蛇，头呈三角形，眼睛外突，瞳孔色红，颈细，全身鲜绿色，尾尖焦红色，全长70～90厘米，属管牙毒蛇；多栖于山林、菜地，常在早晨及晚间活动。

（5）尖吻蝮蛇，别名五步蛇、蕲蛇、白花蛇，头大呈三角形，吻端有一翘起的吻突，头背棕黑，头侧土黄色，二色截然分明，体背棕褐色为主或稍带绿色，背面有20个左右规则的大方斑，属管牙毒蛇；多栖于山地森林、溪间、岩石下或杂草中，常在阴雨天、早晨及傍晚活动；有扑火性，见到火光时会主动进攻。

（6）烙铁头蛇，别名龟壳花蛇，头呈三角形，头长为宽的1.5倍，颈细，背面棕褐色，杂有灰褐色小点，中间夹有50个以上镶有浅黄边的紫棕色斑块，腹呈黑褐色，全长70～100厘米，尾有缠绕性，属管牙毒蛇；多栖于山林、溪边及住宅附近，常在夜晚活动。

（7）眼镜蛇，别名膨颈蛇、吹风蛇、蝙蝠蛇、饭铲头，头部呈椭圆形如匙状，背面棕褐色或黑褐色，颈部背面有白色圈纹，状如眼镜，当颈部扁平扩展时更加明显，故称眼镜蛇；属前沟牙毒蛇，全长100～200厘米，栖于平原、丘陵的灌木丛中、溪沟鱼塘边、稻田、路边等，白天活动。眼镜蛇有一种突出的活动方式，当它受到激惹时，体前段1/4～1/3竖起，略向后仰，头平直向前，随竖起的躯干前部摆动，发出“呼呼”声，有时毒液可喷射达1～2米远，如果喷出的毒液射入眼内或体表破损处，也会引起中毒，应加注意。

（8）眼镜王蛇，别名大眼镜蛇、过山标、过山风，颈部扁而宽，颈、腹黄色，背部灰褐色或黑褐色，有“八”字形横纹，全长300～400厘米；多栖于山溪旁、水塘边，或岩缝树洞内；性凶猛，为毒蛇中体型最大的一种。

（9）蝮蛇，别名土公蛇、土虺蛇，头呈三角形，吻端圆，背面为灰褐或深褐色，腹面灰白，头背有一深色的“八”字形斑，尾圆而钝，全长40～60厘米，生活在平原、丘陵、山区的田野、溪沟边或杂草中，多在早、晚活动。

（二）鉴别诊断

1. 是否被蛇咬伤

先必须明确被蛇咬伤的可能性，其他动物也能使人受伤，如蜈蚣咬伤、黄蜂蜇伤。但后者致伤的局部与蛇伤牙痕不同，且留有各自的特点。蜈蚣咬伤后，伤口较小，有横行排列的两个点状牙痕，伤口部位有强烈疼痛感，但无明显的全身症状。黄蜂或蝎子等毒虫蜇伤后，局部为单个散在的伤痕，如蜂蜇伤会起个小包。

2. 是否被毒蛇咬伤

是否被毒蛇咬伤，主要靠特殊的局部伤情及全身表现来判断。毒蛇咬伤后，伤口局部常留有一对或3～4个毒牙痕迹，且伤口周围明显肿胀及疼痛或有麻木感，局部有瘀斑、水疱或血疱，全身症状也较明显。无毒蛇咬伤后，局部可留两排锯齿形牙痕，或有血流出。

3. 被哪种毒蛇咬伤

毒蛇头部略成三角形，身上有色彩鲜明的花纹，上颌长有成对的毒牙，可与无毒蛇相区别。但准确判断何种毒蛇致伤比较困难，从局部伤口的特点，可初步将神经毒的蛇伤和血液毒的蛇伤区别开来。再根据特有的临床表现，同时参考牙距及牙痕形态，可进一步判断毒蛇的种类。例如：遭眼镜蛇咬伤的病人，瞳孔常常缩小；被蝰蛇咬伤后半小时内可出现血尿；被蝮蛇咬伤后可出现复视。

（三）急救措施

一旦被毒蛇咬伤，既不要慌张，也千万不可乱动，因为那样会促使蛇毒在你体内扩散。要以正确的态度来对待可以使人丧命的伤口。同时，马上进行有效的操作排出毒素，赢得救援的时间。

1. 排毒

存留在伤口局部的蛇毒，应采取相应措施，促使其排出。

（1）吮吸法。用口吮、拔火罐或抽吸器抽吸等方法，将伤口毒血吸出，此法可先于扩创法应用。如果吮吸者的口腔黏膜有破损，则不宜吮吸，以免引起中毒。也可用吸乳器械或拔火罐等方法，吸出伤口内的蛇毒。

（2）扩创法。伤口较深并有污染者，应彻底清创。消毒后应以牙痕为中心，沿牙痕作纵向切口，长约1.5厘米，深达皮下，或作“十”或“十十”形切开，但切口不宜过深，以免伤及血管。如有毒牙遗留应取出，并用手由近心端向伤口附近反复挤压，以排出毒血。伤口扩大后，还可用各种药物作局部的湿敷或冲洗，以达到破坏或中和蛇毒的目的。常用的外敷药有30%盐水或明矾水，用于伤口冲洗的外用药有1∶5 000的高锰酸钾溶液及5%～10%的盐水。血循毒蛇咬伤后，若伤口流血不止，且全身有出血现象，则不应扩创。

（3）烧灼法。在野外被毒蛇咬伤后，可立即用5～7个火柴头，放在伤口中点燃，烧灼1～2次，以破坏蛇毒，这是一种简便而有效的野外急救方法。

（4）针刺法。经扩创处理后，患部肿胀明显时，可于手指蹊间（八邪穴）或足趾蹼间（八风穴）皮肤常规消毒后用三棱针或粗针头平行刺入皮肤1厘米后迅速拔出，再由近心端向远心端挤压以排除毒液。

（5）注射法。胰蛋白酶局部注射有一定的作用，它能分解和破坏蛇毒，从而减轻或抑制病人的中毒症状，方法是用2～4毫升生理盐水溶解胰蛋白酶后，在伤口基底层及周围进行注射，12～24 小时后可重复注射。注射速尿、利尿酸钠或甘露醇等，可加速蛇毒从泌尿系统的排出。

2. 阻止毒液侵入

被咬伤后，蛇毒在 3～5 分钟内就会迅速进入体内，应尽早采取有效措施，防止毒液被人体吸收。一般阻止毒液侵入有以下方法：

（1）绑扎法：一种简便而有效的方法，也是现场容易实施的一种自救和互救的方法。此法即在被毒蛇咬伤后，立即用布条、手巾或绷带等物，在伤肢近侧 5～10 厘米处或伤指（趾）根部予以绑扎，以减少静脉及淋巴液的回流，从而达到暂时阻止蛇毒吸收的目的。在送医途中应每隔 20 分钟松绑一次，每次 1～2 分钟，以防止伤肢瘀血及组织坏死。待伤口得到彻底清创处理和服用蛇药片 3～4 小时后，才能解除绑带。

（2）冰敷法：有条件时，在绑扎的同时用冰块敷于伤肢，使血管及淋巴管收缩，减慢蛇毒的吸收。也可将伤肢或伤指浸入 4℃～7℃的冷水中，3～4 小时后再改用冰袋冷敷，持续 24～36 小时即可，但局部降温的同时要注意全身的保暖。

（3）伤肢制动：受伤后走动要缓慢，不能奔跑，以减少毒素的吸收，最好是将伤肢临时制动后放于低位，然后将伤者送往医疗站。

二、毒虫蜇咬伤

除了蛇类之外，其他的毒虫也会对旅游者的人身安全造成很大的威胁，了解相关的知识，并且做出相应的急救措施很有必要。

（一）蜈蚣咬伤

蜈蚣种类很多，大小不一，其大者长达 25 厘米。蜈蚣常在夜晚爬到床上或衣服中，受到刺激时，因防御而咬人。当蜈蚣咬伤人后，其毒腺分泌出大量毒液，顺腭牙的毒腺口注入被咬者皮下而致中毒。蜈蚣越大，蜇入时注进毒素越多，中毒症状也更严重。蜈蚣毒液呈酸性，含有两种类似蜂毒的有毒成分，即组胺样物质和溶血蛋白质。此外，还含有酪氨酸、蚁酸、脂肪油、胆固醇等。蜈蚣的毒性不如毒蛇，但是人被蜈蚣咬伤后能引发剧烈疼痛，而且可引起局部组织破坏及淋巴管炎，毒液也有致敏作用，有时可引起大面积紫癜。

简单治疗：

（1）用盐肤木的汁液涂擦伤处。

（2）用黄草纸卷盐点燃后，从纸卷的另一端将烟灰吹于患处。

（3）用氨水或花露水涂抹伤处。

（4）用鸡蛋清或雄鸡唾液涂抹伤处。

(5) 用蜗牛、蛞蝓、蚯蚓身上的黏液涂抹伤处。

(6) 用清凉油涂抹伤处。

(7) 用大蒜汁、桑汁拌白盐涂抹伤处。

(8) 用香烟丝捣烂拌茶油涂抹伤处。

(9) 用新鲜活蜈蚣捣烂拌茶油涂抹伤处。

(10) 用碱水或葱头切片涂在伤处。

(二) 毒蜂蜇伤

经常蜇人的蜂主要是指膜翅目中的蜜蜂科、胡蜂科和马蜂科三大类，它们均为社会性昆虫，群栖于一大型巢内，蜂群内有蜂王、工蜂和雄蜂之别，若人类触动其巢，群蜂即同时蜇刺，将大量毒素注入人体使人产生强烈反应。当然，每个人对蜂毒的敏感性亦有差异，有人虽仅被 1 只蜂蜇刺，其反应也很剧烈。人被毒蜂蜇后通常局部发生痛、红、肿，全身出现毒素作用和过敏反应，伴有荨麻疹、恶心、呕吐、发热、胸痛；较重者，可有呼吸困难、哮喘、肌肉抽痛等症状；严重者可引起脑水肿、肺水肿、过敏性休克、急性肾功能衰竭，甚至死亡。

急救措施：

(1) 被蜇后，应立即小心拔出毒刺，如有断刺必须用消毒针将其剔出。

(2) 用肥皂水、3%氨水等弱碱性溶液清洗及外敷，如没有弱碱性溶液则用干净的清水冲洗伤口。

(3) 如被毒性不强的蜂蜇刺，最好用食用醋洗涤及外敷，然后用力掐住被蜇伤的部分，用嘴反复吸吮，以吸出毒素。

(4) 若被大胡蜂或竹蜂等毒性强烈的毒蜂蜇伤，最好用季德胜蛇药或南通蛇药涂抹或外敷，同时口服蛇药片，也可采用鲜蒲公英、紫花地丁、景天三七、七叶一枝花和半边莲等解毒草药捣烂外敷，被蜂蜇伤 20 分钟后无症状者，可以放心；否则，应尽快送医院治疗，尤其在被成群的毒蜂蜇伤后必须立即送往最近的大医院。

(三) 蚁蜇伤

蜇后伤口即起小红丘疹，轻者于几小时内消退；重者小红丘疹变为小水疱，之后变为脓包，周围红肿，经数日后干脱。全身症状包括发热、荨麻疹、肢体肿胀、呼吸困难等，严重者出现休克。某些蚁没有蜇针，但能用口器中的上腭咬人，且注入具有刺激性的唾液或毒液，引起相似的临床表现。

急救措施：

(1) 若有蜇针遗留在皮肤内，应迅速将其取出，以免针内毒液全部渗入组织内。

(2) 蚂蚁唾液为酸性，可外涂肥皂水或 3%～10%氨水、5%～10%碳酸氢钠溶液。

(3) 全身症状明显者，可服蛇药。

(四) 蚂蟥叮咬

预防蚂蟥叮咬的方法很简单，即不要到蚂蟥多的水里去洗澡、游泳等。如果因考察、劳动等非去不可时，则应在下水之前，穿厚质长袜，将裤脚塞入袜内，并扎紧袜口，蚂蟥就钻不进去了。打上绑腿，也能有效地防止山蚂蟥侵袭。用灭害灵、风油精喷洒在裤管和鞋、袜上，对山蚂蟥也有驱避作用。用浓盐水洒在这些部位，也能起到驱避效果。在潮湿的地方行走，要经常喷洒，以免因药性变弱或盐分变少而起不到驱避作用。露营应选择在比较干燥、草不多的地方，不要在湖边、河边或溪边宿营。休息时要经常检查身上有无蚂蟥叮咬，如有蚂蟥应及时除去。尽量喝开水，不喝有寄生蚂蟥的水。细小的蚂蟥不易发现，喝进体内后会在呼吸道、食道、尿道等处寄生。

急救措施：

(1) 千万不要硬性将蚂蟥拔掉，因为越拉，蚂蟥的吸盘吸得越紧，这样，一旦蚂蟥被拉断，其吸盘就会留在伤口内，容易引起感染、溃烂。

(2) 可以在蚂蟥叮咬部位的上方轻轻拍打或用手在蚂蟥吸附的周围轻轻弹几下，使蚂蟥松开吸盘而掉落。也可以用清凉油、食盐、浓醋、酒精、辣椒粉、石灰等滴撒在虫体上，使其放松吸盘而自行脱落。

(3) 用火烧蚂蟥也会掉下来，但是这个方法要小心使用，以免烫伤。

(4) 蚂蟥掉落后，若伤口流血不止，用干净手指或纱布按住伤口，1～2 分钟后出血停止，然后在出血点涂紫药水或碘酒，也可以用纱布包扎患处，注意勿让伤口沾水，以免引起感染。若再出血，可往伤口上撒一些云南白药或止血粉。

(5) 蚂蟥掉落后，若伤口没出血，可用力将伤口内的污血挤出，用小苏打水或清水冲洗干净，再涂以碘酒或酒精、红汞消毒。

(6) 若蚂蟥钻入鼻腔，可用蜂蜜滴鼻使之脱落。若不脱落，可取一盆清水，伤员屏气，将鼻孔浸入水中，不断搅动盆中之水，蚂蟥可被诱出。

(7) 若蚂蟥侵入肛门、阴道、尿道等处，要仔细检查蚂蟥附着的部位，然后向虫体上滴食醋、蜂蜜、麻醉剂，待虫体回缩后，再用镊子取出。

三、狗抓咬伤和狂犬病的防治

在旅游过程中，旅游者尽量不要去抚摸和碰触动物，因为不排除这些动物携带狂犬病毒，如果感染这种病毒，死亡率几乎为 100%。携带狂犬病毒的动物是狂犬病最重要的传染源。从全世界来看，最重要的狂犬病疫源动物当数猫、狗。但是，理论上几乎所有温血动物，包括鸟类都可感染狂犬病毒，并传染给人。不同国家和地区，不同的年代，最重要的疫源动物也是在变的。发生过或引起过狂犬病的动物还有野鼠、家鼠、狼、梅花鹿、水獭、黄鼬、熊、豹、刺猬、野猪、狐、獾、蝙蝠等。

但是目前人感染狂犬病毒主要还是由狗引起的，因为这种动物与人类社会的关系最为亲密，在生活社区的分布也最为广泛。随着经济的发展，人们的生活水平提升，饲养狗作为宠物也日益普遍。同时，因遗弃宠物现象而造成流浪狗泛滥，流浪狗缺乏必要的病毒防疫，往往携带着狂犬病毒出没在人类活动集中的景区、社区周围，因此旅游者要提高警惕，避免被抓伤和咬伤。

案 例

2018 年 5 月 6 日下午，姚某在自家门口躺椅上休息时，被居住小区内看似正常的宠物犬咬伤左手手背，伤情较轻，未出血。咬伤人后该犬逃走，去向不明。当日，姚某自行进行了伤口清洗及消毒，后续未作其他处理，发病前也未接种狂犬病疫苗。

7 月 12 日晚，此前因大意而没接种狂犬病疫苗的姚某开始出现精神亢奋、吞咽困难、畏风、畏光、畏水、烦躁、易怒、胸部有压迫感等症状，并有伤人倾向，胃纳较差；左手有蚁走感；无发热，当日未睡、未吃喝。

7 月 14 日上午，姚某前往闵行区莘东路上的犬伤门诊接种了一剂狂犬病疫苗；当日下午，又前往市第五人民医院门诊就诊，输液治疗，未作其他处理。

7 月 14 日下午 5 点，姚某家属打 120 叫救护车将其送往上海市公共卫生临床中心治疗。入院后查体显示姚某神志欠清，心肺听诊未闻及异常，腹软，无压痛，收治入院后对症支持处理。

7 月 17 日夜间，姚某出现血压及氧饱和度下降等症状，医院向其家属下达病危通知，患者家属表示理解并放弃一切抢救措施。

7 月 18 日凌晨 2 点，姚某生命体征消失，宣告死亡。

分析：

这是一起典型的狂犬病案例，受害者被狗咬之后没有引起足够的重视，没有在第一时间处理完伤口后去医院注射狂犬病疫苗，导致了这场悲剧的发生。

（一）如何避免被咬

（1）在狗没有看见你、嗅闻你之前，不要去抚摸它（即便那是你养的狗）；狗是防备心特别重的动物，它会习惯性地攻击背后摸它尾巴或惊动它的人。如果实在想抚摸，可从正面轻轻地走过去摸，狗是不会有太大动作反应的。

（2）远离那些被拴住的、被关在院子里的狗。主人拴住它肯定是担心它伤到人，一般不咬人的狗是不会总被拴住的，这些被拴住的狗往往体格也比一般的狗大，不要去逗它、靠近它，否则时刻都存在被咬伤的危险。

（3）在陌生的狗周围行动时必须多加小心，动作要慢，不要狂奔。狗在睡觉、进食或啃咬玩具、照料小狗仔时，请不要打扰，不认识你的狗可能会将你当作一个入侵者或是小偷；千万不要背对着狗，然后狂奔而去——狗的天性会令它追上你并进行扑咬。

（4）遇到一只可能会攻击你的狗时，请遵循以下步骤：绝对不要尖叫或逃跑；保持静止不动，双手放在体侧，避免和狗对视；慢慢地后退离开，直到它消失在视野里。

（5）若狗已经开始攻击，那么将你的外套、钱包、自行车或任何可以扔出去的东西“喂”给它；如果你跌倒或被扑倒在地面上，请尽量蜷起身体，并用双手捂住耳朵，保持冷静，同时不要尖叫或翻滚。

（二）咬伤后的处理

一旦被狗咬伤，千万不要急着去医院找医生诊治，而是应该立即、就地、彻底冲洗伤口。万一找不到水源，甚至可以用人尿代替清水冲洗，随后再设法找水源。

1. 伤口冲洗

一是要快，分秒必争。以最快速度把沾染在伤口上的狂犬病毒冲洗掉，因为时间一长病毒就会进入人体组织，沿着神经侵犯中枢神经。

二是要彻底。由于狗咬的伤口往往外口小，里面深，这就要求冲洗时，尽量把伤口扩大，让其充分暴露，并用力挤压伤口周围软组织，而且冲洗的水量要大，水流要急，最好是对着自来水龙头急水冲洗。

三是伤口不可包扎。除了个别伤口大又伤及血管需要止血的情况外，一般不上任何药物，也不要包扎，因为狂犬病毒是厌氧的，在缺乏氧气的情况下会大量生长。

2. 注射疫苗

（1）任何怀疑被狗（包括貌似健康）咬伤、抓伤（即使很轻的抓伤），受伤的皮肤或黏膜被狗舔过的人，都必须接种狂犬病疫苗。

（2）在被咬伤 24 小时内，应到防疫站注射人用狂犬病疫苗，然后在第 3、7、14、28 天各肌注疫苗 1 毫升，重度咬伤的各肌注 2 毫升。对于严重咬伤的，如伤口深度超过 1 厘米，或者伤口靠近头部，光打疫苗还不够，应尽早在伤口及周围注射抗狂犬病免疫血清，以提供早期的保护性抗体。狂犬病疫苗的有效期仅 6 个月，如果 6 个月后又被犬咬伤，还需再次注射疫苗。

3）凡注射疫苗 1 天前注射抗狂犬病血清、慢性病人如肝硬化患者、患有免疫缺陷症、服用免疫抑制药物、老人、严重营养不良和咬伤后 48 小时才开始免疫等 7 种情况，均应于初种时加 2～3 倍疫苗量，分部位注射，才会有较好的免疫效果。

3. 注意事项

(1) 切忌伤口不作任何处理，错上加错的是不冲洗伤口，反而涂上红药水、包上纱布。

(2) 切忌长途跋涉赶到大医院求治，而是应该立即、就地、彻底冲洗伤口，在 24 小时内注射狂犬病疫苗。

(3) 在注射疫苗期间，应注意不要饮酒、喝浓茶、喝咖啡；亦不要吃有刺激性的食物，诸如辣椒、葱、大蒜等。

(4) 要避免受凉、剧烈运动或过度疲劳，防止感冒。

课后练习

一、思考题

1. 请总结常见旅游意外的处理程序。

2. 你认为哪个旅游意外的发生概率较高？请说明理由并总结处理程序。

3. 请分析如何才能避免被动物蜇咬伤。

4. 请总结预防狂犬病的正确操作。

二、实践题

1. 以小组为单位，互相问答各种旅游意外事故的处理规程，并且要在规定的时间内完成考核。

2. 以小组为单位，收集整理本教材未提到的旅游意外事故类型，并且总结处理程序。

第六单元
遭遇突发性自然灾害的安全管理

【学习目标】

掌握地质类灾害的急救和预防

掌握气象类灾害的急救和预防

掌握海洋类灾害的预防和避险

掌握生物类灾害的预防

【项目导入】

旅游活动是一个不受地域限定的全天候活动，旅游目的地的多样性也意味着遭受自然灾害的多样性，作为旅行社的工作人员，应当具备一定的灾害急救和预防知识。

地理环境在不断地变化，有时候这种变化异常强烈，当这些自然现象破坏了人类的生存环境，危及人民的生命财产的时候，便形成了自然灾害。自然灾害依据其形成过程的长短可以分为缓发性自然灾害和突发性自然灾害两种。有些自然灾害会在很短的时间内表现出灾害行为，如火山爆发、地震、洪水、台风（飓风）、冰雹等，这类灾害称为突发性自然灾害，其主要特点是使人类猝不及防，常常造成死亡事件和重大的经济损失。

旅游业因其行业本身的敏感性和不稳定性，更容易受到突发性自然灾害的重创，造成巨额的经济损失。这些损失会给当地的旅游和相关产业造成巨大的负面影响，如2003年肆虐整个东亚的“非典”，造成我国国内旅游总收入较上一年下挫50%，共计损失1 700亿元；2004年的东南亚海啸，共造成近30万人死亡，其中有游客7万人，旅游业损失共计120多亿美元。

常见的影响旅游业发展的突发性自然灾害有以下几类：首先是地质类突发性灾害，对旅游业影响较大的有崩塌、滑坡、泥石流、地震和火山喷发等。其次是气象类突发性灾害，对旅游业影响较大的主要有台风（飓风）、暴雨、洪涝等。再次是海洋类突发性灾害，对旅游业影响较大的主要有风暴潮、灾害性海浪、海冰、海啸等。最后是生物类突发性灾害，在历史上对旅游业影响较大的主要有禽流感、“非典”等。

模块一　地质类灾害的急救和预防

我国幅员辽阔，地形地貌分布复杂，区域差异非常大，有着北方的草原、南方的丘陵、西部的荒漠、东部的平原。如此多样化的地貌也造就了丰富的旅游自然资源，向往自然的旅游者往往选择一些地势高险、远离人口密集区域的地域作为旅游目的地，如四川九寨沟、湖南张家界、安徽黄山、云南石林等。但是，这些地域同时是地质灾害的多发地带，如果旅行团在游览过程中遭遇突发性地质灾害，会对整个团队造成巨大的人员伤亡。因此，掌握地质灾害的发生规律，在灾害发生前有充分的预防措施，以及在灾害发生时采取正确的应急措施是保证旅行团成员生命安全和当地旅游产业稳定发展的关键。

一、地震的急救和预防

地震一般发生在地壳之中。地壳内部在不停地变化，由此而产生力的作用，使地壳岩层变形、断裂、错动，并且产生震波作用于地表，引起地面的震动。地震本身或许不致命，但是地震带来的建筑物倒塌、洪水、海啸、山体滑坡、泥石流等能够在瞬间造成大量的人员伤亡。

案　例

"5·12"汶川地震，发生于北京时间2008年5月12日（星期一）14时28分04秒。根据中华人民共和国地震局的数据，此次地震的面波震级达8.0Ms、矩震级达8.3Mw（根据美国地质调查局的数据，矩震级为7.9Mw），地震烈度达到11度。此次地震的地震波已确认共环绕了地球6圈。汶川地震波及大半个中国及亚洲多个国家和地区，北至辽宁，东至上海，南至香港、澳门、泰国、越南，西至巴基斯坦均有震感。

"5·12"汶川地震严重破坏地区超过10万平方千米。其中，极重灾区共10个县（市），较重灾区共41个县（市），一般灾区共186个县（市）。截至2008年9月18日12时，"5·12"汶川地震共造成69 227人死亡，374 643人受伤，17 923人失踪，是中华人民共和国成立以来破坏力最大的地震，也是唐山大地震后伤亡最严重的一次地震。经国务院批准，自2009年起，每年5月12日为全国"防灾减灾日"。

分析：

地震是一种常见的地质灾害，每年我国发生大大小小的地震多达几万次，但大多数等级较小，造成的损害相应也小，少数的大地震造成很大的人员伤亡和财产损失，所以普及地震救生知识是十分必要的。

（一）地震的基本概念

震源是指地震波发源的地方。地面上离震源最近的一点称为震中。震中是接受震动最早的部位。震中到震源的深度叫作震源深度。震源深度小于 60 千米的叫浅源地震，深度在 60～300 千米的叫中源地震，深度大于 300 千米的叫深源地震。对于同样大小的地震，由于震源深度不一样，对地面造成的破坏程度也不一样。震源越浅，破坏越大，但波及范围也越小，反之亦然。

地震震级是根据地震时释放的能量的大小而定的。一次地震释放的能量越多，地震级别越大。目前国际上一般采用美国地震学家查尔斯·弗朗西斯·里克特（Charles Francis Richter）和宾诺·古登堡（Beno Gutenberg）于 1935 年共同提出的震级划分法，即现在通常所说的里氏地震规模。里氏地震规模每增强一级，释放的能量约增加 32 倍，相隔两级的地震其能量相差1 000 倍。

同样大小的地震，造成的破坏不一定是相同的。同一次地震，在不同的地方造成的破坏也不一样。为了衡量地震的破坏程度，一般用地震烈度来表示。仅就烈度和震源、震级间的关系来说，震级越大，震源越浅、烈度也越大，震中区的破坏最重、烈度最高。

地震的地理分布受一定地质条件的控制，具有一定的规律。地震大多分布在地壳不稳定的部位，特别是板块之间的消亡边界，形成地震活动活跃的地震带。全世界主要有三个地震带：

一是环太平洋地震带，包括南北美洲太平洋沿岸、阿留申群岛、堪察加半岛、千岛群岛、日本列岛，经中国台湾再到菲律宾转向东南直至新西兰，是地球上地震最活跃的地区，集中了全世界 80%以上的地震。此地震带是在太平洋板块和美洲板块、亚欧板块、印度洋板块的消亡边界，南极洲板块和美洲板块的消亡边界上。

二是欧亚地震带，大致从印度尼西亚西部、缅甸经中国横断山脉以及喜马拉雅山脉，越过帕米尔高原，经中亚细亚到达地中海及其沿岸。此地震带是在亚欧板块和非洲板块、印度洋板块的消亡边界上。

三是中洋脊地震带，包含延绵世界三大洋（即太平洋、大西洋和印度洋）和北极海的中洋脊。中洋脊地震带仅含全球约 5%的地震，此地震带的地震几乎都是浅层地震。

我国的地震带主要分布在台湾地区、西南地区、西北地区、华北地区、东南沿海地区五个区域。

（二）地震急救知识

1. 震时的急救

地震发生时，至关重要的是要有清醒的头脑、镇静自若的态度。只有镇静，才有可能运用平时学到的防震知识并判断地震的大小和远近。近震常以上下颠簸开始，之后才左右摇摆。远震却少有上下颠簸的感觉，而以左右摇摆为主，并且声脆，震动小。一般遇小震和远震不必外逃。虽然目前人类还不能完全避免和控制地震，但是只要能掌握自救、互救技能，就能使灾害的伤害降到最低限度。

（1）保持镇静。不少人并不因房屋倒塌而被砸伤或挤压致死，而是由于精神崩溃，从而失去生存的希望，乱喊、乱叫，在极度恐惧中“扼杀”了自己。这是因为，乱喊、乱叫会加速新陈代谢，增加氧的消耗，使体力下降，耐受力降低；同时，大喊大叫，必定会吸入大量烟尘，易造成窒息，增加不必要的伤亡。正确态度是在任何恶劣的环境，始终要保持镇静，分析所处环境，寻找出路，等待救援。

（2）紧急避险。震时是跑还是躲，专家认为震时就近躲避，震后迅速撤离到安全地方，是应急避震较好的办法。千万不要跳楼、跳窗，以免摔伤或被玻璃扎伤；不要去阳台，不要乘电梯，也不要下楼梯，不要到处跑，不要随人流拥挤。

首先，选择合适的避震空间。室内较安全的避震空间有：承重墙墙根、墙角；有水管和暖气管道等处。屋内最不利避震的场所是：没有支撑物的床上；吊顶、吊灯下；周围无支撑的地板上；玻璃（包括镜子）和大窗户旁。

其次，做好自我保护。选择好躲避处后应蹲下或坐下，脸朝下，额头枕在两臂上；或抓住桌腿等身边牢固的物体，以免震时摔倒或因身体失控移位而受伤；保护头颈部，低头，用手护住头部或后颈；保护眼睛，低头、闭眼，以防异物伤害；保护口、鼻，有可能时，可用湿毛巾捂住口、鼻，以防灰土、毒气。

（3）伤口处理。止血、固定砸伤和挤压伤是地震中常见的伤害。对开放性创伤，应先止血，抬高患肢，同时呼救。对开放性骨折，不可乱动，以防止再度受伤。

（4）防止火灾。地震常引起许多“次灾害”，火灾是常见的一种。地震时不要随便点明火，因为空气中可能有易燃易爆气体。如果发生大火，应尽快脱离火灾现场，脱下燃烧的衣帽，或用湿衣服覆盖身上，或卧地打滚，也可用水直接浇泼灭火。切忌用双手扑打火苗，否则会引起双手烧伤。

2. 震后的自救

地震时如被埋压在废墟下，周围又是一片漆黑，只有极小的空间，一定不要惊慌，要沉着，树立生存的信心，相信会有人来救援，要千方百计保护自己。

（1）改善所处环境。地震后，往往还有多次余震发生，处境可能继续恶化，为了免遭新的伤害，先要保持呼吸畅通，挪开头部、胸部的杂物，闻到煤气、毒气时，用湿衣服等物捂住口、鼻；避开身体上方不结实的倒塌物和其他容易引起掉落的物体；扩大和稳定生存空间，用砖块、木棍等支撑残垣断壁，以防余震发生后，环境进一步恶化。

（2）设法脱离险境。如果找不到脱离险境的通道，尽量保存体力，用石块敲击能发出声响的物体，向外发出呼救信号，不要哭喊、急躁和盲目行动，这样会大量消耗精力和体力，应尽可能控制自己的情绪或闭目休息，等待救援人员到来。如果受伤，要想办法包扎，避免流血过多。

（3）维持生命。如果被埋在废墟下的时间比较长，救援人员未到，或者没有听到呼救信号，就要想办法维持自己的生命，防震包的水和食品一定要节约，尽量寻找食品和饮用水，必要时自己的尿液也能起到解渴作用。

3. 震后的互救

震后，外界救灾队伍不可能立即赶到救灾现场，在这种情况下，为使更多被埋压在废墟下的人员维持宝贵的生命，灾区人员积极互救，是减轻人员伤亡最及时、最有效的办法。抢救越及时，获救的希望就越大。据有关资料，震后 20 分钟获救的救活率达 98%以上，震后 1 小时获救的救活率下降到 63%，震后 2 小时还无法获救的人员中，窒息死亡人数占死亡人数的 58%。

（1）搜救压埋人员。应根据震后环境和条件的实际情况，采取行之有效的施救方法，目的就是将被埋压人员安全地从废墟中救出来。通过了解、搜寻，确定废墟中有人员埋压后，判断其埋压位置，利用向废墟中喊话或敲击等方法传递营救信号。

在进行营救行动之前，要有计划、有步骤，哪里该挖，哪里不该挖，哪里该用锄头，哪里该用棍棒，都要有所考虑才能收到好的营救效果。盲目行动，往往会给营救对象造成新的伤害。

营救过程中，要特别注意埋压人员的安全。一是使用的工具（如铁棒、锄头、棍棒等）不要伤及埋压人员；二是不要破坏了埋压人员所处空间周围的支撑条件，引起新的垮塌，使埋压人员再次遇险；三是应尽快与埋压人员的封闭空间沟通，使新鲜空气流入，挖扒中如尘土太大应喷水降尘，以免埋压者窒息；四是埋压时间较长，一时又难以救出，可设法向埋压者输送饮用水、食品和药品，以维持其生命。

（2）施救和护理。先将被埋压人员的头部从废墟中暴露出来，清除口鼻内的尘土，以保证其呼吸畅通，对于受伤严重、不能自行离开埋压处的人员，应该设法小心地清除其身上和周围的埋压物，再将其抬出废墟，切忌强拉硬拖。对饥渴、受伤、窒息较严重且埋压时间又较长的人员，救出后要用深色布料蒙上其眼睛，避免强光刺激；对伤者，根据受伤轻重，或包扎或送医疗点抢救治疗。

（三）地震的预防措施

受科学技术所限，目前全世界地震的预报尚是一个难解的谜题，因此相关的地震预防措施也很难及时到位。真正能做到预防的措施，只能是在平时的生活和工作中加强安全意识，储备一些防灾减灾的物品，掌握灾难发生时的求生知识。对于旅行团来说，在旅游过程中也要注意大自然的一些细微的异常变化，然后制订有针对性的预案，适时改变旅游活动的安排。一般而言，地震前会有以下异常：

（1）地下水异常。由于地下岩层受到挤压或拉伸，地下水位出现上升或下降；或者使地壳内部气体和某些物质随水溢出，而使地下水冒泡、发浑、变味等。

（2）动物行为异常。震前一两天，牛、马赶不进圈，乱蹦乱跳，嘶叫不止，烦躁不安，饮食减少；一些猪羊不吃食，烦躁不安，乱跑乱窜；狗狂叫不止，鸡不进窝，惊啼不止，鸭不下水；家兔乱蹦乱跳，惊恐不安；鸽子在震前数天惊飞，不回巢；蜜蜂一窝一窝地飞走；老鼠反应最灵敏，在震前一天至数天突然跑光了，有的叼着小老鼠搬家；还有些冬眠的蛇爬出洞外，上树；鱼惊慌乱跳游向岸边，翻白肚；等等。

（3）地光和地声。地光和地声是地震前夕或地震时，从地下或地面发出的光亮及声音，是重要的临震预兆。地震有“前震—主震—余震”的规律，要注意掌握。

二、火山喷发的急救和预防

火山喷发是一种奇特的地质现象，是地壳运动的一种表现形式，也是地球内部热能在地表的一种最强烈的显示。火山喷发时，岩浆等喷出物在短时间内从火山口向地表释放。由于岩浆中含大量挥发分，加之上覆岩层的围压，使这些挥发分溶解在岩浆中无法溢出，当岩浆上升靠近地表时，压力减小，挥发分急剧被释放出来，于是形成火山喷发。

（一）火山的基础知识

1. 火山的类型

火山大体分为三类：活火山、死火山、休眠火山。

（1）活火山，是指现在尚在活动或周期性发生喷发活动的火山。此类火山正处于活动的旺盛时期。例如：爪哇岛上的默拉皮火山，20 世纪以来，平均间隔两三年就要持续喷发一个时期。我国的火山以台湾大屯火山群的主峰七星山最为有名。

（2）死火山，是指史前曾发生过喷发，但有史以来一直未活动过的火山。此类火山已丧失了活动能力。有的火山仍保持着完整的火山形态，有的则已遭受风化侵蚀，只剩下残缺不全的火山遗迹。例如：我国山西大同火山群在方圆约 123 平方千米的范围内，分布着 99 个孤立的火山锥，其中狼窝山火山锥高将近 1 900 米。

（3）休眠火山，是指有史以来曾经喷发过，但长期以来处于相对静止状态的火山。此类火山都保存有完好的火山锥形态，仍具有火山活动能力，或尚不能断定其已丧失火山活动能力。例如：我国长白山天池，曾于 1327 年和 1658 年两度喷发，在此之前还有过多次活动，目前虽然没有喷发活动，但从山坡上一些深不可测的喷气孔中不断喷出高温气体，可知该火山目前正处于休眠状态。

应该说明的是，这三种类型的火山之间没有严格的界限。休眠火山可以复苏，死火山也可以复活，相互间并不是一成不变的。

2. 火山喷发的类型

火山喷发类型按岩浆的通道分为裂隙式喷发、熔透式喷发和中心式喷发三大类。

（1）裂隙式喷发，又称冰岛型火山喷发。岩浆沿地壳中的断裂带或裂隙溢出地表，这样形成的火山通道在地表呈窄而长的线状，向下呈墙壁状。这类喷发没有强烈的爆炸现象，喷发温和宁静，喷出的岩浆为黏性小的基性玄武岩浆，碎屑和气体少。基性熔岩溢出后，可以形成广而薄的熔岩流、熔岩坡或熔岩台地，甚至形成熔岩高原。

（2）熔透式喷发。熔透式喷发的岩浆上升时，由于温度很高，再加上岩浆和岩石之间的一些化学作用，上面的岩石被熔透而顶开，形成直径很大、形状不规则的火山通道。岩浆失去压力后大面积溢出地表，炽热的岩浆从火山通道缓慢溢出形成熔岩流，最后逐渐冷凝形成熔岩。熔透式喷发形成的火山岩分布范围很广，火山口一般不明显。这类喷发有时岩浆上升停留在中途，没能融化顶部岩层便冷凝下来，只在地面隆起成丘，这种火山称为潜火山或地下火山。一些学者认为，远古时代地壳较薄，地下岩浆热力较大，常造成熔透式岩浆喷发，现代已不存在。

（3）中心式喷发，是指岩浆沿火山喉管喷出地面。这是现代火山活动的主要形式，又可细分为三种：

1）宁静式：火山喷发时，只有大量炽热的熔岩从火山口宁静溢出，顺着山坡缓缓流动，好像煮沸了的米汤从饭锅里沸泻出来一样。溢出的熔岩以基性熔浆为主，熔浆温度较高，黏稠度小，易流动，含气体较少，无爆炸现象。因夏威夷诸火山为其代表，故又称夏威夷型。

2）爆裂式：火山喷发时，产生猛烈的爆炸，同时喷出大量的气体和火山碎屑物质，喷出的熔岩以中酸性熔浆为主。1568 年 6 月 25 日，西印度群岛的培雷火山喷发就属此类，又称培雷型。

3）中间式：属于宁静式和爆裂式喷发之间的过渡型。此种类型以中基性熔岩喷发为主。即使有爆炸，爆炸力也不大。可以连续几个月，甚至几年，长期平稳地喷发，并以伴有间歇性的喷发为特征。以靠近意大利西海岸的利帕里群岛上的斯特朗博利火山为代表。该火山每隔 2～3 分钟喷发一次，夜间在 669 千米以外仍可见火山喷发的光焰，故又称斯特朗博利式。

（二）火山喷发的灾害

火山喷发的灾害通常包括由火山喷发本身所造成的直接灾害以及由火山喷发而引起的间接灾害。事实上，这两种灾害经常兼而有之。这些灾害包括：火山碎屑流、火山熔岩流、火山灰引发的灾难，以及伴随这些灾难连锁产生的环境破坏。

（1）火山碎屑流，主要为液化的气体、灰和岩石，能从火山气孔以每小时700千米的速度向外喷出，气体温度通常在100℃～800℃。火山碎屑通常在重力之下沿着山坡快速流下，它的高温与速度足以摧毁沿途的各种物质和建筑，历史上维苏威火山摧毁庞贝古城就是典型的实例。

（2）火山熔岩流是从火山口喷溢流出的熔岩，这种呈液态的熔岩在地表所经范围大，造成的危害也很严重。但是，通常熔岩流没有火山碎屑流和泥石流来得凶猛。

（3）火山灰，是火山爆发时岩石或岩浆被粉碎形成的细小颗粒。火山灰不同于烟灰，它坚硬、不溶于水，由岩石、矿物、火山玻璃碎片等组成，一般直径小于2毫米，其中极细微的火山灰称为火山尘。火山灰影响面广泛，包括航空、建筑、人体以及地球温度与环境等多方面。火山爆发时炽热的火山灰随气流快速上升，将对飞行安全造成威胁。下落的火山灰也会给人们带来伤害，微小的火山灰还会侵入人与牲畜的呼吸系统。

（4）生态影响。火山喷发不可避免地会引起森林火灾和造成毁林的后果。而且火山喷发出的大量火山灰和其他化学物质，在进入大气后会悬浮在大气中，这些物质会形成一层厚厚的保护层，把太阳光反射回宇宙。并且，这些悬浮物质在一两年内就会全部落到地面，它们可以使地球在一两年里气温下降。火山喷发气体中的二氧化硫甚至还会形成火山酸雨。酸雨落到地面会对植物造成直接危害，农作物也会大幅减产。

（三）火山喷发中的自救

火山喷发会有前兆，例如：地表变形，从喷气孔、泉眼等发出奇怪的气体和气味；水位、水温等会异常变化；生物会有异样反应，包括植物褪色、枯死，小动物行为异常和死亡等。火山在喷发之前还会伴有隆隆声和蒸汽与气体的溢出，在当地河流中甚至可闻到硫黄味。由于火山喷发通常可以提前预知，因此即使住的地方离火山不远，通常也会有足够的预警时间供撤离，火山喷发带来的危害更多的在于飘散的火山灰及其他物质对天气产生的影响。

即使如此，在遇到火山喷发时，仍然要注意以下几点：

（1）立即撤离。一旦发现火山喷发的前兆，应该尽快选择交通工具离开，逃离过程中要用其他物品护住头部防止砸伤。如果可能，尽量朝逆风向而不是下风向撤离，因为在下风向更易受到落下的火山灰和石屑的伤害。在撤离过程中，如果处于峡谷、靠近溪流或者穿越桥梁，请务必察看上游是否发生泥石流，尽量选择与水流不同的路线，或者迅速撤向高地。

（2）应对熔岩流危险。火山喷发喷出了大量炽热的熔岩，它们会坚持向前推进，直至到达谷底或者最终冷却。它们会毁灭所经之处的一切东西。在火山的各种危害中，熔岩流可能对生命的威胁最小，因为熔岩流速比较缓慢，当看到火山喷出熔岩时，我们可以迅速跑出熔岩流的路线范围。

（3）应对火山喷射物危险。火山喷射物大小不等，从卵石大小的碎片到大块岩石的热熔岩“炸弹”都有，能扩散到相当大的范围。而火山灰则能覆盖更大的范围，其中一些灰尘能被携至高空，扩散到全世界，进而影响天气情况。如果火山喷发时你正在附近，这时你应该快速逃离，并应戴上头盔或用其他物品护住头部，防止火山喷出的石块等砸伤头部。

（4）应对火山灰灾害。火山灰有很强的刺激性，其重量能使屋顶塌陷。火山灰可阻塞交通路线和水道，且伴有有毒气体，会对人的肺部产生伤害，特别是对儿童、老人和有呼吸道疾病的人。只有当离火山喷发处很近、气体足够集中时，才能伤害到健康的人。但当火山灰中的硫黄随雨而落时，硫酸（和别的一些物质）会大面积、大密度产生，会灼伤皮肤、眼睛和黏膜。这时，戴上护目镜、通气管面罩或滑雪镜能保护眼睛，但不是太阳镜；用一块湿布护住嘴和鼻子，或者如果可能，用工业防毒面具。到避难所后，要脱去衣服，彻底洗净暴露在外的皮肤，并用清水冲洗眼睛。

（5）应对气体球状物危害。火山喷发时会有大量气体球状物喷出，这些物质以每小时 160 千米以上的速度滚下火山。这时，我们可以躲避在附近坚实的地下建筑物中，或跳入水中屏住呼吸半分钟左右，球状物就会滚过去。

（6）如果是驾车逃离，那么一定要注意火山灰可使路面打滑。如果火山的高温岩浆逼近，就要弃车尽快爬到高处躲避岩浆。

三、泥石流的急救和预防

泥石流是指在山区或者其他沟谷深壑等地形险峻的地区，因为暴雨、暴雪或其他自然灾害引发的山体滑坡并携带有大量泥沙以及石块的特殊洪流。泥石流具有突然性以及流速快、流量大、物质容量大和破坏力强等特点，常常会冲毁公路、铁路等交通设施甚至村镇等，造成巨大损失。

我国是泥石流的高发地区，目前，我国有 15 个泥石流灾害多发区，它们是横断山区、黄土高原地区、川北陕南地区、川西北龙门山地区、金沙江中下游地区、川滇交界地区、汉江安康—白河地区、川东大巴山地区、三峡地区、黔西六盘水地区、湘西地区、赣西北地区、赣东北上饶地区、北京北部怀柔—密云地区、辽东岫岩—凤城地区。

不同地区的泥石流各具特点：青藏高原东南部山地泥石流分布区以冰川泥石流为主，规模巨大，暴发频繁而猛烈；川滇山地泥石流分布区以降雨泥石流占优势，暴发较频繁；黄土高原泥石流分布区以暴雨激发而成的黄土泥流为主，其暴发频率、规模和破坏力不及上述泥石流；华北和东北山地泥石流分布区以暴雨或台风所引起的泥石流为特色，其暴发频率虽较低，但规模较大、来势迅猛。

但是，上述绝大部分泥石流高发区，因地形地貌奇特，且具有特殊的观赏价值，被开发成了旅游景区，成为很多旅游者的向往之地。因此，一旦旅游线路范围内暴发泥石流，如何帮助旅游者脱困以及如何保护旅游者的生命和财产安全成为一个必要的旅游安全课题。

案　例

2010 年 8 月 7 日 22 时许，甘南藏族自治州舟曲县突降暴雨，县城北面的罗家峪、三眼峪泥石流下泄，由北向南冲向县城，造成沿河房屋被冲毁，泥石流阻断白龙江，形成堰塞湖。据统计，截至 2010 年 9 月 7 日，舟曲“8・7”特大泥石流灾害中遇难 1 557 人，失踪 284 人，累计门诊治疗 2 315 人。

分析：

为何舟曲会发生这么大规模的泥石流，有以下几方面的原因：

第一，舟曲地处南秦岭山地，地势起伏大且坡度较陡、谷坡稳定性差，过半地方坡度大于 25°，南部许多地方甚至达到 35°～50°。一般来讲，谷坡坡度大于 30°的沟谷有一半以上易发生泥石流，坡度在 20°至 30°之间的沟谷亦有 1/3 易发生泥石流。

第二，舟曲当地地形地貌和特殊地质构造，是导致灾害发生的重要原因。舟曲县城附近的地质构造岩性松软、容易破碎，风化程度也很厉害，比较容易发生滑坡、崩塌和泥石流灾害。

第三，汶川地震的影响也是重要因素之一。舟曲县是汶川地震的重灾区之一，地震导致舟曲县城周边山体松动、岩层破碎，因地震造成的山体松动等需要 3～5 年时间才能消除。

第四，舟曲从 2009 年第四季度到 2010 年上半年的持续干旱，造成城区周边岩石解体，部分山体、岩石裂缝暴露在外，使雨水容易进入，导致滑坡。

第五，遭遇强降雨。泥石流发生前舟曲县城东北部山区突降特大暴雨，持续 40 多分钟，降雨量达到 90 多毫米，形成了泥石流，直接造成特大山洪地质灾害发生。

第六，人类不合理的开采活动，使坡体失稳，诱发滑坡，直接为泥石流补给物质。

(一) 泥石流的概况

1. 泥石流的分类

(1) 按流域形态分类。

1) 标准型泥石流。此为典型的泥石流，流域呈扇形，面积较大，能明显划分出形成区、流通区和堆积区。

2) 河谷型泥石流。流域呈狭长条形，其形成区多为河流上游的沟谷，固体物质来源较分散，沟谷中有时常年有水，故水源较丰富，流通区与堆积区往往不能明显区分。

3) 山坡型泥石流。流域呈斗状，其面积一般小于 1 000 平方米，无明显流通区，形成区与堆积区直接相连。

(2) 按物质状态分类。

1) 黏性泥石流，含大量黏性土的泥石流或泥流。其特征是：黏性大，固体物质占 40%～60%，最高达 80%；其中的水不是搬运介质，而是组成物质，稠度大，石块呈悬浮状态，暴发突然，持续时间亦短，破坏力大。

2) 稀性泥石流，以水为主要成分，黏性土含量少，固体物质占 10%～40%，有很大的分散性；水为搬运介质，石块以滚动或跃移方式前进，具有强烈的下切作用；其堆积物在堆积区呈扇状散流，停积后似“石海”。

3) 其他分类。按泥石流的成因分类有：水川型泥石流、降雨型泥石流。按泥石流流域大小分类有：大型泥石流、中型泥石流和小型泥石流。按泥石流发展阶段分类有：发展期泥石流、旺盛期泥石流和衰退期泥石流。

2. 泥石流的形成条件

泥石流的形成需要三个基本条件：有陡峭便于集水集物的适当地形，上游堆积有丰富的松散固体物质，短期内有突然性的大量流水来源。

(1) 地形地貌条件。在地形上，山高沟深，地形陡峻，沟床纵度降大，便于水流汇集。在地貌上，泥石流的地貌一般可分为形成区、流通区和堆积区三部分。上游形成区多为三面环山，一面出口为瓢状或漏斗状，地形比较开阔，周围山高坡陡、山体破碎、植被生长不良，这样的地形有利于水和碎屑物质的集中；中游流通区的地形多为狭窄陡深的峡谷，谷床纵坡降大，使泥石流能迅猛直泄；下游堆积区的地形多为开阔平坦的山前平原或河谷阶地，使堆积物有堆积场所。

(2) 松散物质来源条件。泥石流常发生于地质构造复杂、断裂褶皱发育、新构造活动强烈、地震烈度较高的地区，地表岩石破碎，崩塌、错落、滑坡等不良地质现象发育，为泥石流的形成提供了丰富的固体物质来源；岩层结构松散、软弱、易于风化、节理发育或软硬相间成层的地区，因易受破坏而为泥石流提供了丰富的碎屑物来源；一些人类工程活动，如滥伐森林、开山采矿、采石弃渣等，往往也为泥石流提供了大量的物质来源。

（3）水源条件。水既是泥石流的重要组成部分，又是泥石流的激发条件和搬运介质的动力来源。泥石流的水源，有暴雨、冰雪融水和水库溃决水体等。我国泥石流的水源主要是暴雨、长时间的强降雨等。

3. *泥石流的发生规律*

（1）季节性。我国泥石流的暴发具有明显的季节性，一般发生在多雨的夏秋季节，因集中降雨的时间差异而有所不同。四川、云南等西南地区的降雨多集中在6—9月，因此西南地区的泥石流多发生在6—9月；而西北地区降雨多集中在7、8两个月，因此西北地区的泥石流多发生在7、8两个月。

（2）周期性。泥石流的发生受暴雨、洪水的影响，而暴雨、洪水总是周期性地出现，因此，泥石流的发生和发展也具有一定的周期性，且其活动周期与暴雨、洪水的活动周期大体一致。当暴雨、洪水两者的活动周期与季节性相叠加，常常形成泥石流活动的一个高潮。

4. *泥石流的危害*

泥石流巨大的冲击力携带大量的岩石以及泥沙混合物灌入城镇，可以瞬间推倒建筑物，或因泥石流造成的堰塞湖所引起的洪水瞬间暴发也可以摧毁一座城市。

（1）堰塞湖。泥石流以脉冲形式向前运动，呈现非连续的冲击波。在一定的区域，由于前一轮泥石流下泄而沉积下来的堰塞体，阻挡了上游的来水，形成了堰塞湖，一旦堰塞体无法阻挡这些水流的重力，就可能形成毁灭性的洪水大暴发。

（2）固体碎屑物，泥石流含有的泥沙石等固体碎屑物体积最少占15%，加重了下泄的冲击力，泥沙含量越高，冲击力、破坏力越强。而2010年舟曲泥石流固体碎屑物比例则高达到80%。

（3）不断增强的速度和能量。泥石流流动过程中不断有新的物质加入，使泥石流的规模增大、运动速度加快、动能剧增。泥石流在沿峡谷下泄的过程中会不断加速，随着水流速度的不断加快，水流携带物质的能力逐渐增强，造成的破坏力自然也逐渐增大。

（二）泥石流的预防

旅行团队在游览活动进行的过程中，有必要关注景区周围环境的变化，关注天气的变化，正确预判泥石流的发生并且做出相应的调整是成功避险的关键。

1. *游玩时的预防措施*

（1）泥石流多发生在夏汛暴雨期间，而这段时期又是人们选择去山区狭谷游玩的高峰期。因此，人们出行时一定要事先收听当地的天气预报，不要在大雨天或在连续阴雨几天当天仍有雨的情况下进入山区沟谷旅游。

(2) 下大雨时，选择在附近安全的地带搭建临时避险棚，如较高的基岩台地、低缓山梁上等，切忌建在沟床岸边、较低的阶地、台地及坡脚、河道拐弯的凹岸或凸岸的下游端边缘。

(3) 长时间降雨或暴雨渐小或刚停，不应马上返回危险区。另外，具有阵流的黏性泥石流，其阵流间隙有时会被误认为泥石流结束，只有当确认泥石流不会发生或泥石流已全部结束时才能解除警报。

(4) 不可存在侥幸心理，当白天降雨较多后，夜间必须密切注意降雨，最好提前转移，不能存着侥幸心理在危险区内休息。

2. 预判泥石流的发生

除根据当地降雨情况来估测泥石流暴发的可能性外，我们还可通过一些特有现象来判断泥石流的发生，以便采取快速、正确的自救方法。

(1) 发现山体有张开的裂缝，而且延伸方向往往与斜坡延伸方向平行，弧形特征较为明显，其水平扭动的裂缝走向常与斜坡走向直接相交，并较为平直。

(2) 山坡上建筑物变形，而且变形建筑物在空间分布上具有一定的规律，有可能发生山体滑坡。

(3) 泉水、井水的水质浑浊，原本干燥的地方突然渗水或出现泉水蓄水池大量漏水。

(4) 地下发出异常响声，同时家禽、家畜有异常反应。

(5) 发现河（沟）床中正常流水突然断流，或洪水突然增大并夹有较多的柴草、树木，都可确认河（沟）上游已形成泥石流。

(6) 发现沟谷深处变得昏暗，从深谷或沟内传来类似火车轰鸣声或闷雷式的声音，并且有轻微的震动感，应认定泥石流正在形成，须迅速离开危险地段。

（三）泥石流的急救操作

1. 提前迁离

提前搬迁到安全场地是防御山体滑坡泥石流灾害的最佳办法。应在山体滑坡隐患区附近提前选择几处安全的避难场地，应选择在易滑坡区域两侧边界的外围，在确保安全的情况下，离住处越近越好，交通、水、电越方便越好。滑坡发生时，身处非滑坡山体区，尽可能将灾害发生的详细情况迅速报告相关政府部门和单位，不要只身前去抢险救灾。滑坡过后，在重新入住之前，应注意检查屋内水、电、煤气等设施是否损坏，管道是否有破裂或折断，如发现故障，应立刻修理。

2. 正确逃离

泥石流不同于山崩和地震，它是流动的，冲击和搬运能力很大。注意不要在土质松软、土体不稳定的斜坡停留，以免斜坡失稳下滑，应待在基底稳固又较为平缓的地方。还要避开河（沟）道弯曲的凹岸或地方狭小、高度又低的凸岸，因泥石流有很强的掏刷能力及直进性，这些地方很危险。

当沿山谷徒步行走时，一旦遭遇大雨，发现山谷有异常的声音或听到警报时，要立即向坚固的高地或泥石流的旁侧山坡跑去，不要在谷地停留。发现泥石流后，要马上往与泥石流成垂直方向一边的山坡上面爬，爬得越高越好，跑得越快越好，绝对不能向泥石流的流动方向跑。发生山体滑坡时，同样要向垂直于滑坡的方向逃生。无法继续逃离时，应迅速抱住身边的树木等固定物体。

当驱车从发生滑坡地区经过时应严密观察，注意路上随时可能出现的各种危险，如掉落的石头、树枝等。察看清楚前方道路是否存有塌方、沟壑等，以免发生危险，一定要探明情况后，再驱车通过。

3. 积极施救

发生泥石流后，应马上参与营救，抢救被掩埋的人和物时应从滑坡体的侧面进行挖掘，不要从滑坡体下缘开挖，这会使滑坡加快，同时要将滑坡体后缘的水排干。施救时要坚持先救人、后救物的原则，不能只顾自己，不顾他人。

4. 科学避险

野外露宿时不要在已出现裂缝的山坡露营，也不要在余震多发时期进入滑坡多发区。露营时要选择平整的高地作为营地，尽可能避开在有滚石和大量堆积物的山坡、山谷和河沟底部扎营。遇到山体崩滑时，可躲避在结实的遮蔽物下，或蹲在地坎、地沟里。应注意保护好头部，可利用身边的衣物裹住头部，不要顺着滚石方向往山下跑。

5. 做好防疫工作

泥石流和水灾后易出现疫情，旅游者应注意预防传染病。注意饮食和饮水卫生，养成良好的生活习惯是预防传染病的关键。困在灾区的旅游者不要喝生水，饭前便后要洗手，不要用脏水漱口或洗瓜果蔬菜，不要食用发霉、腐烂的食物。同时要注意搞好环境卫生，不要随地大小便，应及时清理粪便和垃圾，不能直接用手接触死鼠及其排泄物。此外，室外活动时要尽量穿长衣裤，扎紧裤腿和袖口，防止蚊虫叮咬，暴露在外的皮肤可涂抹驱蚊剂。

模块二　气象类灾害的急救和预防

旅游气象灾害是指由于气象因素发生变化而引发的旅游灾害，即由于气象要素（包括气压、气温、湿度、风力、日照、降水等）发生变化对旅游资源、景观造成影响或给旅游活动带来危害的现象。

气象灾害对旅游景观的破坏不容忽视，无论是名岳大山、河湖泉瀑、生物植物还是风沙戈壁、山地高原等旅游自然景观都无法避免气象灾害的破坏。干旱（短期的异常干旱）可造成空气过分干燥、土壤水分亏缺，危害植物资源的生长，影响旅游资源的开发；冰雹天气由于一般伴有暴雨、雷电和大风，来势凶猛，强度大且发生频率高，因而对旅游景观的破坏极为严重；大雾天气除了降低能见度，妨碍旅游交通之外，也会影响游览的效果和气氛，如观日出日落、彩霞极光、高山宝光、岛群等特定景观时便无法如愿以偿；沙尘暴天气会有大量的沙尘，使空气污浊，易破坏自然作物和草原、森林景观以及旅游设施，甚至造成人员伤亡；低温、霜冻、雪灾会使植物生长受到抑制，对动物的生存也是一种威胁，高温热害同样会给旅游景区的动物带来危机；暴雨天气常造成严重洪灾，破坏旅游生态环境。

在我国，约有 2/3 的国土面积存在被不同程度和不同类型的洪涝灾害影响的现象。例如：台风带来的暴雨常会造成山洪突发、江河横溢、景点设施被毁，还会引发泥石流、滑坡、水资源污染、海岸侵蚀等次生灾害，这些灾害都将破坏旅游景观的本来面目，也会对旅游者的人身和财产安全造成威胁。

一、台风的避险和预防

台风是热带气旋的一个类别。在气象学上，热带气旋中心持续风速达到 12 级，即每秒 32.7 米或以上，在北大西洋及东太平洋称为飓风，而在北太平洋西部称为台风。

（一）台风的基本知识

1. 台风的等级

1989 年起我国对发生在北太平洋西部和南海的热带气旋采用国际名称和等级标准。热带气旋按照其强度的不同，依据其中心最大风力分为六个等级：超强台风、强台风、台风、强热带风暴、热带风暴和热带低压。

1）超强台风：底层中心附近最大平均风速大于或等于 51.0 米/秒，即风力为

16 级或以上。

2）强台风：底层中心附近最大平均风速 41.5～50.9 米/秒，即风力为14～15级。

3）台风：底层中心附近最大平均风速 32.7～41.4 米/秒，即风力为12～13级。

4）强热带风暴：底层中心附近最大平均风速 24.5～32.6 米/秒，即风力为10～11级。

5）热带风暴：底层中心附近最大平均风速 17.2～24.4 米/秒，即风力为8～9级。

6）热带低压：底层中心附近最大平均风速 10.8～17.1 米/秒，即风力为6～7级。

2. 台风的发生规律

台风发生的规律及其特点主要有以下几点：一是台风具有季节性。台风（包括热带风暴）一般发生在夏秋之间，最早发生在 5 月初，最迟发生在 11 月。二是台风中心登陆地点难以准确预报。台风的风向时有变化，常出人意料，台风中心登陆地点往往与预报相左。三是台风具有旋转性。其登陆时的风向一般先北后南。四是损毁性严重。台风对不坚固的建筑物、架空的各种线路、树木、海上船只以及海上网箱养鱼、海边农作物等的破坏性很大。五是强台风发生常伴有大暴雨、大海潮、大海啸。六是强台风发生时，人力不可抗拒，易造成人员伤亡。

3. 台风的阶段演变

（1）孕育阶段。太阳经过 1 天照射，海面上形成了很强盛的积雨云，这些积雨云里的热空气上升，周围较冷空气源源不绝地补充进来，再次遇热上升，如此循环，使得上方空气热，下方空气冷，上方热空气里的水汽蒸发扩大了云带范围，云带的扩大使得这种运动更加剧烈。经过不断扩大的云团受到地转偏向力的影响，逆时针方向旋转（在南半球是顺时针），形成热带气旋，热带气旋里旋转的空气产生的离心力把空气都往外甩，中心的空气越来越稀薄，空气压力越来越小，形成了热带低压。

（2）发展（增强）阶段。因为热带低压中心气压比外界低，所以周围空气涌向热带低压，遇热上升，供给了热带低压较多的能量，超过输出能量，此时，热带低压里空气旋转更厉害，中心最大风力升高，中心气压进一步降低。等到中心最大风力达到一定标准时，就会提升到更高的一个级别，热带低压提升为热带风暴，再提升为强热带风暴、台风，有时能提升为强台风甚至超强台风。

（3）成熟阶段。台风经过缓慢的发展，变得强大，具有了造成灾害的能力，如果这时登陆，就会造成重大损失。

（4）消亡阶段。台风消亡路径有两条：第一条是台风登陆后，受到地面摩擦和能量供应不足的共同影响，会迅速减弱消亡，消亡之后的残留云系可以给某地带来长时间强降雨。第二条是台风在东海北部转向，登陆韩国或穿过朝鲜海峡之后，在日本海变性为温带气旋，此后缓慢消亡。

（二）台风登陆前的预判

在台风登陆前两三天，可以由若干现象来研判台风正逐渐接近，注意观察以下特征，提前做好预判，以免台风来临时措手不及。尤其是旅行团，在出发前必须关注天气的变化，做好游程调整的预备方案，最大限度减少台风对旅游活动的影响。

（1）高云出现：在台风最外缘是卷云，白色羽毛状或马尾状甚高之云，当此种云在某方向出现，并逐渐增厚而成为较密之卷层云，此时即显示可能有一台风正逐渐接近。

（2）雷雨停止：夏季，山地及盆地区域每日下午常有雷雨发生，如雷雨突然停止，即表示可能有台风接近。

（3）能见度良好：台风来临前两三天，能见度转好，远处山树皆能清晰可见。

（4）海、陆风不明显：平时日间风自海上吹向陆地，夜间自陆地吹向海上，称为海风与陆风，但在台风来临前数日，此现象便不明显。

（5）长浪：近海处，因夏季风力温和，海浪亦较平稳，但远处有台风时，波浪将趋汹涌，渐次传至沿海，出现长浪现象。

（6）海鸣：台风逐渐接近，长浪亦渐大渐高且撞击海岸山崖发出吼声，东部沿岸亦常可闻，约 3 小时后台风就会来临。

（7）骤雨忽停忽落：当高云出现后，云层渐密渐低，常有骤雨忽落忽停，这也是台风接近的预兆。

（8）风向转变：如我国台湾夏季常吹西南风，也较和缓，但如转变为东北风时，即表示台风已逐渐接近，并已开始受到台风边缘的影响，此后风速并将逐渐增强。

（9）特殊晚霞：台风来袭前一两日，当日落时，常在西方地平线下发出数条放射状红蓝相间的美丽光芒，发射至天顶再收敛于东方与太阳对称之处，此种现象称为反暮光。

（10）气压降低：根据上述现象，如果发现气压逐渐降低，则显示将进入台风边缘了。

（三）台风过境的紧急措施

1. 台风过境时的科学避险

（1）尽量不要外出。如果已经在室内，在台风来临之前要固定好花盆、空调室外机、雨篷、建筑工地上的零星物品等，不要忘了将放置在窗外框架里的杂物搬进室内，以免强风吹落高空物品，易造成砸伤砸死行人事故。还要检查门窗是否关紧，钉牢松脱的门窗，若有可能请在门窗背后加上横闩，在窗玻璃上用胶布贴成“米”字图形，以防窗玻璃破碎。露天或密封性能不好的阳台，特别要防止雨水倒灌。另外，不要在迎风窗口附近活动，将贵重物品搬离迎风窗口。

台风可能造成停水停电，要及时做好日常生活的储备工作。检查线路，若室内积水，必须先切断电源。准备手电、蜡烛，储存饮水，以防断电停水。

（2）外出时的注意事项。若不得不外出，一定要着装醒目，弯腰慢步，尽可能抓住栏杆等固定物，过桥或行走于高处时弯腰慢行；在街道上行走时要特别注意高处坠落物体，千万不要在危旧住房、工棚、临时建筑、脚手架、电线杆、树木、广告牌、铁塔等容易造成伤亡的地点避风避雨。同时，不宜靠近铁塔、变电器、金属棚等，不要在大树底下及铁路轨道附近停留。如果打雷，则要采取防雷措施。

看到落地电线，切勿靠近，可先竖起警示标志，再拨打电力热线维修。骑自行车、助动车或摩托车在风中受到的冲力，比步行更大，车头易失控，因此在台风直接影响期间，最好不要骑车。驾车外出也要保持低速慢行，看清道路，尽量避免使用电话。

2. 台风过境后的安全事项

（1）迅速抢救伤员。室内空气流通，保暖；不要给昏迷者喂流食；必要时施行人工呼吸。

（2）不能放松警惕。台风信号解除后，此时人们往往会认为危险已经远离而放松警惕，或在长时间精神高度紧张后觉得此时外出十分安全而有松一口气的感觉，如果这样就给了台风带来的次生灾害可乘之机。因此，当台风信号刚刚解除时，一定要保持高度警惕。

（3）注意卫生。在清理残骸时戴胶皮手套，穿胶皮靴并使用木棍；用肥皂和净水洗手，检查自来水的安全性，在不能确定自来水是否被污染前，不要喝自来水，应多喝干净的水。

（4）出行安全。要坚持收听电台广播、收看电视，当撤离的地区被宣布安全时，才可以返回该地区；如果遇到路障或者是洪水淹没的道路，要切记绕道而行；避免走不坚固的桥，不要开车进入洪水暴涨区域，地面水域很有可能因为地下电缆或者垂下来的电线而具有导电性，要绕道而行；在路上行走时要小心虫、蛇，不要进入结构严重损坏或发生煤气泄漏的房屋。

二、龙卷风的避险和预防

龙卷风是由空气强烈对流运动而产生的一种伴随着高速旋转的漏斗状云柱的强风涡旋，其中心附近风速可达 100～200 米/秒，最大可达 300 米/秒，比台风近中心最大风速大好几倍。龙卷风常发生于夏季的雷雨天气时，尤以下午至傍晚最为多见。

其水平范围很小，直径为几米到几百米，平均为250米左右，最大为1千米左右。在空中直径可有几千米，最大为10千米。持续时间一般仅几分钟，最长不过几十分钟，但破坏性极强，其经过的地方常会发生拔起大树、掀翻车辆、摧毁建筑物等现象，甚至把人吸走。

（一）龙卷风的分级

龙卷风是按藤田级数划分的，该划分方法由芝加哥大学的美籍日裔气象学家藤田哲也于1971年提出。

（1）等级F0，风速小于32米/秒，出现概率为29%，受害状况：程度轻微。表现为：烟囱、树枝被折断，根系浅的树木倾斜，路标被损坏等。

（2）等级F1，风速33～49米/秒，出现概率为40%，受害状况：程度中等。表现为：房顶被掀走，可移动式车房被掀翻，行驶中的汽车被刮出路面等。

（3）等级F2，风速50～69米/秒，出现概率为24%，受害状况：程度较严重。表现为：木板房的房顶墙壁被吹跑，可移动式车房被破坏，货车脱轨或被掀翻，大树被拦腰折断或整棵被吹倒；轻的物体刮起来后像导弹一般，汽车翻滚。

（4）等级F3，风速70～92米/秒，出现概率为6%。受害状况：程度严重。表现为：较结实的房屋的房顶墙壁被刮跑，列车脱轨或被掀翻，森林中大半的树木被连根拔起，重型汽车被刮离地面或刮跑。

（5）等级F4，风速93～116米/秒，出现概率为2%，受害状况：破坏性灾害。表现为：结实的房屋如果地基不十分坚固将被刮出一定距离，汽车像导弹一般被刮飞。

（6）等级F5，风速117～141米/秒，出现概率低于1%，受害状况：毁灭性灾难。表现为：坚固的建筑物也能被刮起，大型汽车如导弹喷射般被掀出超过百米，树木被刮飞，是让人难以想象的大灾难。

（二）龙卷风的预防

（1）注意媒体报道，如广播、电视等。

（2）识别龙卷云。龙卷云除具有积雨云的一般特征以外，在云底会出现乌黑的滚轴状云，当云底见到有漏斗云伸下来时，龙卷风就会出现。

（3）辨析声音。当在野外听到由远而近、沉闷逼人的巨大呼哨声要立即躲避。这声音或“像千万条蛇发出的嘶嘶声”，或“像几十架喷气式飞机、坦克在刺耳地吼叫”，或“类似火车头或汽船的叫声”，等等。

（三）科学避险

遇到龙卷风很危险，一定要想办法躲避，切莫惊慌失措。

1. 在野外躲避

在野外遭遇龙卷风时，要快跑，但不要乱跑。应以最快的速度朝与龙卷风前进路线垂直的方向逃离。来不及逃离的，要迅速找一个低洼地趴下。正确的姿势是：脸朝下，闭上嘴巴和眼睛，用双手、双臂保护住头部。一定要远离大树、电线杆、简易房等，以免被砸、被压或触电。

不要到礼堂、仓库、临时建筑这类空旷、不安全的场所躲避。不可骑车或利用高速行驶工具躲避，当乘汽车时遭遇龙卷风，要当机立断，立即弃车奔到公路旁的低洼处，不要试图开车躲避。不要躲在车里，也不要躲在车旁，因为汽车内外巨大的气压差很容易使汽车爆炸。

2. 在室内躲避

当龙卷风向住处袭来时，如房子稳固，不要匆忙逃出室外，尽量在屋内寻找安全地带。1）迅速撤退到地下室或地窖中，或到最接近地面的那一层屋内，并面向墙壁抱头蹲下。2）迅速到东北方向的房间躲避，并采取面向墙壁抱头蹲下姿势，远离门窗和房屋外围墙壁等可能塌陷的移动物体，尤其是西南方向的内墙。3）尽可能用厚外衣或毛毯将自己裹起，用以躲避可能四散飞来的碎片。4）要打开一些门窗，没有东北方向的房间就躲到小开间，跨度小的房间要比大房间安全。5）贵重物品要向楼下转移，也可放在洗衣机、洗碗机等电器中。注意躲避时不要靠近窗户和烟囱，不要在吃饭和睡觉的地方悬挂重物或玻璃制品。

如房子不稳固，则应跑出住宅，远离危险房屋和活动房屋，向垂直于龙卷移动的方向撤离；藏在低洼地区或平伏于地面较低的地方，保护头部。

3. 在公共场所躲避

如在公共场所，要确保不能慌乱，避免挤踏，保证个人安全；要听从应急机构的统一指挥，有序进入安全场所。如果在学校、医院、工厂或购物中心，要到最接近地面的室内房间或大堂躲避，远离周围环境中有玻璃或有宽屋顶的地方。如果是在移动的房屋里，唯一的方法就是弃之而逃。

三、冰雹的避险和预防

冰雹是一种固态降水物，系圆球形或圆锥形的冰块，由透明层和不透明层相间组成；直径一般为5～50毫米，最大的可达10厘米以上。雹的直径越大，破坏力就越大。冰雹常砸坏地面设施，威胁人畜安全，是一种严重的自然灾害。

（一）冰雹的基本知识

1. 特征

总的说来，冰雹有以下几个特征：1）局地性强，每次冰雹的影响范围一般宽约几十米到数千米，长约数百米到十多千米。2）历时短，一次降雹时间一般只有2～10分钟，少数在30分钟以上。3）受地形影响显著，地形越复杂，冰雹越易发生。4）年际变化大，在同一地区，有的年份连续发生多次，有的年份发生次数很少，甚至不发生。5）发生区域广，从亚热带到温带的广大气候区内均可发生，但以温带地区发生次数居多。

2. 分类

降雹过程中，按照冰雹直径、降雹累计时间和积雹厚度，可将冰雹分为3级。1）轻雹：多数冰雹直径不超过0.5厘米，累计降雹时间不超过10分钟，地面积雹厚度不超过2厘米。2）中雹：多数冰雹直径0.5～2.0厘米，累计降雹时间10～30分钟，地面积雹厚度2～5厘米。3）重雹：多数冰雹直径2.0厘米以上，累计降雹时间30分钟以上，地面积雹厚度5厘米以上。

（二）冰雹发生的预测

冰雹出现时，常常伴有大风、剧烈的降温和强雷电现象。气象台根据天气图、卫星云图分析和雷达监测，虽能作出预报，但准确度仍然不是很理想。中国劳动人民经过长期的实践，积累了比较丰富的预测冰雹的经验，但注意不要只据某一条就作定断，而需综合分析运用。

（1）感冷热。如果下雹季节早晨凉、湿度大，中午太阳辐射强烈，造成空气对流旺盛，则易发展成积雨云而形成冰雹，故有“早晨凉飕飕，午后打破头”“早晨露水重，后响冰雹猛”的说法。

（2）辨风向。下雹前常常出现大风且风向变化剧烈。农谚有“恶云见风长，冰雹随风落”“风拧云转，雹子一片”等说法。另外，如果连续刮南风以后，风向转为西北风或北风，风力加大时，则冰雹往往伴随而来，因此有“不刮东风不下雨，不刮南风不降雹”之说。

（3）观云态。各地有很多谚语是从云的颜色来说明下冰雹前兆的，例如：“不怕云里黑乌乌，就怕云里黑夹红，最怕红黄云下长白虫”“黑云尾、黄云头，冰雹打死羊和牛”，因为冰雹的颜色，先是顶白底黑，然后中部现红，形成白、黑、红乱绞的云丝，云边呈黄色。从云状为冰雹前兆的说法还有“午后黑云滚成团，风雨冰雹一齐来”“天黄闷热乌云翻，天河水吼防冰雹”等，说明当时空气对流极为旺盛，云块发展迅猛，好像浓烟股股地直往上冲，云层上下前后翻滚，这种云极易降冰雹。

（4）听雷声。雷声沉闷，连绵不断，群众称这种雷为“拉磨雷”，所以有“响雷没有事，闷雷下蛋子”的说法。这是因为冰雹云中横闪比竖闪频数高、范围广，闪电的各部分发出的雷声和回声混杂在起，听起来有连续不断的感觉。

（5）识闪电。一般冰雹云中的闪电是云块与云块之间的闪电，即“横闪”，说明云中形成冰雹的过程进行得很厉害，故有“竖闪冒得来，横闪防雹灾”的说法。

（6）看物象。各地看物象测冰雹的经验很多，如贵州有“鸿雁飞得低，冰雹来得急”“柳叶翻，下雹天”，山西有“牛羊中午不卧梁，下午冰雹要提防”“草心出白珠，下降雹稳”等谚语。

（三）科学避险

冰雹来临时，如果在户外，一定不能乱跑，因为冰雹很可能迎面砸过来。不要忘记一种十分重要的避险工具，就是衣服，在关键时刻，它能起到保护作用。应以最快的速度将衣服脱下，顶在头上、保护好头部，但不能弓背弯腰地跑，因为冰雹很可能砸伤背、颈部位，应该把衣服折叠一下，增加它的厚度，再注意保护好头部和颈部，然后放在头上。

如果所处的环境对自己很不利的话，就得利用一切可以利用的东西。如干稻草、洗衣台等，这些都可以成为避险工具。当发生大风冰雹又正好在室内时，木桌、抽屉、椅子能很好地保护头部，但铁锅、铁锹等导电的物品和其他一些易碎的物品，不能拿来当避险工具。

四、雷击的避险和急救

雷击是指打雷时电流通过人、畜、树木、建筑物等而造成杀伤或破坏。一部分带电的云层与另一部分带异种电荷的云层，或者是带电的云层对大地迅猛放电，这种迅猛的放电过程会产生强烈的闪电并伴随巨大的声音，这就是我们日常所看到的闪电和听到的雷鸣。云层之间的放电主要对飞行器有危害，对地面上的建筑物和人、畜没有很大影响，但云层对大地的放电，则对建筑物、电子及电气设备和人、畜的危害甚大。

雷击通常有三种主要形式：其一是带电的云层与大地上某一点之间发生迅猛的放电现象，叫作“直击雷”。其二是带电云层由于静电感应作用，使地面某一范围带上异种电荷。当直击雷发生以后，云层带电迅速消失，而地面某些范围内由于散流电阻大，以致出现局部高电压，或者由于直击雷放电过程中，强大的脉冲电流对周围的导线或金属物产生电磁感应发生高电压以致发生闪击的现象，叫作“二次雷”或称“感应雷”。其三是“球形雷”。球形雷也称球状闪电，俗称滚地雷。通常在雷暴时发生，为圆球形状的闪电。外观十分明亮，近圆球形，直径约 15～40 厘米不等，通常仅维持数秒，它可以随气流起伏在近地空中自在飘飞或逆风而行。它可以通过开着的门窗进入室内，常见的是穿过烟囱后进入建筑物。它甚至可以在导线上滑动，有时会悬停，有时会无声消失，有时又会因碰到障碍物而爆炸。

（一）雷击的预判

1. 雷击的一般规律

雷击主要发生在傍晚时分至次日凌晨，山的南坡多于山的北坡，傍湖一面的山坡多于背湖一面的山坡；在一定区域范围内高耸突出的房屋、烟囱、草垛等易遭受雷击；旷野中并不很高的房屋，如田野中供休息的草棚、瓜棚、凉亭等易遭受雷击；屋脊、平顶屋屋角、女儿墙、突出物等易遭受雷击；旷野中持有金属物品的人容易遭受雷击；大树、老树、枯树、输电线、高架天线容易遭受雷击。

2. 雷击时的人体感应

当在户外看见闪电，几秒钟内就听见雷声时，说明正处于近雷暴的危险环境。此时应停止行走，两脚并拢并立即下蹲，不要与人手拉在一起。当站在一个空旷的地方时，如果感觉到身上的毛发突然竖立起来，头、颈、手处有蚂蚁爬走感，皮肤感到轻微的刺痛，甚至听到轻微的爆裂声，这就是快要被雷电击中的征兆。遇到这种情况，应马上蹲下来，身体向前倾，把手放在膝盖上，曲成一个球状，千万不要平躺在地上，并取下身上佩戴的金属饰品、发卡和项链等。

（二）雷击的紧急避险

1. 雷击天气的应对

（1）要有安全意识，尽可能中止室外活动。可就近寻求避雷场所，如山洞、成片的房屋等地方，但不宜进入棚屋、岗亭等无防雷设施的低矮建筑物。

（2）注意地形地貌，尽可能地远离山顶、水面或水路交界处。在我国南方水乡，人们在水面及水路交界处活动频繁，因而雷击伤亡事件较多。每年的多雷雨时节（4—9 月），也是旅游的黄金时段，旅游者遇到雷雨天气时，一定要注意远离山顶或其他制高点；如果在森林中，注意选择周围是树木、中间是空地的地方避雷；进入山洞一般比较安全，但不要靠在山洞壁上。

（3）保持正确的行走状态，尽可能消除安全隐患。不要撑金属伞柄的雨伞在雨中行走，不要接触铁轨、电线。不能在雷雨中跑动，也不宜骑自行车，更不能骑摩托车。不要抱着侥幸心理，以为摩托车速度快，便可避过雨淋了。同时，在居民区行走和避雨时，要尽可能远离建筑物外露的水管、煤气管等金属物体及电力设备。

2. 被困雷区的措施

（1）降低高度。遇到突降的雷雨，可以蹲下，降低自己的高度，同时将双脚并拢，减少跨步电压带来的危害。因为雷击落地时，会沿着地表向四周逐渐释放能量。此时，行走之中的人的前脚和后脚之间就可能因电位差而在两步间产生一定的电压。但应注意不要用手撑地，要同时双手抱膝，胸口紧贴膝盖，尽量低下头，因为头部较之身体其他部位更易遭到雷击。

（2）选择避险地点。不要在大树底下避雨，因为雨后大树潮湿的枝干相当于一个引雷装置，如果用手扶大树，就仿佛用手去扶避雷针一样。在打雷时最好离大树5米远。也不要在水体（江、河、湖、海、塘、渠等）边、洼地停留，要迅速到附近干燥的住房中去避雨。如果在山区找不到房子，可以到山岩下或者山洞中避雨。

不要拿着金属物品在雷雨中停留，因为金属物品属于导电物质，在雷雨天气中有时能够起到引雷的作用。随身所带的金属物品，应该暂时放在5米以外的地方，等雷电活动停止后再拾回。不要触摸或者靠近防雷接地线、自来水管和用电器的接地线、大树树干等可能因雷击而带电的物体，以防接触电压或者被雷击和旁侧闪击。

人乘坐在车内一般不会遭遇雷电袭击，因为汽车是一个封闭的金属体，具有很好的防雷电功能，但是打雷时千万不要将头手伸出车外。

来不及离开高大物体时，应马上找些干燥的绝缘物放在地上，并将双脚合拢坐在上面，切勿将脚放在绝缘物以外的地面上，因为水能导电。如果看到高压线遭雷击断裂，此时应提高警惕，因为高压线断点附近存在跨步电压，身处附近的人此时千万不要跑动，而应双脚并拢，跳离现场。

3. 室内避雷

在室内活动时要及时关好门窗，防止雷电直击或防止球形雷飘进室内；尽量不要拨打或接听电话，也不要用电脑上网，最好拔掉电源和电话线；保持室内干燥，房屋漏水应尽快修理好；不要将晒衣服、被褥用的铁丝接到窗外、门口，以防铁丝引雷；避开电线，不要站在灯泡下，最好是断电或不使用电器。

（三）雷击的急救措施

雷电的电压极高，为1亿～10亿伏。雷电形成的一瞬间电流可达20万～25万安；闪电时产生的超高温，可达1.7万℃～2.8万℃，相当于太阳表面温度的3～5倍。闪电的极度高热使沿途空气剧烈膨胀，空气移动迅速，因此形成波浪并发出声音。闪电距离近，听到的就是尖锐的爆裂声；如果距离远，听到的则是隆隆声。雷电对人体的危害要比触电严重得多，人一旦遭到雷击，轻者可出现惊恐、头晕、头疼、面色苍白、四肢颤抖、全身无力等，部分伤者会有中枢神经后遗症，如视力障碍、耳聋、耳鸣、多汗、精神不宁、四肢松弛性瘫痪等；严重的可出现抽搐、休克、昏迷，甚至呼吸、心跳停止；有些还因瞬间被击倒地或者在高处被击中跌落而引起脑震荡，头、胸、腹部外伤或四肢骨折。一旦发现有人被雷击，必须争分夺秒地抢救，应尽快对其进行口对口人工呼吸和心脏复苏，并迅速通知医护人员救护。

五、沙尘暴的预防和避险

沙尘暴是沙暴和尘暴两者兼有的总称，是指强风把地面大量沙尘物质吹起并卷入空中，使空气特别混浊，水平能见度小于 1 千米的严重风沙天气现象。其中，沙暴是指大风把大量沙粒吹入近地层所形成的挟沙风暴；尘暴则是指大风把大量尘埃及其他细粒物质卷入高空所形成的风暴。

（一）沙尘暴的基础知识

1. 沙尘天气的概念

沙尘天气分为浮尘、扬沙、沙尘暴和强沙尘暴四类。1）浮尘：尘土、细沙均匀地浮游在空中，使水平能见度不小于 10 千米的天气现象。2）扬沙：风将地面尘沙吹起，使空气相当混浊，水平能见度为 1 千米～10 千米的天气现象。3）沙尘暴：强风将地面大量尘沙吹起，使空气很混浊，水平能见度小于 1 千米的天气现象。4）强沙尘暴：大风将地面尘沙吹起，使空气模糊不清、浑浊不堪，水平能见度小于 500 米的天气现象。

2. 沙尘天气的成因

有利于产生大风或强风的天气形势，有利的沙、尘源分布和有利的空气不稳定条件是沙尘暴或强沙尘暴形成的主要原因。强风是沙尘暴产生的动力，沙、尘源是沙尘暴的物质基础，不稳定的热力条件利于风力加大、强对流发展，从而夹带更多的沙尘，并卷扬得更高。除此之外，前期干旱少雨，天气变暖，气温回升，是沙尘暴形成的特殊的气候背景；地面冷锋前对流单体发展成云团或飑线是有利于沙尘暴发展并加强的中小尺度系统；有利于风速加大的地形条件即狭管作用，是沙尘暴形成的有利条件之一。

3. 沙尘暴的等级

沙尘暴强度划分为 4 个等级：

（1）4 级≤风速＜6 级，500 米≤能见度≤1 000 米，称为弱沙尘暴。

（2）6 级≤风速＜8 级，200 米≤能见度＜500 米，称为中等强度沙尘暴。

（3）风速≥8 级，50 米≤能见度＜200 米，称为强沙尘暴。

（4）当其达到最大强度（瞬时最大风速≥25 米/秒，能见度＜50 米，甚至降低到 0 米）时，称为特强沙尘暴（或黑风暴，俗称“黑风”）。

（二）沙尘暴的避险

1. 紧急避险

发生沙尘暴时，旅游者要在牢固、没有下落物的背风处躲避，如果在途中突然遭遇强沙尘暴，应寻找安全地点就近躲避。要远离水渠、水沟、水库等，避免落水发生溺水事故，也要远离高层建筑、工地、广告牌、老树、枯树等，以免被高空坠落物砸伤。走路时少走高层建筑之间的狭长通道，因为狭长通道会形成“狭管效应”，风力在通道中会加大，从而给在其间的行人带来一定的危险。如果沙尘暴来临时，旅游者正好在行进途中，一时找不到防沙物品，应该立即背对风向，蹲下身子，双手捂住口鼻，或立即藏身到地势较低的地方。

旅游大巴在公路上遭遇沙尘暴，应低速慢行。能见度太差时，要及时开启大灯、雾灯。必要时驶入紧急停车带或在安全的地方停靠，旅游者要视情况选择安全的地方躲避。

2. 健康防护

沙尘暴可能诱发过敏性疾病、流行病及传染病。通常情况下，人的鼻腔、肺等器官对尘埃有一定的过滤作用，但沙尘暴这种剧烈天气现象带来的细微粉尘过多过密，极有可能使患有呼吸道过敏性疾病的人群旧病复发。即使是身体健康的人，如果长时间吸入粉尘，也会出现咳嗽、气喘等多种不适症状，导致流行病发作。此外，大风跨越几千千米吹到下风向地区，其中可能包括一些传染病菌。

因此，在沙尘暴天气来临时，旅游者应待在酒店室内，尽量避免外出；应及时关好门窗，以防止沙尘进入室内；室内应使用加湿器、洒水或用湿墩布拖地等方法清理灰尘，保持空气湿度适宜，以免尘土飞扬。若不得不外出，则应携带口罩或纱巾等防尘用品，以避免风沙对呼吸道和眼睛造成损伤，近视患者不宜佩戴隐形眼镜，以免引起眼部炎症。

在风沙天气从户外进入室内，应及时清洗面部，用清水漱口，清理鼻腔，有条件的应该洗浴，并及时更换衣服，保持身体洁净舒适。一旦有沙尘吹入眼内，不要用脏手揉搓，应尽快用清水冲洗或滴眼药水，保持眼睛湿润易于尘沙流出。另外，空气比较干燥，应多喝水，多吃水果。沙尘天气结束后，如感到呼吸系统有不适，应及时到医院就诊。

模块三　海洋类灾害的预防和避险

海洋作为旅游自然资源中的非常重要的组成部分，受到越来越多旅游者的青睐，尤其在夏季时节，海洋旅游线路中的海岛游、游艇游是常规线路中的热点。随着海洋旅游的开发和发展，“大众”旅游者与海洋的关系越来越密切，从某种程度上说，海洋的变化也时刻影响着旅游业的发展，并且这种影响会持续增强。然而，浩瀚的海洋对人类而言还有许多未知的领域，人类对海洋的运动规律缺乏深度的了解，使海洋旅游增添了一份不确定的因素。

中国沿海不同程度地遭受风暴潮、海浪、赤潮、海岸侵蚀、海冰、溢油等海洋灾害的影响，其中台风引起的风暴潮灾害造成的损失最为严重，其次为台风寒潮相伴生的海浪灾害，尤其是海啸、风暴潮、赤潮等对旅游活动的影响较大。如果旅游者和旅游从业人员不能及时对海洋的这些突发状况做出及时的预防和合理的调整，那旅行团队就面临危险的境地。

案　例

2004 年 12 月 24 日，26 名游客和一名领队在杭州中国旅行社组织下前往泰国旅游。在 27 日上午，26 名游客随导游离开普吉岛，前往皮皮岛游玩，大约在当地时间上午 10 点到达目的地。游客上岸后，海水随即上涨，大家起初误以为是涨潮，因而并不在意。导游蔡玮玮发现海水涨势凶猛后，提醒大家迅速跑向岸边的酒店避险。等到众人跑进酒店大堂，海水已经涨到酒店门口。酒店共有三层，汹涌而至的巨浪一直淹到了二层楼，大家只能困守楼顶，好在海水并未继续上涨。

26 名游客中，有 19 人是中国联合工程公司的员工。海啸发生后，被困员工打电话向公司求助，公司立即通过中国外交部请求紧急救援。中国驻泰国大使馆闻讯派员赶赴现场抢险，当时已有两人失去联系。直到 26 日晚上，公司才联系上了跟随其他旅行团先期撤回普吉岛的两名员工，还有一名受轻伤的员工也在第一时间乘坐泰国政府的救援船离开了皮皮岛，并已经接受了治疗。海啸发生后，当地交通部门全力抢救伤员，加上天色已晚，旅行团大部分人在皮皮岛上过夜，27 日中午，他们也被安全转移到普吉岛，最终他们在一场与海啸的生死赛跑中安全脱险。

但就是这场巨型海啸造成了 30 万人遇难，其中包括游客 7 万人，很多游客就是在海岸边活动时被海水吞噬，直接经济损失达 300 多亿美元，旅游收入损失高达

120 亿美元。

分析：

人类对海洋的探索还处在起步阶段，这样一场典型的海洋突发性灾害让所有人都措手不及，造成数目惊人的伤亡。但是作为旅游者和旅游从业人员要有安全意识，对异常的海洋性现象要引起足够重视，积极调整活动安排，对突发的状况要有足够的心理准备和应变能力，只有这样才能在危险的环境中安全脱身。

一、海啸的预防和避险

海啸是一种灾难性的海浪，是水下地震、火山爆发或水下塌陷和滑坡等激起的巨浪，在涌向海湾内和海港时所形成的破坏性的大浪，通常由震源在海底下 50 千米以内、里氏震级 6.5 以上的海底地震引起。在一次震动之后，震荡波在海面上以不断扩大的圆圈，传播到很远的距离，正像卵石掉进浅池里产生的波一样，海啸波长比海洋的最大深度还要大，轨道运动在海底附近也没受多大阻滞，不管海洋深度如何，波都可以传播过去。当海底地震导致海底变形时，变形地区附近的水体会产生巨大波动，海啸就产生了。

海啸的传播速度与它移行的水深成正比。在太平洋，海啸的传播速度一般为每小时两三百千米到 1 000 多千米。海啸不会在深海大洋上造成灾害，正在航行的船只甚至很难察觉这种波动。海啸发生时，越在外海越安全。一旦海啸进入大陆架，由于深度急剧变浅，波高骤增，可达 20～30 米，这种巨浪可带来毁灭性灾害。

（一）海啸的种类

海啸可分为三种类型，即火山喷发引起的火山海啸、海底滑坡引起的滑坡海啸和海底地震引起的地震海啸。根据机制可分为两种形式："下降型"海啸和"隆起型"海啸。

（1）"下降型"海啸：某些构造地震引起海底地壳大范围急剧下降，海水首先向突然错动下陷的空间涌去，并在其上方大规模积聚，当涌进的海水在海底遇到阻力后，即翻回海面产生压缩波，形成长波大浪，并向四周传播与扩散，这种下降型的海底地壳运动形成的海啸在海岸首先表现为异常的退潮现象。

（2）"隆起型"海啸：某些构造地震引起海底地壳大范围急剧上升，海水也随着隆起区一起抬升，并在隆起区域上方出现大规模的积聚，在重力作用下，海水必须保持一个等势面以达到相对平衡，于是海水从波源区向四周扩散，形成汹涌巨浪。这种隆起型的海底地壳运动形成的海啸波在海岸首先表现为异常的涨潮现象。

（二）海啸发生的预兆

1. 地震

如果处在沿海区域，地震海啸发生的最早信号是地面强烈震动，或听到大地不停发出隆隆的巨大响声。地震波与海啸的到达有一个时间差，正好有利于人们预防。地震是海啸的“排头兵”，如果感觉到较强的震动，就不要靠近海边、江河的入海口。如果听到有关附近地震的报告，要做好预防海啸的准备，要记住，海啸会在地震发生几小时后到达离震源上千千米远的地方。

2. 潮汐

如果发现潮汐突然反常涨落，海平面显著下降或者有巨浪袭来，并且有大量的水泡冒出，或者海水突然撤退到离沙滩很远的地方，裸露大面积的沙滩，海滩看起来比平时大很多，则可能会发生海啸。海啸前海水异常退去时往往会把鱼虾等许多海洋生物留在浅滩，场面蔚为壮观，或者离海岸不远的浅海区，海面突然变成白色，其前方出现一道长长的明亮的水墙，此时千万不要前去捡鱼或看热闹，应当迅速离开海岸，向内陆高处转移。

3. 动物

当动物出现奇怪的举止时，如突然离开，或聚集成群，或进入通常不会去的地方，那么就应该意识到海滩边会出意外的状况。

（三）海啸中逃生法

如果你看到或听到了海啸预警信号，无论是在家、学校还是在海滩周边玩耍，均应立刻采取行动，千万不要等待当地应急服务机构的预警。因为如果出现上文提到的征兆，海啸在几分钟内就会来临。因此，在应急服务机构发出警告前，就应该尽早脱险。逃生时要注意的事项有：

（1）远离海岸。不要去任何靠近海滩的地方或者进入任何靠近海滩的建筑，即使看到的是非常小的海啸，也要立刻离开。海啸的波浪不断变大并持续撞击海岸，因此下一个巨浪也许就要接踵而来。通常来讲，如果看到了一个巨大的海浪，已经距离海啸太近，逃离的时间已经太晚了。然而不管怎样，都要努力逃离。

（2）跑向内陆或者更高的地方。要尽可能跑向内陆，离海岸线越远越好。如果时间有限或已身处险境，应选择高大、坚固的建筑物并尽可能往高处爬，最好能够爬到屋顶；海边钢筋加固的高层大楼如酒店，是从海啸中逃生的一个安全场所；不要选择低矮的房子或者建筑材料对海啸没有抵抗力的建筑物；岛屿链、深度浅的海岸和红树林可以分散和减弱海啸，但是无法抵挡非常强劲的海浪。

（3）爬到粗壮的树上。如果已被困，上述所有选择都没办法实行，那就寻找粗壮、高大的树并尽可能往高处爬。尽管存在树被海啸摧倒的风险，但这是所有办法都不起作用时唯一的求生路径。

(4) 抓住漂浮物。如果出于某些原因被卷进水中，应抓住一些漂浮物，如救生圈、门板、树干、钓鱼设备等。

(5) 把船驶向开阔海面。如果收到海啸预警时正在船上，一定不要将船只开回港湾，要尽量将船只开到开阔的海面上。

(6) 放弃财产和其他物品。生命比玩具、书籍、日常用品或其他物品更重要，携带它们会缩短求生时间，应果断扔下它们并努力跑到安全的地方。

(7) 在外要停留数小时，直到得到准确的信息。海啸可以持续撞击海岸达数小时，因此危险不会很快过去。除非从应急服务机构得到了确定的消息，否则不要返回。在没有得到确切消息前，要耐心等待。

(8) 保持与外界的联系。如果在避难的地方有收音机，应打开它并不断接收最新信息，时刻保持与外界的联系；不要轻信谣言。

二、风暴潮的预防和避险

风暴潮是指由强烈大气扰动，如热带气旋（台风、飓风）、温带气旋（寒流）等引起的海面异常升高的现象。有人称风暴潮为“风暴海啸”或“气象海啸”，我国历史文献中多称之为“海溢”“海侵”“海啸”“大海潮”等，把风暴潮灾害称为“潮灾”。

（一）风暴潮的基本知识

风暴潮的空间范围一般有几十千米至上千千米，时间跨度或周期为1～100小时，介于地震海啸和低频天文潮波之间。但有时风暴潮影响区域随大气扰动因子的移动而移动，因而有时一次风暴潮可影响一两千千米的海岸区域，影响时间长达数天之久。

1. 危害

风暴潮能否成灾，在很大程度上取决于其最大风暴潮位是否与天文潮高潮相叠，尤其是与天文大潮潮期的高潮相叠，当然，也取决于受灾地区的地理位置、海岸形状、岸上及海底地形，尤其是滨海地区的社会及经济情况。如果最大风暴潮位恰与天文大潮的高潮相叠，则会导致特大潮灾，风暴潮往往夹狂风恶浪而至，溯江河洪水而上，则常常使其影响所及的滨海区域潮水暴涨，甚者海潮冲毁海堤、海塘，吞噬码头、工厂、城镇和村庄，使物资不得转移，人畜不得逃生，从而酿成巨大灾难。

而我国东邻西太平洋，这是各大洋中生成热带气旋最多的地区。来自高纬地带的冷空气与来自海上的热带气旋和温带气旋的交互影响，使我国沿海大风与巨浪接连不断，并在沿岸形成灾害性的风暴潮。

2. 分类

（1）温带风暴潮。我国东部海岸线漫长，南北纵跨温、热两带。春季，渤海、黄海上空是冷暖空气的交汇区，温带气旋、冷空气、寒潮等活动频繁，每隔数日便发生一次。它们过境时带来的向岸大风不断地将海水吹向陆地，引起沿岸海水上涨，侵入内陆，这种天气状况下产生的风暴潮为温带风暴潮。

（2）台风风暴潮。夏秋时，活跃在太平洋的台风经常登陆或影响我国沿海，造成严重的台风风暴潮。台风是海洋上最具破坏力的一种热带气旋，它通常生成在西北太平洋的低纬度地区。由于每个热带气旋的强度不同，目前世界气象组织给它规定了四个强度等级，不同的等级名称也不同，它们分别称为：热带气旋、热带风暴、强热带风暴、台风（下面将以台风通称）。

在北半球，台风按逆时针方向旋转，台风中心眼外是台风云系涡旋区，这里有强烈的狂风暴雨发作，风速普遍有 40～60 米/秒，最大可达到 100 米/秒。台风在洋面上掀起巨浪高达 10～15 米，惊涛骇浪使过往的航船颠覆、淹没在汪洋大海之中。由于台风中心气压极低，对海水有吸吮作用并使海面升高。当台风临近大陆沿海，海水越过堤坝涌入内陆或堤坝决口，淹没城市、村庄、农田，将酿成极其严重的台风风暴潮灾害。

（二）风暴潮的避险

风暴潮来临时，沿海附近的旅游者应迅速撤离港口、海堤，向高处转移，并停止一切海上观光旅游活动。如果被困在海中礁石上，旅游者应该时刻保持冷静，用手机向警方求助，在没有手机或手机信号不好的情况下，应尽量大声地向离自己最近的人求救。如果有大浪袭来，旅游者一定要屏住呼吸，避免因海水巨大的冲击力导致窒息。千万不要盲目自救，不可自认为水性好就想游泳上岸，如不了解周围地形，很容易被暗礁割伤、撞伤，不但不能自救，反而害了自己。

三、赤潮的避险

赤潮是在特定的环境条件下，海水中某些浮游植物、原生动物或细菌暴发性增殖或高度聚集而引起水体变色的一种有害生态现象。赤潮是一个历史沿用名，它并不一定都是红色。

（一）赤潮产生的原因

赤潮是一种自然现象，也有人为因素引起的。大量工农业废水和生活污水排入海洋，特别是未经处理直接排入而导致近海、港湾富营养化程度日趋严重，或者海洋开发、海水养殖业带来了海洋生态环境和养殖业自身污染问题，全球海运业发展导致外来有害赤潮种类的引入，气候变暖导致藻类快速繁殖，以上这些因素都能导致海域水体富营养化，最终导致赤潮的暴发。

（二）赤潮的危害

有些赤潮生物分泌赤潮毒素，当鱼、贝类处于有毒赤潮区域内，摄食这些有毒生物，虽不会直接被毒死，但生物毒素可在体内积累，这种毒素统称贝毒，目前确定有10余种贝毒其毒性比眼镜蛇毒性高80倍，比一般的麻醉剂如普鲁卡因、可卡因强10万多倍。这些鱼虾、贝类如果不慎被人食用，就会引起人体中毒。表现为：初期唇舌麻木，发展到四肢麻木，并伴有头晕、恶心、胸闷、站立不稳、腹痛、呕吐等症状，严重者出现昏迷、呼吸困难，最后可导致死亡。赤潮毒素引起人体中毒事件在世界沿海地区时有发生。据统计，全球每年因赤潮毒素引发的贝类中毒事件约300多起，死亡300多人。

（三）赤潮危害的预防

赤潮多发于夏季，与旅游旺季是同期，有可能会引发一些环境危害，因此旅游者选择到海边观光、游览时，一定要注意关注有关赤潮的新闻报道。如果媒体通告赤潮爆发的时间和区域，则应该避开赤潮暴发的周期，不能在海滩逗留，也不能吃鲜活海鲜。如有赤潮期间因为吃海鲜而中毒的旅游者，则应当知道可能是贝毒中毒。这种情况除按照常规的“催吐”方法急救处理之外，还应该立即送往就近的医院就医。

模块四　生物类灾害的预防

在旅游活动过程中，旅游者要去一个陌生的开放环境旅行，有可能会因遭遇毒虫的叮咬而染病，甚至因为突发性的自然灾害，导致病媒生物的肆虐，在旅游中或者目的地陷入传染病疫区，如 2003 年的北京、上海、广州等地的 SARS 扩散，2009 年的甲型 H1N1 流感的传染，都引发了旅游者恐慌的情绪，不仅威胁着旅游者的人身安全，也危及了旅游业的健康发展。因此，旅游者应充分认识生物类灾害的危险和病媒的传播途径，并要在旅游活动过程中遇到这些灾害时采取有针对性的措施。

一、主要病媒生物的介绍

许多传染病并不只是在人群间传播，除了人之外还有其他的生物宿主。一些疾病则必须通过生物媒介进行传播。

(一) 蝇类

蝇类是肠道传染病的重要传播媒介，其滋生与增殖主要由人类生活环境的不卫生状况来决定。如果旅游目的地生活环境的卫生条件比较差，蝇类的滋生几乎是不可避免的。

(二) 蚊类

在传播疾病的吸血节肢动物中，蚊类是最主要的，其是疟疾和乙型脑炎的传染源。蚊类的滋生需要小型静止的水体。在溪流沼泽区域，小片积水地区，杂草丛生，成为蚊类最佳繁殖场所，还有生活污水在地面上的滞留，也会成为蚊类大量滋生的环境。蚊类密度升高，会造成蚊类侵袭人类的机会增加。此时如有传染源存在，就会使该地区的发病率迅速升高。

(三) 其他吸血类节肢动物

如果旅游者在野草较多、腐殖质丰富的地方露宿，容易遭到恙螨、革螨等的侵袭，会造成恙虫病和流行性出血热。如果旅游者在森林地区游玩，会使蜱类叮咬的机会增加，并可能导致一系列的疾病如森林脑炎、莱姆病和斑点热等的流行。

(四) 寄生虫类

在我国，现存的血吸虫病的分布多处于湖泊、河流区域，而钉螺的分布则受水域的影响极大。在平时，钉螺的分布随着水流的冲刷与浅滩的形成而不断变化。如果旅游者不慎进入钉螺滋生的水域里，很可能会感染上血吸虫病。

(五) 家畜

家畜是许多传染病的重要宿主。例如：猪和狗是钩端螺旋体病的宿主，猪和马是乙型脑炎的宿主，牛是血吸虫病的宿主。如果旅游者亲密接触家畜，会使人与动物共患传染病易于传播。

(六) 家栖及野生鼠类

家栖的和野生的鼠类是最为重要的疾病宿主，如果旅游者选择鼠类密度较高的野外露宿或者在卫生条件比较落后的乡村民宅住宿，容易被鼠类咬伤而感染传染性疾病。

二、预防措施

(1) 注意饮用水的清洁，在无自来水供应的地区，优先考虑饮用瓶装水。必须饮用地下水时，要严格用药品消毒，没有条件的也要尽可能将水煮沸后再饮用，切不可因怕麻烦而随便饮用已被病媒生物污染的水。

(2) 注意食品卫生，切忌进食一些来源不明的食物，以免遭受更大的损害。

(3) 做好灭蝇灭蚊灭鼠等工作，并以一切办法防止蚊虫叮咬。发现异常情况，如周围陆续有人生病、发烧、患上皮肤病等，要立即送往医院就医，并且报告有关防疫部门。

(4) 尽量避免多人同住一室，并尽可能避免与家禽、家畜等动物同宿。

课后练习

一、思考题

1. 如何有效减少突发性自然灾害对旅游活动的影响?

2. 如何做好地质类灾害的预防?

3. 请总结气象类灾害紧急避险的共同操作。

4. 请总结生物类灾害的紧急避险操作程序。

二、实践题

1. 请以小组为单位，从各种渠道（网站、出版物、影视等）收集自然灾害的事故案例，并且分析旅游紧急避险的优化措施。

2. 以小组为单位，演练地震自救操作。

第七单元
出境旅游安全实务

【学习目标】

掌握出境旅游前的准备工作

掌握出境旅游相关的旅行常识

了解恐怖袭击的逃生知识

【项目导入】

世界这么大，该多出去看看。但是面对精彩而陌生的世界，该如何避开各种危险，实现走遍世界的梦想？

模块一　我国出境旅游市场概述

出境旅游是指一个国家的居民以消遣、公务等为目的，跨越国境到另外一个国家的旅游活动。近年来，随着我国人民生活水平的日益提高，出境旅游已经成为我国公民度假休闲的一种主要方式。根据统计数据，2018 年，在收入增长和旅游消费升级推动以及签证、航班等便利因素的影响下，我国出境旅游热依然持续，出境旅游人数达 14 972 万人次，比上年同期增长 14.7%，继续蝉联出境旅游人次世界冠军。2018 年我国出境旅游花费高达 1 198 亿美元（折合人民币约 8 100 亿元），人均花费 800 美元。虽然出境旅游人数只占旅游总人数的 3%，但是出境旅游消费却占到全国旅游花费的 15%。

一、出境旅游发展特点

（一）市场：增长速度稳定，市场细分渐显

我国出境旅游业之所以能取得如此快速度的增长，一方面得益于我国经济的稳定增长以及连续多年高速的增长，另一方面也是因为近年来人民币对主要货币的升值。从出境旅游产品的选择来看，大众产品依然为热门需求，但是可以明显感到市场在分化。一些人开始寻求独特的感受，选择近距离目的地，热衷于价格较高的深度游、豪华游，甚至“奢侈游”。另外一些人，脱离大众旅游线路，独辟蹊径，热衷于远距离、探索性的新线路。欧洲的旅游开始主推 1～3 个国家的游览线路，拉美地区和非洲地区的长线游“小众市场”悄然而起，不少人均 4 万～10 万元的旅行团开始上市。旅游市场呈现“常规线路开始转向深度体验游”“远程线路高端切入，重在抢先”“自由行讲求特色，追求奢华”的现象。这一市场细分虽然刚刚随着新目的地的开放而出现，但这将是一个重要的发展趋势。

（二）目的地：近距离保持领先，远距离继续上升

就出境旅游目的地而言，近距离周边国家和地区仍然是中国公民出境旅游的主体。中国出境旅游网公布的 2015 年 10 大旅游目的地，基本都属于远程目的地，中国游客目前对远程目的地兴趣越来越大。

值得注意的是，一些远距离市场在接待中国公民的数量上也有很好的表现，尤其是欧洲的法国、德国、意大利、芬兰增长速度都比较快，而尚未成为 ADS 目的地的北美国家，美国和加拿大接待中国公民的人次数也非常之大。前者是由于频繁而

有效的旅游促销宣传，而后者则是与多种多样其他方式和目的的旅行活动增加相关。非洲国家作为中国公民出境旅游目的地开放得较晚，但这些目的地颇有吸引力，尤其是中非论坛在北京举办，使非洲国家更加引起了关注，虽然距离遥远、价格不菲，但很快就成为高端市场的热线。

（三）出境形式日益多样化

中国公民出境的目的与方式是多种多样的，除了参加一般观光旅行团之外，还有更多的各种各样的非自费旅游，实际上这些非传统的旅游方式，无论从人次数上，还是境外消费上，都超过一般由旅行社组织的团体旅游，其中包括在境外的会议、展览、奖励旅游等。近两年来，境外人员培训也呈上升趋势。中央政府制订了后备领导干部在境外著名院校和机构培训的计划，一些省市也制订了一系列培训和考察计划，如到韩国的新农村建设培训和到瑞士的治理污染培训等，这样的活动参与人数多，逗留时间长。

（四）更加注重旅游体验

随着中国消费者收入的增长，越来越多的人开始利用富余的资金进行休闲旅游活动，高端市场（奢华旅游或豪华旅游）开始脱颖而出并形成一定的规模。高收入群体追求专业化、个性化、特殊化的体验，多选择远程旅游目的地、著名的度假地和特殊的旅游方式，费用极高。与之相对应的是，许多海外旅游目的地和旅游企业也把重点放到开发特殊体验的品牌旅游产品上，除了这些年一直走俏的海岛游之外，还有名目繁多的从东南亚的泰国、马来西亚延伸到南非和澳大利亚的“高尔夫”旅游，马尔代夫、毛里求斯的“蜜月游”“金婚游”，奥地利的音乐之旅，法国的品质之旅，荷兰的赏花之旅，以及各种各样的康体健身的 SPA 游、“阿尔卑斯山地游”等。整个出境旅游市场在悄然变化，旅游产品逐渐摆脱“价格低、质量次、匆匆跑、曾到过”的最初阶段，开始追求愉悦体验的更高层次。

（五）商务旅游持续上升

之前由于国家相关政策和行政管理机构职能分工，中国的出境旅游往往只包括个人自费的出境（出国）旅行游览和度假活动，商务与公务旅行不属于休闲性旅游的范围，一般不在国家旅游政策考虑的范围之内。但是，随着对外开放的不断扩大和国际商务、文化领域等交往的日益频繁，商务/公务旅游的规模越来越大，而且在出行目的、活动方式、所持证件以及参与经营组织的单位等方面，其界限变得越来越模糊。从经营的角度看，这个领域也开始成为中国出境旅游的一个重要组成部分，包括会议旅游、展览旅游、奖励旅游、考察旅游、业务培训、社团交流、公共关系类旅游等，涉及政府机构、社会团体、不同经济类型的企业等单位。国际上的一些国际商务、奖励旅游等专业组织也非常青睐中国市场，积极地发展中国会员，在中国举办展览和交易活动，一些国家的旅游机构和企业也频繁来华促销，力争把这个市场做大。

（六）营销方式日益多样化

我国的旅行社在进行出境旅游的市场营销时，一直沿用入境旅游和国内旅游的传统营销方式，即由单体旅行社独立开展和完成全部的市场营销任务。但是，由于缺乏足够的资金投入和高素质的作业人员，导致旅行社的营销效果不尽如人意，规模化运用程度较低。随着我国出境旅游市场的扩大和互联网技术的发展，越来越多的旅行社开始重新审视出境旅游市场营销方法的问题。

近来，我国的一些出境旅游组团社开始尝试将在线营销与传统营销相结合，根据我国出境旅游市场中存在因私出境旅游市场和公务出境旅游市场的现实，根据自身的特点，采取直接营销、企业对企业的在线营销、人脉关系营销等营销方式，使出境旅游的市场营销方式朝着差异化方向转变。目前，在因私出境旅游市场上，大型旅行社多以直营为主，充分利用企业品牌的营销策略，专业批发商则利用产品的品牌，通过拥有地方性企业品牌和人脉关系的代理商进行营销。在公务出境旅游市场上，旅行社主要采取人脉关系营销方法。

二、出境旅游面临的安全问题分析

然而，随着人们出境旅游次数的增多、时间的增加和涉足地域的扩大，出境旅游安全问题也不断产生。一般而言，凡是能够影响旅游客源地、旅游通道和旅游接待地等的安全问题都有可能成为旅游安全的影响因素。总的来说，我国出境旅游安全面临以下五大挑战：

（一）出境旅游者安全信息不对称性

安全信息不对称行为可能放大旅游安全的危害性。首先，出境旅游目的地国家和地区一般距离较遥远，选择范围较广，这在很大程度上影响出境旅游者对目的地旅游信息的掌握程度，尤其是对一些突发事件如恐怖袭击、自然灾害、传染病等；其次，出境旅游目的地国家和地区与出境旅游者所在地区在文化、宗教和生活习惯等方面存在较为明显的差异，旅游者在短时间内无法全面准确地了解这些差异，这也可能影响旅游者安全；最后，由于我国境外游开放速度甚快，而相应的安全预警起步较晚，存在信息提醒内容不够具体、信息零星和缺乏系统性等问题。

（二）出境旅游安全政策法规不健全

我国关于出境旅游的政策法规正处在发展完善阶段，《中国公民出国旅游管理办法》于 2002 年 7 月 1 日正式实施，从四方面强化了对出国旅游者合法权益的保护。

但是，针对出境旅游安全方面的法制建设仍然薄弱，出境旅游安全政策法规还不健全，尤其是在旅游者办理出境旅游的渠道上缺乏法律的规范和约束。据统计，在2015年我国出境旅游中，旅行社组织的出境游仅占总数的16%，大量游客是通过其他渠道出境的，这些渠道中还存在大量未经规定程序批准的出境游经办组织和人员。这些经营者因不具备经营权、政府所进行的监督有限而在质量、信誉尤其安全等方面存在严重隐患。

（三）及时有效的境外旅游安全救助几乎处于真空状态

旅游紧急救援作为现代旅游业必不可少的一项配套服务，在国际上已经得到了较为普遍的开展。然而在我国，这项业务尚处于探索起步阶段。我国目前也已经有一些经营旅游救援业务的机构，如国旅总社旅行救援中心、广州紧急救援中心。但是，针对在境外旅游者的旅游安全救助在中国旅游市场几乎是以真空的状态存在的，一套系统而有效的境外旅游安全应急联动指挥体系还未建立，涉外组织和部门包括驻外使馆、外事办、侨办等单位对在境外旅游过程中受伤的华人、港澳台同胞、海外侨胞进行救护、治疗、善后事宜处理、赔款补偿等工作未尽其职，没能最大限度地减少可能发生的事故的损失。另外，我国的境外旅游安全管理机构设置缺乏系统，力量比较薄弱，境外华人旅游安全保障行业协会还没有得到普及和发展。

（四）出境旅游者及旅游从业人员安全防范意识淡薄

出境旅游安全在很大程度上依赖于旅游从业人员以及旅游者自身的安全意识和安全防控技能，然而当前我国出境旅游现状中的安全意识却不容乐观。马来西亚的“飞车党”、俄罗斯的“光头党”等，如此之多的国际危险分子竟然还没有加强我国出境旅游者的安全防范意识，因而在国际旅游过程中安全事故仍然频频发生。尤其是一些国家社会治安状况不好，针对中国游客的盗窃、抢劫、暴力等有增加趋势，危及中国出境旅游者的安全。出境旅游从业人员也没有认识到出境旅游安全问题的特殊性和重要性，安全认知现状不容乐观。

（五）出境旅游保险体系不完善

购买保险是境外旅游安全救助比较理想的方式。尽管我国旅游保险的实践已初显成效，然而在旅游保险的相关法律界定和合理性等领域仍存在一些问题，需要进一步协商与改进。我国旅游者、旅游企业和保险公司三者对于旅游保险的重要性和远期价值尚未达成共识，形成了当前旅游保险市场上参保比例较低，被保险人的利益得不到充分保障，旅游纠纷时有发生的局面。尤其是当前出境旅游者的消费观念还比较传统，投保存在侥幸心理，主动购买保险的意识还不够强。

模块二　出境旅游的准备工作

出境旅游毕竟跨越了国境到他地，社会环境、自然环境和治安状况都不同于国内，所以一定要做好充分的准备，这样才能减少因意外带来的风险。

一、签订出境旅游合同

出境旅游逐渐成为新的消费热点的同时，与出境旅游相关的问题也日益受到社会各界的关注。由于出境旅游需办理的手续环节较多，涉及多国法律制度，合同金额也较高，发生纠纷的概率及处理的难度比较大，因此如何签订一份完善的出境旅游合同依法保护自己的合法权益就成为每一个出境旅游消费者面临的首要问题。

(一) 确立合同文本的注意事项

目前出境旅游活动中使用的多为各出境旅行社单方制定的格式合同，签订起来虽然可以节省许多时间，但里面难免会出现有失公允的条款，偏重于保护旅行社的利益，因此消费者在签订合同前，一定要仔细阅读有关内容并就相应问题与旅行社积极磋商，争取达成一个对双方都较为公平合理的协议，切不能看也不看或有问题就想当然而草率签约，给事后发生纠纷埋下伏笔。鉴于消费者在旅游专业能力等方面与旅行社存在较大差距，因此建议消费者要求旅行社使用规范的中国公民出境旅游合同示范文本。如确有特别需要，旅游者者也可同旅行社自行拟定合同，但要注意以下问题：

第一，选择具有合法经营资格的旅行社，出境旅游不能只被迷人的旅游线路吸引，更要看这家旅行社有无合法的经营资格。首先要看有无工商行政管理部门颁发的营业执照，其次要看有无旅游局颁发的出境旅游组团许可证书，这两项缺一不可。消费者在签订合同前有权要求旅行社接待人员出示经营资格证明，旅行社也有义务出示或悬挂相关证照表明资格。

并不是所有国际旅行社都能组团出境旅游，切不可仅凭旅行社的名称里有无“国际”两个字来简单判断其是否具有合法资格。如果参加没有合法资格的旅行社组织的旅游，消费者的合法权益将很难得到有力保护。

第二，各项约定明确写入合同，没有写进书面合同的内容在发生纠纷后很难证明双方确曾达成过一致。因此，消费者在签约时切不可抹不开面子单凭口头约定，一定要坚持把旅行社的各种允诺和自己的各项权利明确写进合同，防止对方事后不认账。合同里主要应写明以下内容：行程时间、出发地点及时间、成行团号、旅游线路、服务费金额、国际交通工具、食宿及购物安排、违约责任争议解决方式等。

（二）明确自己的权利

出境旅游活动中旅行社提供服务，消费者接受服务，因此出境旅游关系是一种典型的消费关系。旅游者有权根据《消费者权益保护法》的有关规定主张法律赋予的各项权利。同时，旅行社的义务就是应采取各种措施保障消费者权利得到有效实现，这些权利主要包括：

（1）生命健康权。消费者在购买、使用商品和接受服务时，享有人身、财产安全不受损害的权利。对可能危及人身、财产安全的商品或者服务，经营者应当向消费者做出真实的说明和明确的警示，并说明和标明正确使用商品或者接受服务的方法以及防止危害发生的方法。

（2）知悉真情权。消费者享有知悉商品真实情况的权利。

（3）自主选择权。消费者享有自由选择商品或者服务的权利。

（4）公平交易权。消费者在购买商品或者接受服务时，有权获得质量保障、价格合理、计量正确等公平交易条件，有权拒绝经营者的强制交易行为。

（5）求偿权。消费者因购买、使用商品或者接受服务受到人身、财产损害时，享有依法获得赔偿的权利。

（6）结社权。消费者享有依法成立维护自身合法权益的社会团体的权利。

（7）获得有关知识权。消费者享有获得有关消费和消费者权益保护方面的知识的权利。

（8）人格尊严和民族风俗习惯受尊重的权利。消费者在购买、使用商品或者接受服务时，享有人格尊严、民族风俗习惯得到尊重的权利。

（9）监督权。消费者享有对商品或者服务以及保护消费者权益工作进行监督的权利，有权检举、控告侵害消费者权益的行为，有权对保护消费者工作提出批评、建议。

旅游消费者在享有权利的同时，也要履行相应的义务，配合旅行社共同完成出境旅游活动。

（三）明确消费者应尽的义务

（1）如实告知真实情况。旅游消费者应当将自己的身体健康状况、民族、年龄等情况如实告知旅行社并提供各种证件，这样有利于旅行社为其办理相关出境手续，妥善安排旅途中的各种服务，提前做好相应准备，以保障旅游活动能够按照计划顺利进行，减少旅游意外的发生。

(2) 遵守合同的约定。旅游消费者应按照合同约定，履行各项应尽义务。如按照约定时间缴纳各类费用，参加行前说明会，学习相关知识，服从旅行社的统一安排，尊重领队和导游的人格，提高自我保护意识，等等。

(3) 遵守有关法律的规定。旅游消费者应按照有关法律规定携带定额的货币出入境，不得携带违禁物品出入境；不但要遵守我国关于出境旅游的各项规定，还要遵守旅游行程中所到国家或地区的法律规定，尊重当地的风俗并遵守社会公德。

(四) 在行使权利时应遵守的原则

(1) 境外纠纷境内解决的原则。由于旅游路线、时间的限制，对于出境旅游过程中发生的纠纷，旅游消费者和旅行社应本着平等的原则协商解决，对于不能很快达成妥协的，双方应搁置争议并保存好有关证据，妥善完成剩余旅程，回国后再解决相应问题。旅游消费者不能采取拒绝登机等方式在境外故意拖延行程，以免造成纠纷的加剧和损失的扩大。

(2) 积极补救的原则。如果旅行社提供的服务不符合合同约定，旅游消费者应当及时主张权利，旅行社采取补救措施的，旅游消费者应当本着诚实信用的原则积极予以配合，防止损失进一步扩大，否则无权对扩大的损失部分要求赔偿。

二、证件准备

(一) 护照

出境旅游因为是跨越国境，所以需要在境外能证明旅游者身份的有效证件，包括护照、旅行证、通行证、边民证以及旅游协议国双方约定的特定证件，以备过海关时查验和行程中住宿时使用。一旦旅游者在境外遇到紧急事件如走失、物品失窃、抢劫时，可以向居留国的中国使领馆、中方派驻机构、警察局展示自己身份证明并且寻求保护和帮助。

护照有外交护照、公务护照和因私护照之分，是一个主权国家发给本国公民用来出入国境、在国外旅行或居住的证件，可证明其国籍和身份，持照者享有护照颁发国的外交保护。凡出国人员均应持有护照，出境旅游者须持因私护照，以便目的国当局查验；任何国家都不允许没有护照的人或持过期、失效甚至伪造护照的人进入其国境。

因此，旅游者在准备出境旅游时就应当持本人身份证、户口本及本人免冠证件照，到户口所在地公安部门的出入境管理中心申领护照。除法律规定不准出境的人员以外，一般的旅游者均可以顺利申领到护照，但是办理护照需要 15～30 个工作日，所以旅游者必须提早 2 个月以上办理，否则会耽误正常的出行。领到护照后，应认真核查护照上的姓名、性别、出生日期、出生地以及汉语拼音等是否正确，钢印、红印、签署是否齐全，核查无误后，由持照人用钢笔在护照签名栏内签署中文姓名，签名要与护照上所填写的姓名完全相同。

如果旅游者已经申领过护照，平时要妥善保管。出境旅游前应当仔细检查护照是否有足够的空白签证页，护照有效期至少为 6 个月，如果有效期不足，则应重新申领护照。为了方便在护照万一丢失或被盗时申领补发护照和所需签证，旅游者应当准备几张护照用照片和几份护照个人资料页和有效签证页的复印件备用。

（二）签证

签证是指一个国家主管机关在本国或外国公民所持的护照或其他旅行证件上签注、盖印，表示准其出入国境或在本国停留、居住的许可证明。签证一般都做在护照或其他身份证件上，如前往未建交国家，则用单独的签证，称另纸签证，与护照同时使用。

1. 签证的种类

千里之行，始于签证。对于出境游，办好签证是决定成行的头等大事，签证所需要的资料、程序、费用因国而异，而且办理签证需要一定的周期。一般而言，世界各国对中国公民发放的签证有四类：外交签证、礼遇签证、公务签证和普通签证。对于出境旅游者则是发放普通签证，但根据发放的程序不同，又可以分为免签待遇、落地签证和常规签证。

（1）免签待遇是旅游者只需持有本人的护照，并不需要目的国的签证就可前往旅行，所以免签的最大好处就是方便，节约时间，不需要等待签证的发放。目前，毛里求斯、塞舌尔、圣马力诺、巴哈马、厄瓜多尔、斐济、汤加、格林纳达、阿联酋、印度尼西亚、济州岛（韩国）、摩洛哥、马尔代夫、法属留尼汪、安提瓜和巴布达、海地、南佐治亚和南桑威奇群岛、特克斯和凯科斯群岛、牙买加、多米尼克、塞班岛、萨摩亚、法属波利尼西亚等地是有免签待遇，一般可停留 15 天，最长可停留 30 天。

（2）落地签证是指旅游者到目的国，进入海关前办理签证，也是一种临时性的签证，办理费用比普通签证要低，特点是方便、快捷，但是落地签证的居留时间比普通签证要短，一般为 3～10 天。目前支持落地签的国家有尼泊尔、泰国、阿塞拜疆、巴林、东帝汶、老挝、黎巴嫩、缅甸、斯里兰卡、土库曼斯坦、伊朗、约旦、越南、柬埔寨、孟加拉国、埃及、多哥、佛得角、几内亚比绍、科摩罗、科特迪瓦、马达加斯加、马拉维、毛里塔尼亚、坦桑尼亚、乌干达、圭亚那、苏里南、圣赫勒拿、帕劳、图瓦卢、瓦努阿图、乌克兰等国。但是要想获得落地签，需要第三国签证和提供相应的国际机票、酒店预订记录、资金证明等资料。

2. 办理旅游签证的注意事项

(1) 申请签证需要提交的材料。申请签证前，应按照各国的不同要求，准备好所有签证的材料。申请东南亚国家比较简单，通常只需要提供身份证、护照和照片；申请欧洲国家就需要户口簿、工作证明、工作单位营业执照、人民币 5 万元以上的定期存单、活期存折往来账、房产证、汽车行驶证、股票交割单、结婚证、退休证等材料。

每个国家要求提交的签证材料有所不同，但提供充足、完整、真实的资料，是签证成功的第一步。很多人对提供资金材料的认识存在误区，其实并非提供的定期存款越多，就越容易取得签证。例如：欧洲国家的签证官很注重开户半年以上的活期存折，一是活期存折直接反映了旅游者手里有多少“零花钱”可以支配，二是往来账本身也可以说明旅游者的经济实力的真实性，所以一本“漂亮”的活期存折是不能忽视的。

有些旅游者虚构材料来申请签证，这种做法是不可取的，因为使领馆会调查核实申请者资料的真实性，一旦发现虚构材料“骗取”签证，不但会遭到拒签，而且这个“不良记录”会记录在案，这样对以后的签证申请会造成很坏的影响。还有些公务员把自己“挂”在某公司的名下来申请签证，更是适得其反。因此，只有如实提供自己的身份、酒店的预订记录、商旅行程单、往返机票等，才是获得签证的正途。

(2) 弄清目的地国家签证所需时间。无论旅游者选择跟团还是自助游，都应该尽早办理签证，因为有的国家的使领馆只在工作日规定的时间里接受签证申请，有的国家如德国还需要提前预约签证时间。各个国家的旅游观光签证审批的时间周期如下：新加坡上午提交下午就可以取，泰国需要 3 个工作日，瑞士需要 3～4 个工作日，马来西亚、菲律宾、韩国、英国需要 5 个工作日，欧洲申根国家需要 6～10 个工作日，澳大利亚则需要 1～2 周。

(3) 团队签证不能用于自由行。有些旅游者打算获得团队签证出境之后就离开旅行团，投奔当地的亲朋好友，或是自己自由旅行，这种想法是非常危险的。一方面，办理团体签证时出行行程已在使领馆有登记记录，如果发生游客脱团，旅行社有责任和义务向当地移民局和相关部门举报，因为有涉及旅游者非法偷渡和居留的嫌疑；另一方面，一旦脱离旅行团，旅游者的人身和财产安全将得不到很好的保障，应对意外事件的能力也很弱，也就享受不到旅游的乐趣。

(三) 黄皮书

由于出境旅游者往往忽略了离境前的健康检查、免疫接种，在国外患黄热病、霍乱、疟疾等地区性传染病的可能性加大，更重要的是，旅游者在目的国口岸会因无国际预防接种证书而被拒绝入境。预防接种证书的外皮是黄色的，故俗称黄皮书。它是世界卫生组织为防止天花、霍乱和黄热病等传染病蔓延，要求国际旅客具备的接种证明。

我国对出境人员传染病预防、疫苗接种有相关规定：一是按世界卫生组织规定，要求国际旅行者接种黄热病、霍乱等疫苗。二是按对方国家要求，对准备出行者接种疫苗。像美国的一些州要求入境者接种麻风腮（麻疹、风疹、腮腺炎三联疫苗）、俄罗斯要求接种白喉疫苗，有的国家则要求带抗疟药物等。三是建议去卫生条件较差的国家和地区的人员，有必要接种霍乱、甲肝、伤寒等疫苗，并随身携带抗疟药物；去澳大利亚、欧美等发达国家和地区，要接种麻疹疫苗；去非洲要接种黄热病、登革热等疫苗。

当出国日程确定后，出境旅游者都应该在离境前 4～6 周到卫生检疫机关接受健康检查、预防接种，医生会根据世界卫生组织每周公布的疫情和目的地国家疾病流行情况，推荐出境旅游者接种 2～3 种不同的疫苗。接种后，领取拿到国际通用的健康证明书和国际预防接种证书。

目前，虽然许多国家已不在机场设卡检查，但对来自疫区的旅客，则进行严格检查，如不具备黄皮书和其他检疫证书，则往往采取隔离措施或者强制接种措施。因此，为了旅途健康顺利，特别是要去亚、非、大洋洲的一些国家，或全航程中转复杂时，还应按照要求接种或复种传染病疫苗。

三、旅行知识准备

旅游者跨出国门，会遇到目的地语言、文化、社会制度等迥异的困境，如果在出发前不做必要的知识准备，对旅游目的地不做较为详尽的了解，会处处感受到障碍和不便，有时候更会因为在目的地沟通不顺畅导致旅游行程中断，甚至被迫折返。对旅游从业人员和旅游者来说，掌握必要的目的地知识和旅行常识是保证旅游活动顺利完成的关键。

因此，在准备出国之前，最好先到外交部网站中的“海外安全动态”栏目内查看“出国特别提醒”“出国手续”“走出国门注意事项”“领事新闻”“领事保护”等专栏内容，了解目的地国家和地区的社会治安、可能发生的疫情和自然灾害情况、当地的风俗禁忌和旅行中应该注意的事项，包括《中国领事保护和协助指南》《中国公民海外安全常识》《海外中国公民文明指南》中提出的要求和注意事项，以及和我国驻该国使领馆的联系方式，提高安全防范意识，做好充分准备而出行。

（一）通关事项

世界各地的恐怖袭击事件不断发生，再加上季节性流行病传播迅速，各国都加强了对外国游客出入境通关环节的检查，各国出入境手续的规定是经常根据变化的形势在改变的，因此旅游者在出国之前一定要通过旅行社或者外国驻华使领馆确认当前有效的具体规定和要求，并做好相应的准备。一般而言，通关的检查主要包括：

1. 边防检查

边防检查也称移民检查，要求旅游者填写出入境登记卡（有时候，航空公司在飞机上代发登记卡，可以提前填写），并同时交验护照和签证。边检官员要查验护照和签证的真伪，还可能就旅游者的来访目的和接待单位等有关问题进行询问，目的在于检查旅行目的和所持的签证种类是否相符合。如果发现有问题，边检官员有权阻止入境。

2. 海关检查

各国海关有权检查出入境者所携带的行李物品。对持有外交护照者，或者享有外交和领事特权与豁免者，可以免检。各国对出入境物品管理的规定不一，对个人生活日用品，在个人自用的合理范围内免税放行；烟、酒、香水等物品通常按照限额放行；文物、武器、麻醉品、动植物以及当地货币属于管制或者禁止出入境的物品，非经特许并携带有关证明不得私自携带出入境。有些国家还要求填写携带外币申报单，包括外币和旅行支票在内，出境时还要检查。各国一般允许旅客携带少量的礼品，但是超过一定的限额，则要收税。例如：美国海关规定，礼品价值超过50美元的，超出部分海关要收税。

各国海关都规定有禁止入境的物品清单。各国海关严禁旅客携带鸦片、海洛因、大麻等致瘾、致幻的物品及其原料入境，一旦发现将依法治罪。大部分国家，特别是世界保护野生动物组织的成员国，对于动物制品，如象牙制品、毛皮制品等，都有不同程度的限制。美国等西方各国海关禁止从象牙产地国进口象牙和象牙制品，也禁止进口虎、豹等濒危动物的毛、皮和骨头的制品。美英等西方国家还禁止旅游者入境时携带新鲜的水果、蔬菜或者未经加工处理并包装的肉类。阿拉伯和伊斯兰教国家对于违背伊斯兰教的书刊和印刷品、音像制品有严格的限制。以色列对于反犹太教和诋毁犹太民族感情的物品、印刷品等有严格的限制。为了保护知识产权，许多国家对入境者携带的盗版和伪造的商品进行管制，包括各种伪造的名牌商品，盗版书籍、光盘、软件等。

另外，携带药品要特别谨慎，许多国家对旅游者携带药品入境有严格的限制。为防止在入境时产生不必要的麻烦，所带药品应坚持原包装、原标签和原有的运用阐明，还要根据逗留时间，计算好剂量。假如旅游者带有特别的药品或是含有麻醉品的药品，务必带上医生的处方和阐明必须服用此种药品的证明书信。如果不清楚哪些药品能够合法随身携带，在出行前务必向旅行社或旅游目地国的驻华使领馆咨询。有的国家如新西兰，就严格限制旅游者携带入境药品的品种和数量，如果不向海关申报，就可能被没收或者罚款，严重者将被判刑入狱。

3. 安全检查

为了防止劫持飞机和恐怖主义袭击事件的发生，各国普遍对登机的旅游者进行安全检查，而且手续也日趋严格。检查的方式包括通过安全门、使用磁性探测器近身检查、检查手提包等，主要是禁止携带武器、凶器、爆炸物、易燃物品、剧毒物品等。

我国公民在前往外国旅行办理出入境手续时，经常遇到受阻的情况，主要原因有：所持的中国护照由于保管不善等被怀疑是伪造的；所持的中国护照有效期不足6个月；所持签证种类和入境目的不相符；被怀疑有移民倾向；没有如实申报所携带的外币；没有如实申报所携带的管制物品；携带违禁品，所携带的药品中被怀疑有违禁麻醉品；携带伪造的或盗版的名牌商品；因签证停留期限过期在边境站被拘留；因为语言不通造成误解被阻止入出境；等等。

旅游者如果事先了解情况并做好充分准备，上述情况是可以避免的。但是，一旦在出入境时遇到受阻的情况，要尽可能地向有关官员解释清楚，消除误解，并且立即同就近的中国使领馆联系以请求协助。

（二）国际航空常识

1. 客票的规定

客票（包括行李票）是承运人与旅客之间的运输凭证，也是旅客乘机交运行李的凭证，客票只限客票上所列姓名的旅客本人使用，不得转让或涂改，经转让或涂改的客票无效。

旅客乘国际航班，可根据有关规定向航空公司售票处或其代理人预订机票，已订妥国际、地区航班座位的旅客，应按航空公司规定的出票时限办理购票手续。例如：未在购票时限内购票，所订座位将被取消；已订妥国际、地区航班座位，包括联程座位的旅客，如所订座位不利用时，应尽早向所订座的航空公司售票处或其代理人提出取消座位。

购票时机票上姓名的拼法要与护照一致，机票买到后应仔细检查飞机的班次、日期、途经城市和到达城市是否正确，座位是否确认（标记“OK”），只有机票得到“OK”，才能搭乘飞机。票面的费用方面，十二周岁以下的儿童按成人全票价的50%或67%付费，未满两周岁的婴儿按成人全票价的10%付费且不单独占一座位。

已订妥续程或回程国际、地区航班座位的旅客，如在上机地点停留72小时以上，应最迟在班机起飞前 72 小时内对所订座位予以再证实，否则所订座位将自行取消。但在续程或同程地点停留时间在 72 小时以内，则无须办理座位再证实。

如果出于承运人及旅客本人的原因，旅客未能按客票列明的航程旅行，旅客申请退票可按规定办理，但退票只限在原购票地点或经航空公司同意的地点办理。

2. 行李的规定

（1）免费行李托运。在国际航班上，按旅客票价等级给予相应重量和件数的免费行李托运服务，每一全票或半票的旅客免费交运的行李额为：一等票价客票 40 千克，公务票价客票 30 千克，经济客票 20 千克，按成人票价 10%付费的婴儿无免费行李额。计件免费行李额适用于中美、中加国际航线上的行李运输。按旅客所购客票票价等级，对每一全价或半价的旅客交运的免费行李额为：头等舱和公务舱客票，免费交运行李件数为两件，每件体积三边之和最大不得超过 62 英寸（158 厘米）；经济舱和旅游折扣客票，免费交运的行李件数为两件，每件体积三边之和最大不得超过 62 英寸（158 厘米），但两件之和不得超过 107 英寸（273 厘米），每件最大重量不得超过 32 千克。按成人票价 10%付费的婴儿可免费交运一件行李，但体积三边之和不得超过 45 英寸（115 厘米）。另外，还可免费交运全折叠式和轻便婴儿车或婴儿手推车一辆。超过规定的重量和件数要收取超规行李费。

随机托运的行李应有承受一定压力的包装，应封装完整、锁扣完善、捆扎牢固。对包装不符合要求的交运行李，承运人可拒绝接受或不负担损坏、破损责任。为了保证运输安全，托运行李中禁止装载文物、毒品和易燃、易爆、腐蚀、有毒等危险物品，也不得装有货币、珠宝、票证、有价证券和其他贵重物品。承运人须对托运的货物进行检查。但国际航线上允许托运危险货物，应先交海关检验包装合格，且货物应附有一切必要证明，并应符合货物运输过程中入境、出境和过境国家的有关规定。

乘飞机出境时，如果要转机才能到达终点，请注意在托运行李时声明所要到达的终点站，并认真检查行李牌，以免行李被留在中转站。

（2）随身行李。随身行李可以被带入乘客舱内部，一般不收取费用，因此旅客要将贵重物品及随时要取用的物品放在随身行李内，如自备药品、胶卷、电池、护照、机票、现金等。此外，每一持有全价或半价客票的旅客还可免费随身携带下列物品：手提包一个，大衣或雨衣一件或旅行用毛毯一条，手杖一根和伞一把；在飞行途中自用的少量物品如小型照相机一架，小型望远镜一具，婴儿食物（限旅途中食用），婴儿摇篮（限一个），供病人行动的可折叠的轮椅、拐杖、撑架、假肢。

随身行李内不得夹带易燃、易爆、腐蚀、有毒、放射性物质和可聚合物质、磁性物质及其他危险物品，不得携带有关国家法律、政府命令和规定禁止出境、入境或过境的物品及其他限制运输的物品，不得携带武器或随身携带利器和凶器。

3. 登机手续及规定

按照国际航空法律的规定，旅客须在国际航班起飞两小时前往机场柜台办理登记手续。到达机场后，应凭机票、有效的护照、签证及旅行证件办妥乘机及出境等各类手续。这些旅行证件应随身携带，不得放在交运行李中运输。如果旅客因没有按规定的时间到达指定机场或者旅行证件不完备，造成的损失和支付的费用由旅客自负，承运人不承担责任，而且对于由此使承运人受到的一切损失和支付的费用，包括（但不限于）罚金，旅客应负责赔偿。

另外，乘国际航班出他国境，必须在其机场支付相应的机场税后才能办理登机手续。例如：对每一个从中华人民共和国国际机场出境的国际旅客，收取机场税人民币 90 元。但对持有外交护照的旅客、24 小时内过境的旅客以及 12 岁以下的儿童，免收机场税。

（三）旅游目的地知识

行前尽量了解一些前往国家的基本情况。出国后，遵守前往国家和地区的法律法规，尊重当地宗教民族习惯，事先了解有关举止、购物、饮食、小费等方面的规定，讲究公共卫生，与当地民众友好相处。

1. 购物参考

到世界各地去旅游时，应事先了解当地最有代表性的物品，购买留作纪念，使旅游增添回味情趣。世界各地有各地的特产和有代表性的物品，花不多的钱买上几件，会留下许多旅游的美好回忆。

2. 支付小费

收小费已经成为国际旅游服务行业的惯例。付小费既能代表客人对服务人员付出劳动的尊重，也可以表达客人对服务工作的肯定和感谢之情。另外，也体现了客人本人的文化修养和文明礼貌。各国支付小费的标准不一，各地各行业小费的数额没有统一规定，应酌情给付。

（1）在日本，当进入饭店大门时，客人可向女招待员付一些小费，而对于其他人员可不必付。在泰国，客人所付的小费，无论多少，都是需要的。

（2）在新加坡，付小费是被禁止的，如若付小费，则会被认为服务质量差。

（3）澳大利亚人没有给小费的习惯。

（4）在瑞士的饭店（餐馆），不公开收取小费，而司机则可按明文规定收取车费10％的小费。

(5) 在法国，付小费是公开的，服务性的行业可收不低于价款10%的小费。

(6) 在意大利，收小费属于“犹抱琵琶半掩面”的半公开现象。当遇到“拒收”的“示意”时，最好是借送账单之机递上小费。一般在意大利饭店（餐馆）里，客人最多给10%的小费。在咖啡馆、酒吧，一般酒台上放着专放小费的小盘子或储钱猪。在旅馆里，通常每周给打扫清洁的女工5欧元。坐出租车则不一定要给小费，把车钱凑成整数就行了。

(7) 在北非及中东地区，收取小费是“理所当然”的事，因为许多从事服务性工作的老人与孩子，小费是其全部收入。如遇客人忘却付小费，他们会追上去索取的。

(8) 在美国，小费现象是极普通而自然的礼节性行为。一般而言，小费是消费金额的10%～15%。有些餐厅在结账的时候专门列有一项是“小费”（gratuity），这是必须支付的。此外，如到旅馆请人搬行李等，在这些情况下付1～2美元小费就行了，而不是住宿费的15%；坐出租车，付车费10%的小费。

(9) 墨西哥人将付小费与收小费视为一种感谢与感激的行为。

给付小费没有统一的标准，旅游者如果不懂如何支付，也可以根据国际惯例来支付，既不会多付自己的“血汗钱”，又不会在国外丢面子。

● 出租车：下车时，在车费以外多给——

美国车费的10%～15%，欧洲车费的10%～15%，亚洲车费的10%～15%。

● 餐厅：把账单外多给的钱放在桌上——

美国账单的10%～15%，欧洲账单的10%～15%，亚洲账单的10%～15%。

● 服务：如叫到房内服务，东西放好时，临走前——

美国1美元，欧洲1美元，亚洲1美元。

● 服务生：值班托办特别的事情在完成时——

美国1美元，欧洲1美元，亚洲1美元。

● 寄物处：取回寄放品时——

美国1美元，欧洲1美元，亚洲1美元。

● 门童：托叫出租车时，在上车前——

美国1美元，欧洲1美元，亚洲1美元。

● 客房女服务生：桌子上放小费的同时，留一张“Thank You”的纸条——

美国1美元，欧洲1美元，亚洲1美元。

● 搬运行李员：搬完时——

美国每件行李1美元，欧洲每件行李1美元，亚洲每件行李1美元。

付小费的一些技巧和惯例：给打扫房间的服务生的小费，在离开房间时放在显眼的位置即可。小费忌放在枕头底下，那样的话会被服务生认为是客人自己的东西忘了收纳。如果能在桌子上放小费的同时，留一张表示感谢的纸条，会倍受服务生的欢迎和尊重。倘使当面要付小费给行李员，那最好是与他握手表示感谢的同时将小费暗中塞给他。给导游、司机的小费，则要由团员一起交齐后放到信封里，由一代表当众给他们，当面付小费时最忌付硬币，会令对方不快。

3. 刷卡消费

（1）关注细节很重要。国外刷卡消费基本都是签名刷卡，不需要输入密码。这就要求持卡人务必保管好银行卡。另外，出境前应向发卡行了解清楚一旦意外发生如何有效挂失，尽可能减少潜在损失。与此同时，购物消费时一定要认真看打印的消费凭条，不要拿起来就签字。其中三个条目是需要特别注意的：银行卡号、消费金额、结算币种。另外还需注意，如果收银员已经打印出了账单，又称该账单不清楚需要重打时，一定要当面撕毁该账单。

（2）选对渠道更便捷。在境外刷卡时，尽量使用银联系统结算，可以节省一笔不小的货币转换结算费用。另外，目前市场上常见的信用卡基本都是双币卡，即美元和人民币的双币卡，在非美元区结算，会产生交易金额 2%左右的货币转换费。因此，在出行之前，最好根据自己的出行目的地来选择能够以更低成本结算的信用卡，目前有不少银行推出了欧元卡和澳元卡等非美元卡。

（3）出口退税最方便。持信用卡在境外消费，一般有两种免消费税的方式。一种是现场退税，即当场交易的金额不包含必须缴纳的消费税，前提是客户必须履行其政府规定的退税手续，否则商户有权事后从其信用卡账户中追扣其必须缴纳的消费税；另一种是事后退税，即交易的金额包含消费税，商户在客户履行了相关手续后，再退还消费税金额。目前，国际标准信用卡境外购物退税时，退税的币种为刷卡时使用的货币，这笔款项将打入信用卡账户，如果需要在国内用钱，转换成人民币将产生一定的货币转换费。如果使用银联退税，银联将把款项直接由外币转成人民币，回国后可自由提取。

4. 海关退税

持短期旅游签证的游客在出国消费时，达到一定金额后，可以询问售卖方是否可以退税，不过通常是大型百货商店才有。办理退税时会有一张单据，回程时集齐所有的退税单据在机场办理退税后就可以拿到退的那部分钱了。

（1）退税的具体操作。

1）在商店买东西的时候，要问对方能否退税。因为不同的商店规定的最低退税消费限额不一样。有的化妆品店要人民币 300 元起才能退税。

2）如果对方回答能退，就会给你一张单子，要求你出示护照。然后你需要在对方的帮助下填上自己的姓名、信用卡卡号、地址、国籍等，最后签名并选择退现金还是退到信用卡上。对方也要填写你消费的商品名称、金额、手续费和最后你能退到的金额。另外，最重要的是必须有售货人员的签名。

3）最好几个人买的东西开到一张退税单上，因为每张退税单都有固定的手续费，大约是人民币 20 元，如果开的单子太分散的话，手续费太多就不划算了。

4）起码提前 1 个小时到机场，有专门的退税柜台。排队的人比较多，而且一般一个人有好几张单子。你把退税单给工作人员，他会根据流程退税。

5）不要对退税抱太高的希望，一般号称 10%的退税额，扣除商店的手续费等，拿到手的很少。另外，小孩子的东西是不退税的。化妆品、服装等奢侈品以及鞋子、表、眼镜等基本出去旅游想买的东西都能退。

6）有些商品可以过了海关后在机场免税店买，价格便宜且不用退税。

（2）国外购物退税的三大误区：

1）误区一：赶飞机来不及退税。“我记得回国的时候，我提前 1 个小时去的机场，想着时间充裕，还可以退税，结果到机场一看，排队的人太多，我还是放弃了。”近期刚从国外旅行回来的黄先生说，到海关盖章的人排了一队，领取退税现金的人又排了一队，他当时估摸最少要两三个小时。最终因为怕误机，黄先生拿着连章都没来得及盖的退税单据就回国了，当然税最后也没能退得下来。

支着：“时间不够没有退税是常见原因，但是退税不仅可以用现金方式，还可以通过信用卡、支票方式。”相关业内人士指出。如果遇到排队时间过长的情况，游客要么将退税方式改为信用卡，直接将退税申请表投入邮筒寄给退税机构；要么回国退税，游客到国内机场退税点或市内退税点即可。但是，以上两种做法必须满足的条件就是在旅游国海关盖章。

2）误区二：无退税意识也没带信用卡。每年都会去国外旅行几次的张女士，非常热爱在旅途中购物。在此前的出游行程中，张女士在选择退税方式时，因为没有信用卡，只能选择现金或支票方式。由于支票邮寄两个月后才到，而且涉及兑付支票业务，张女士为了兑换不到 400 元人民币的税就缴纳了百余元的电汇费、换汇费等手续费。

支着：在选择退税方式上，信用卡在退税方面相对便捷。人民币温和升值，以往兑换旅行支票是为了固定汇率，现在则是越晚换汇越划算。信用卡属于先消费后结算，换汇的汇率不是按照刷卡时的汇率计算，而是购汇还款当日结算，加上还有长达几十天的免息期，其实刷信用卡购物更划算。需要注意的是，信用卡必须选择国际信用卡或者以“62”开头的银联标准信用卡。

3）误区三：不满可退税最低金额。“第一次出国我就选择了法国，在街边店、商场淘了有个性的单品。”白领金女士说，自己在认真填写了退税申请表后，回国那天该国海关却拒绝盖章。金女士后来才知晓，法国需要消费 175 欧元及以上才给退税，但她在单店单次购买的金额不够他们的退税标准。

支着：“退税一般还要求购物金额达到额度，每个国家对于最低消费额度要求不同，游客必须事先多了解。”相关业内人士称，写退税申请表的时候确保所有信息都填写无误，这关乎最后能否成功退税。因此，无论是跟团游客还是散客，在面临退税的环节时，都应当事先做好功课。

（3）几种退税方式大比拼。去国外消费购物，有哪几种退税方法？通常来说，境外购物退税包括信用卡、现金、支票和支付宝退税。

1）现金退税：优点是马上可以获得，有消费退税优惠的国家，在支持购物退税的商户消费后均可办理；缺点是手续比较烦琐，往往要排长队等待、准备资料、零钱兑换等，而且选择其他国家货币需要收取较高的货币转换手续费。

2）支票退税：优点是前期比较方便，游客在出境机场填好单据寄回有关地点后，海关人员会将支票邮寄至游客所留下的地址。但后期缺点较多，除耗时外，游客还得多花寄支票的邮资。待游客收到支票之后，还必须拿到银行去存。各种邮资、手续费扣下来，真正拿到的金额恐怕不多。

3）信用卡退税：退税方法中最简便的就是退回信用卡。不过，如果选择信用卡退税，游客提交的信用卡必须是国际信用卡，如有“VISA”“Master Card”标志的信用卡。而且用国际标准信用卡退税时，退税币种为刷卡时使用的货币，刷的是美元即退还美元。这笔款项将打入信用卡账户内，如果需要在国内使用这笔钱，转换成人民币将产生 1%～2%的货币转换费。

4）支付宝退税：消费者在欧洲等地购物消费，可以用支付宝办理退税，退税金最快 10 个工作日到账支付宝，并且支持支付宝钱包可实时查看到账情况。

5. 公共场所的行为

（1）境外餐厅用餐时，东西方饮食习惯差距很大，国外注重进餐礼节。用餐时请千万不要发出进食的响声，否则，将和当地风俗发生冲突。即使是在中餐馆，也请尽可能小声进餐。进餐时，不要跷二郎腿，不可靠在椅背上进餐；如果用刀叉，切不可舞动刀叉说话。如对某种食物禁忌，请务必于出发前告知，以便事先安排。用自助餐，请适量选取，切勿在餐盘内剩余过多或打包，这是极不礼貌的行为。

（2）在公共场所时，衣着应整洁，切勿穿着背心、短裤、拖鞋进入公共场所；低声说话是有教养的表现，切忌大声喧哗，不要参与别人的争吵，还要注意得体运用语言。在接受服务后，请用语言或微笑表示感谢。注意在境外随地吐痰、乱扔废物和不遵守交通规则等行为会被重罚。还有，在一些治安不太好的国家，外出时随身少带贵重物品和现款，也不要在旅馆等住处存放大量现金。

6. 住宿的注意事项

境外酒店的特色是房间小、整洁、简雅，历史都很悠久，与国内近年来新建的豪华酒店无法用同样眼光来看待，而且通常不备牙刷、牙膏和拖鞋，需自备。境外酒店的插座与国内的不同，但可以出发前在国内购买合适的插头转换器。房间内有自费电视服务，在入住酒店前请向陪同咨询以免产生不必要的费用。在酒店内的酒水价格通常高于商店的价格，请根据个人情况选用，长途电话也十分昂贵，建议自行购买电话磁卡在公共电话亭使用。

在境外期间，旅游者会发现这一天很长，一定要坚持按境外当地的时间作息，否则会因时差影响整个旅游活动。勿穿睡衣走出房间，在酒店大厅、餐厅请勿穿拖鞋，在酒店内请勿喧哗，以免影响他人休息。离开酒店外出时最好能至少三人结伴同行，其中最好有懂外语的人，并通知领队，带上酒店卡片以防迷路。

四、身体保健

其实，任何一次国际旅行都可能遇到威胁健康的各种情况。除了交通事故外，通常碰到的有：

（一）时差的影响

高速飞行带来的时差剧变，以及对睡眠与正常活动规律的干扰，会使人生理节奏失调，因而可能出现精神紧张、消化不良、恶心呕吐、食欲不振、疲劳与失眠。南北半球间旅行穿越赤道，在数天或数小时之内，突然经历四个季节的气候变化，常常会使体温调节紊乱，出现上呼吸道感染。

（二）环境的变化

环境的变化对健康的影响更明显。温热和潮湿常会使人感染脚癣或其他真菌皮肤病。在干旱地区，人会因吸入或吞咽大量灰尘而出现恶心呕吐等症状，降低呼吸道抵抗能力。热带淡水河流及湖泊中因可能存在能穿过皮肤的幼虫而使人患血吸虫病。在肮脏的温水池中游泳可能会染上致命的原发性阿米巴脑膜炎。到高原地区，可因空气稀薄而引起缺氧等高原反应。对于这些情况，出境旅游者应主动了解当地的卫生情况和危险因素，谨慎地保护自己的安全和身体健康，使自己免遭疾病的侵袭。对这些，出国者都应当心中有数。另外，出发前应尽可能正确、全面地了解和掌握即将前往、途经、停留国家（地区）的环境情况资料，或及时前往国境卫生检疫机构进行咨询，以便采取针对性的个人预防措施。

（三）毒虫叮咬的威胁

全世界各地都存在不同种类的病源昆虫，如蚊、蝇、虱等，对旅游者都有威胁。例如：按蚊能传播疟疾，亚非拉等地分布很广的伊蚊能传播黄热病和登革热，伊蚊、库蚊、按蚊和曼蚊都能传播丝虫病；黑蝇能传播盘尾丝虫病，采采蝇会传播令人生畏的非洲锥虫病；跳蚤传播鼠疫和潜蚤病；虱、螨、蜱能传播斑疹伤寒、回归热。被节肢动物叮咬或与其接触，会引起瘙痒肿痛等不舒服感觉，有时还没有意识到，就可能已染上了疾病。

（四）污染食品和饮水的危害

出境旅游途中，食用遭受污染的食品和饮水后常能染上霍乱、菌痢、阿米巴痢疾、贾第虫病、伤寒、副伤寒、沙门氏菌病、肝炎、蠕虫病等。为了防止出现上述的情况，旅游者应注意以下事项：

（1）勿喝卫生状况不明的水或牛奶。

（2）勿吃生的食物（可削皮的水果和蔬菜除外）。

（3）勿吃未经消毒的生蔬菜或冷拌菜。

（4）肉食和鱼要完全煮熟，禁止吃生鱼肉或生贝壳（在一定季节有些鱼和贝壳即使煮熟后仍会含有害的生物毒素）。

（5）勿吃来源不清、无卫生保障的冰激凌和冰块。

（6）勿在可能受污染和各种病媒昆虫污染的水里蹚水、清洗和游泳。

（7）尽量回避接触动物，不要进入疫源地。

（五）艾滋病的感染

由于当前国际上不少国家艾滋病肆虐，出国旅游者还必须掌握一些有关艾滋病的防治知识。染上艾滋病多数是因为与艾滋病患者或者与病毒携带者发生性关系，也有的是因使用被艾滋病毒污染过的注射器输血或因皮肤破损被感染。偶尔的接触如握手、共同在一个游泳池里游泳、乘公共交通车、共同进食、拥抱、咳嗽、打喷嚏等是不会感染艾滋病的，也不会因被昆虫叮咬而染上。

如何避免在出国期间染上艾滋病，首先要洁身自好，抵制性的诱惑，不与妓女和同性恋者等高危人群发生性关系，非必要情况下尽量避免发生接触。当在国外旅行时，有可能会遇到意外的事故伤害，这种伤害有时需要输血，应尽量避免或推迟输血。如果必须输血，旅游同伴有责任要求医院保证所用的血是经过检验的，没有艾滋病毒。在国外也应尽可能避免注射治疗，如果必须注射，要保证针头和注射器是经过严格消毒、直接从消毒包袋取出来的。如果需要使用刺破皮的器械，如在皮肤上挑疱的针、针灸针、刺破耳朵的针以及牙科器械甚至剔牙的牙签都必须经过消毒，不要随处乱放，以免感染艾滋病毒。

五、生活准备

置身于境外陌生的生活环境，与国内相比有许多不便，一些生活用品需要事先做好安排和准备。

（一）置装

1. 选择旅游服装的注意事项

（1）材质要轻：质轻设计不仅穿起来舒适，而且收藏时也比较不占空间。

（2）透气性佳，保暖度够：科技材质能将身体的湿气排出，同时维持体温，让外面的冷空气进不来。

（3）防水设计：如果选择到多雨地区或雪地旅游，外层服装的防水设计便是必备要素。

（4）多口袋设计或多功能暗袋：多口袋设计方便随身携带的小东西有“藏身之地”，而且分类清楚，找起来也方便得多。内层的暗袋设计则能让重要物件如现钞、证件等“贴身收藏”，避免被窃。

2. 选择鞋类的注意事项

前往热带或海岛，以进行水上活动与陆上参观为主时，可选穿运动凉鞋或休闲鞋；前往都会市区，以参观或逛街购物为主时，建议选穿一般的平底休闲鞋；前往山区，以爬山、奔走或丛林探险等户外活动为主时，最好选择鞋底颗粒大、抓地力强、防滑耐磨的运动休闲鞋。想降低行走时脚与地面的冲击，厚的胶底鞋比薄的皮底鞋更好，鞋子的吸震力不佳，很容易造成脚部不舒服，引起疼痛。另外，专业的休闲鞋也有气垫设计，可以有效减轻冲击力；符合人体力学的一体成型设计，更能让脚板完全放松，即使长途跋涉，也不觉得累。

（二）行李

出境旅游携带物品的原则是尽量从简、从轻、从实用出发。行李箱不宜太大太重，因为航空公司对托运行李的重量和体积有一定的限制，出入境海关也有禁带或限量物品的规定，行李箱过重过大会给中转、入境、到终点办理手续等带来诸多不便。

准备行装前，应了解有关物品携带的规定，做到心中有数，省得麻烦。武器、爆炸物、凶器和毒品等属政府规定的禁运物品，不准携带登机或托运，一些易燃、易爆、易腐蚀和有毒的物品也属禁运之列。我国海关目前限制个人带出国外的物品主要是文物、特别的字画、金银及珠宝首饰等，携带中药材价值每人不超过 200 元，但麝香和蟾酥禁止出口。

在有些国家，一些动植物、蔬菜、水果、草木种子以及植物产品和动物制品，带根的花木、家禽、鸟类、蛋类、蜗牛和未鞣过的动物毛皮等未经允许不准带入，尤其严禁将一切肉类，包括熟的、生的或干的带入国境。如对国外的饮食不习惯，必要时可带少许方便面、袋装或罐装咸菜以及适量的调味品等，以调换胃口，增加食欲。

短期出国旅游者零用钱有限，不宜临时在外多买日用品，因此出国前要尽量带足出国旅行必备的生活用品，如刮胡刀、指甲刀、短毛巾、小梳子，去有的国家还要自备牙具、拖鞋；必要的换洗衣物、两三双洗后易干的袜子；还有三样小东西需准备，即世界地图、年历卡和可随身携带的小笔记本。特别是笔记本，尤为重要，启程前可把一些重要信息记在上面。例如：我驻该国使领馆的地址、电话，中外主要联系人的名字，本人护照号码，旅行日程表（包括航班号、运行时刻）及已定旅馆的名称等，最好用一张纸专抄沿途有关城市的时差表。另外，别忘记带上圆珠笔和铅笔，由于航空旅行中气压等变化，黑水会渗出污染衣物，水笔最好不带。

为了旅途方便和超重不太过量，可准备一个较坚固、有一定容积的皮箱和两件手提行李，将携带的行李物品合理分类，除重要资料、商业样品、重要笔记本、货币、流通票证、证券、证件、贵重物品、随时换添的衣物、途中使用的物品及其他需要自己亲自保管的用品要随身携带外，其他物品均可放进大皮箱里随机托运。行李装好后，一定要准备质量较好的锁，把行李箱锁好。若航程复杂，行李要长途联运时，则应加用行李捆绑带捆牢。为了保险起见，最好在行李箱上贴上一个写有自己的中英文姓名，国内、国外单位地址，起点和终点等内容的标签，以免行李在联运过程中丢失而造成损失。

（三）医药物品

根据旅游者本人的身体状况和前往国家的情况，携带部分保健和应急药品是很有必要的，一般由团组集体准备为宜，最基本的药品应包括晕机药、感冒药、抗菌药、助消化药、止痛药、止呕药、止泻药以及镇静安眠药，如速效感冒片、维生素B1、维生素B6、黄连素、颠茄片以及晕乘宁、伤湿止痛膏、用于小外伤的创可贴及红汞与碘酒等。若自己平时身体不好，个人最好再有针对性地带上些自感疗效较好的药物；若需经常服药，还是中、西药两种都带上为好，但是要注意相关国家的海关规定。国外医疗费用昂贵，如有牙病应提前检查，该补、该拔、该镶的最好全在国内办妥。视力不好也要尽早验光配镜，并且最好配制两副以防损坏。

（四）金钱

按照《携带外币现钞出入境管理暂行办法》的要求，每人出境可以携带等值5 000

美元的现金。如需携带 5 000 美元以上的现金，应向银行或外汇局申领“携带证”。

在境外使用 Master Card 和 VISA 国际信用卡很方便：可以在有“VISA”或“Master Card”标志的商铺刷卡消费，又可以在贴有“VISA”或“Master Card”标志的 ATM 上提取现金，不过取现的手续费较高。为了减少不必要的手续费，最好的用钱原则就是：多刷少取。用国内某些银行推出的双币信用卡，可以在境外消费以美元记账，回到国内后直接用人民币还款，非常方便。用中国银联的借记卡在我国香港以及世界不少地方有“UnionPay”标志的商铺消费，可以即时按当时牌价结算，在人民币账户上扣除相应费用，无需其他手续费。

在享受信用卡给出行和消费带来方便的同时，应该记下信用卡卡号、卡面上的其他信息和 24 小时全球紧急服务中心的电话号码，万一丢失信用卡，可以在境外马上挂失、享受紧急取现等应急服务。

（五）保险

出境游与境内游有很大的区别，由于语言不通、人地生疏等各种原因，很容易出现一些意想不到的状况。因此，为了避免让这趟旅游成为今后记忆中的噩梦，为自己的境外游加一份保险，绝对是“花小钱买大保障”的智慧选择，切记不可因为省钱而使自己失去安全保障。

若是选择“报团”出游，那么旅行社必然会在旅行出发前帮助所有的游客购买一份责任险。很多游客认为只要有了责任险，就可以“一险在手，万事无忧”了。事实上，这份涵盖在“团费”中的责任险与游客单独购买的境外旅游险有本质的不同。旅行社为旅客投保的旅游责任险，主要保障在旅游活动中，由于旅行社组织不力等导致游客发生意外伤害或财物丢失，旅行社需要承担责任时，由其投保的责任险保险人支付相应的赔偿。而游客本人发生的意外事故则不在承保范围内，因此，游客应尽量在出发前购买一份出境旅游的个人险种。

目前市场针对个人的旅游保险，基本上提供三类保障：一是人身伤害保障，二是紧急救助保障，三是财物损失保障。与选购境内旅游保险不同，出境游游客除了关注能得到多少医疗赔偿金外，还应着重考察境外旅游保险的紧急救援功能，并了解紧急救援服务的内容。如果有尝试赛车、赛马、攀岩、无动力滑翔、探险性漂流、潜水、高山滑雪、滑板、跳伞、热气球、蹦极、冲浪等高风险活动的计划，那就要特别投保。

（六）其他

其他一些物品也需要准备：

（1）出国电源转换插头和电压转换器（变压器）。在国内大多用的两眼和三眼的电器插头，但在国外电压和插座规格都不相同，导致旅游者带去的电器和数码类产品无法使用，所以要用转换插头来解决这个问题。

（2）一次性内裤和一次性马桶垫。这两件物品虽小，但是对保持旅游者身体健康非常关键。出境旅游基本都在5天以上，内裤来不及天天换洗，所以带一次性内裤比较方便。另外，酒店的马桶也是细菌聚集的地方，因此准备一次性马桶垫也是非常有必要的。

（3）迷你吹风机。旅游者一般跟团出游都会很晚才回酒店休息，第二天又要清晨出发去下一个景点，所以在当天洗完澡，用吹风机立即吹干后，就可以安心地入睡。

（4）旅游三宝，即充气小靠枕、眼罩和小耳塞。小靠枕可以减轻长途旅行的劳累。眼罩是让旅游者能在飞机上或旅途中，遮蔽亮光安心休息的好用具。小耳塞能降低环境噪声干扰。

（5）国外手机卡。在出国旅游前，购买一张前往国的手机SIM卡，买好后只需要把SIM卡插入手机，到了旅游目的地就可以使用通话了，这样既能减少话费的支出，也能保持通信的全程畅通。但是，购买手机卡的时候要问清和查明当地手机网络的制式。

模块三　出境旅游的安全管理

一、选择出境旅游须知事项

（一）出游选择合法的旅行社

选择合法、优质、诚信的旅行社不仅可以使旅游者放心明白地消费，还可以保障旅游者的合法权益。旅游者要看旅行社资质，查看工商部门颁发的营业执照和旅游管理部门颁发的“旅行社业务经营许可证”“旅行社分社备案登记证明”“旅行社服务网点备案登记证明”以及证照的有效期。

（二）签订旅游合同

参加旅行社组织的旅游，一定要与旅行社签订旅游合同，明确双方的权利和义务。合同的内容应当符合旅行社条例规定，旅游者应对合同的条款仔细阅读，对于一些容易引发纠纷的事项要在合同中明确约定，避免日后因约定不明确而发生纠纷。

（三）警惕旅行社的行业潜规则

旅游者报名参加旅行社组织的旅游，可能会遇到旅行社行业的潜规则。例如：对老年人、儿童、律师、教师等群体加收额外费用。旅游者如遇到旅行社加收额外费用，可直接拒绝；已经缴了额外费用的，要保留相关证据。遭遇潜规则的旅游者可向省、市旅游质监执法机构提起投诉或举报。

（四）防止陷入零负团费陷阱

旅游费通常包括：交通费、住宿费、餐费、景点门票、导服费、旅行社利润等。旅游费低于成本价，旅行社就会以诱导强迫购物、增加自费项目来弥补亏损，旅游者不要贪图小便宜，应当理性消费，防止陷入“零团费”的陷阱。

（五）旅游购物要慎重

旅游购物是旅游活动的内容之一，旅游者因购物而上当受骗事件时有发生，旅游者购物一定要慎重。在旅游地购买纪念品，应该具有“一分价钱一分货”的观念，进行理性消费，避免盲目、冲动，在境外购物尤其应该谨慎，不建议购买金额较高的珠宝首饰。购物时应选择有资质、信誉好的较大商场，并索要购物凭证。付款前，确保交易时与售货员做出的口头承诺都清楚列明在发票上。要检查商品，确保货品完好无损、配件齐全，特别注意提货时防止货品被调包。

（六）依法理性维权

在旅游过程中发生旅游服务质量问题或旅游纠纷时，旅游者不可采取过激行动，人为扩大事态或纠纷，致使旅游活动不能顺利进行。当发生纠纷时：一是应当采取适当措施防止损失扩大；二是不要把旅行社的过错发展为双方过错；三是完成行程后，旅游者可向旅游质监执法机构提起投诉，依法维护自己的权益。

（七）倡导文明出游，理性消费

旅游者在出游时应尊重当地的风俗习惯，礼貌待人，自觉遵守公共秩序，保护生态环境，杜绝不文明行为。

二、旅游途中的安全注意事项

在国外旅行最大的安全隐患是自己缺乏警惕性，疏忽大意。特别是金融危机爆发后，一些国家和地区社会秩序动荡，恐怖事件时有发生，当地政府的管制力量薄弱，外国人在这些国家（地区）所面临的风险比较大，所以到这些国家（地区）去旅行或工作，就更要提高警惕性，随时注意安全形势的变化，及时采取安全保护和规避风险的措施。即使到社会秩序和社会服务比较好的欧洲、美洲和大洋洲旅行，也不能放松警惕，不仅要注意预防和及时躲避突发的自然灾害，还要随时注意防偷、防骗、防抢、防止不法分子的攻击。

（一）证件安全注意事项

护照、签证、身份证、信用卡、机船车票及文件等是出国（境）旅游的身份证明和凭据，必须随身携带，妥善保管。

（1）要把原件放在贴身的衣服口袋中。

（2）要在出发前，各复印一份放在手提包中。

（3）除出入境接受检查时使用外，最好交给领队统一保管。

（4）遇到有人检查证件时，不要轻易应允，而应报告领队处理。如领队不在现场，要有礼貌地请对方出示其身份证件或工作证件，否则应予拒绝。如对方是警察，可在检查中记下其证件号、胸牌号和车号，以防万一。

（5）证件一旦遗失或被偷被抢，要立即报告领队并向警方报案，同时请警方出具书面遗失证明，必要时向所在国申请出境签证并向我国驻所在国使领馆提出补办申请。

（6）要严格遵守有关国际公约和出境游目的地国家（地区）的入境法规，不得携带违禁药品，不得参与目的地国家（地区）禁止从事的活动，携带大量现金或特殊药品出入境时，要按规定如实申报。

(二) 钱物安全注意事项

(1) 出境期间不要携带大量现金和贵重物品。

(2) 不要把现金和贵重物品放在托运行李、外衣口袋或易被割破的手提包中。

(3) 不要把现金和贵重物品放在宾馆房间或旅游车中。

(4) 不要让也不要帮不相识的人看管或托运行李。

比较安全的做法是:

(1) 尽可能少携带现金，代之以信用卡或旅行支票，出游前可在国内兑换一些小额货币，用于在目的地小额消费，如打电话、上厕所和支付小费。

(2) 贵重物品可存放在宾馆总台和房间的保险箱中，须保管好凭据、钥匙并记住保险箱密码。

(3) 如发现钱物丢失或被偷盗，要立即报告领队。如在机场丢失，要速到航空公司机场失物招领部门登记或索取丢失证明以备索赔。如在宾馆或旅游车上丢失，要和领队一起与相关方面交涉，并可酌情报警方处理。

(三) 交通安全注意事项

(1) 要熟悉所在国的交通信号标志，遵守交通规则，不要强行抢道，也不要随意横穿马路。

(2) 在国外乘坐旅游车时，不要乘坐第一排的工作人员专座，此专座设有工作人员保险，但游客乘坐一旦发生意外是得不到赔付的。

(3) 在乘坐飞机或乘车时要系好安全带。

(4) 不要在飞机起飞后和降落前使用手机和相关电子产品；不要把头和手伸出旅游车外。

(5) 在乘坐船、快艇等水上交通工具时，要穿救生衣（圈）。

(6) 万一发生交通事故，要采取自救和互救措施，保护事故现场，并速报领队和警方。

(四) 饮食安全注意事项

(1) 要在指定或下榻的宾馆餐厅用餐，不购买和饮用地摊或小商贩提供的饮料食品。

(2) 要坚持饭前便后洗手的习惯，不吃过期或不洁净的饭菜瓜果，也不要自带食品（往往不能通过海关检疫）。

(3) 要牢记自己的饮食禁忌，不盲目尝鲜、贪吃、乱吃。

(4) 要避免在流行病传播季节到流行病传播地区停留。

(5) 要做好预防措施，携带一些常用必备药品。

（6）万一患病，要及时到医院就诊，不要强忍硬扛。

（五）住宿安全注意事项

（1）进出宾馆房间随时关门锁门，离开宾馆时把钥匙交回总台，不要让陌生人进入房间。

（2）正确使用房间电器等设施，不要在床上吸烟，不要把衣物放在电灯台架上。

（3）要熟悉宾馆安全通道和紧急出口等疏散标志，遇到火灾时不要搭乘电梯。

（4）离开宾馆前要携带一张记有该宾馆地理位置和联系电话的卡片，以保迷路后安全返回。

（5）到健身房和游泳池锻炼时，要注意自我保护。

（六）观光安全注意事项

（1）观光游览时要服从领队和导游的安排，紧跟团队，不要擅自脱队。

（2）记下领队和导游的手机号码，以备万一离队后联系方便。

（3）记住旅游车车牌号和所在停车场位置，以便走失后找回。

（4）万一联系不到或找不到旅游车，可自行乘出租车返回宾馆或请警方协助并设法告诉领队。

（5）在拍照、摄像时注意往来车辆和是否有禁拍标志，不要在设有危险警示标志的地方停留。

（6）要慎重参加带有刺激性的活动项目，量力而行，提高自我保护意识，服从安全人员的指挥，不要到赌场和色情场所消费。

（7）夜间自由活动要结伴而行，并告知领队大致的活动范围，不要乘坐无标志的车辆，不要围观交通事故、街头纠纷，不要太晚返回。

（七）购物安全注意事项

（1）购物时要保管好随身携带的物品，不到人多、拥挤的地方购物。

（2）一定要到正规的商店购买，并且要有相关的发票证明，在数量上要适当，不要超出标准。

（3）在试衣试鞋时，最好请同团好友陪同和看管物品。

（4）不要当众数钱。

（八）人身安全注意事项

（1）要远离毒品，不接受陌生人搭讪，防止人身侵害。

（2）要尊重所在国，特别是有特殊宗教习俗国家的风俗习惯，避免因言行举止不当引发纠纷。

（3）遇到地震等自然灾害或政治动乱、战乱、突发恐怖事件或意外伤害时，要冷静处理且尽快撤离危险地区，并及时报告我国驻所在国使领馆或与国内有关部门联系以寻求营救保护。

三、突发事故的处理方法

(一) 常见的突发事故

1. 生病

在国外应避免暴饮暴食，并力求睡眠充足，以保证身体健康。应从国内携带一些常用药品，如感冒药、创可贴等。慢性病如心脏病、糖尿病患者应带足自备药品。遇到生病或受伤，在领队的协助下，应视情况或前往医院就医，或拨打24小时救援电话。

2. 遗失

(1) 遗失护照。如果不把现金夹在护照里，遗失护照后失而复得的机会要大得多。当发现护照遗失时，可将照片、护照复印件拿到我国驻所在国使领馆申请补发，通常情况下一个星期可领到新护照。

(2) 遗失现金。只带所需现金外出，其余应放入酒店房间的保险箱内。应将使用过的支票号码仔细记住，需签名的两处中的一处应预先签名。在户外活动时，不要把贵重物品留在车内，以免贵重物品丢失。另外，饭店大厅是调包事件最容易发生的地带，手提行李等宜随身携带。

(3) 遗失机票。从警方手中取得“遗失申请证明书”，并告知是在何处购买的机票之后才能向航空公司申请补办。

(4) 遗失行李。应当立刻持行李票、登机牌向机场工作人员咨询，或者到机场行李查询处查看相关情况。行李查询处一般会联系你乘坐航班所属的航空公司进行查找，正常情况下航空公司的系统可以查询行李的去向，例如：行李没跟你搭乘同一班飞机，而需要等下一班，如果时间允许，建议在机场等，如果等待时间较长，机场和航空公司会提出将行李送到酒店或你指定的地点，并做出时间承诺。

3. 发生交通意外

发生交通意外时，在事情的是非还没有分辨清楚时，不要随便向人道歉，也切勿自行贸然交涉，以免对以后的交涉产生不利影响。应第一时间报警，由警察来处理现场。

4. 迷路

一旦脱离队伍只剩下你一个人，关键要有归队的信心。如果你脱离队伍已有一段时间，知道他们要去的地点，可先用电话联络，再乘飞机或出租车前往。若因没有赶上飞机而剩下自己一个人，可告知航空公司与预备前往的机场取得联系。另外，每到一个新的城市，应在酒店前台领取一张印有酒店地址的名片，一旦与团队走失迷路，应向警察求助或向出租车司机询问。

（二）恐怖袭击和枪击事件

国外的社会治安情况总体而言不如国内，欧洲的恐怖袭击事件和美国层出不穷的枪击事件等都给出境旅游蒙上了一层阴影。如果很不幸真的遇到此类恶性事件，旅游者该如何第一时间逃离案发现场，脱离险境？

案 例

案例 1

2017 年 10 月 1 日，据美媒报道，当地时间周日（1 日）晚上 10 点 20 分左右，在拉斯维加斯曼德勒海湾赌场附近举行的一场乡村音乐节中出现活跃枪手。现场一名目击者称，枪手在高位进行射击。有媒体形容，现场传出过百下枪响，枪声震天。

从社交媒体上公布的视频可以看到，事发时，曼德勒海湾赌场酒店旁正在举行一个露天音乐会，但是突然传来一阵阵密集的自动步枪射击声让现场民众尖叫哭泣着四散奔逃。据当地媒体报道，枪手可能是从曼德勒海湾赌场酒店的高层朝下射击。现场目击者说，看见至少 20 人倒在血泊中。

出席音乐会的 Cari Copeland 表示，她当时听到自动步枪的密集射击声，不少人中枪丧生，现场遍布尸体，她只能爬过尸体逃命。Kodiak Yazzi 则表示，他当时以为枪声是放烟花，枪声持续了 5 分钟左右。

据媒体报道，拉斯维加斯枪击案共造成至少 59 人死亡，515 人受伤。

案例 2

自 2014 年以来，“枪械暴力档案”网站对发生在美国和枪械有关的事件进行了统计。根据该网站的计算，自 2017 年初以来（注：截至 2017 年 11 月 6 日，前一天发生了得克萨斯州死亡 26 人的枪击案），美国已经发生的枪击案超过 52 000 起，13 158 人死亡，近 27 000 人受伤。实际上，当我们在 2017 年 10 月 3 日准备关于拉斯维加斯枪击案封面时编纂这三个数字的时候，当时的死亡人数为 11 685 人，伤者为 23 716 人。一个月的时间，1 473 人死亡，3 234 人受伤，而枪击事件也增加了 5 713 起。

还是从 2017 年初算起，“枪械暴力档案”统计了 307 起大规模杀戮事件，几乎平均每天一起（11 月 6 日为 2017 年的第 310 天），从截止日往前一个月，一个月的时间就增加了 34 起之多。在这个令人毛骨悚然的统计数字中，还只是仅仅包括一名杀手在一个地方至少造成4人伤亡的事件。

另据哈佛大学学者的研究和英国《卫报》2016年透露的数据，美国成年人手中的枪支共有2.65亿支，差不多人手一支（截至2016年3月美国总人口为3.23亿人，成年人为2.49亿人）。但是，这一统计掩盖了其中重大的不均衡：实际上78%的美国成年人并不拥有任何枪支。反过来，其中3%的人却拥有一半流通中的枪支，即1.325亿支，实际上平均每人拥有17支枪。也就是说，22%的美国成年人拥有枪支，其中仅3%的人就拥有其中的一半。

分析：

一个国家的制度和社会文化背景对于旅游者而言是相对固定的，不可能在短期内发生好转和改善，一旦遇到恐怖袭击和枪击事件，对于手无寸铁又无枪械操作经验的中国旅游者来说危险非常大，所以在旅游目的地的选择上面，在重大的活动节点上面应慎行。

1. 遭遇枪击的逃生方法

（1）当枪击目标为不确定时：

第一，持枪杀手通常会选择向附近的、易得手的无辜者开枪。你所处的位置越是难以被发现或者难以被击中，就意味着越安全，因此尽量不要引起枪手的注意。如果已经暴露，切忌“迂回式”移动，而是要用最快的速度进行“点式”移动。

第二，当发现枪击已经开始时，如果可以逃离现场，一定要尽力逃离，要知道在这样的情况下仅仅15秒的时间足够改变所有的局面，所以别放弃任何求生的可能。同时，放弃财物，当你逃跑的时候不要停下来去拿财物，这会拖延你离开的时间而且可能会暴露你的位置。赶紧离开，你的生命比钱财更重要。

第三，尽量使用公共场所中可以用来遮挡的东西，在此要强调的是——任何东西，哪怕是一杯热咖啡都有可能成为求生的重要工具，别小看手边的任何东西。如果不能离开，那么就要寻找有掩护的地方。躲在其他东西后面可以挡住子弹，如车或者其他比较坚固的东西。很薄的墙或者门是不行的，这会让枪手知道你在那儿。也可以躺在足够大的遮挡物下面，躺在地上可以大大减少被击中的可能性。

第四，在紧急状况中，如果你可以在保全自己的情况下帮助他人，那么请尽量帮助他人。

第五，如果可以逃离到一个尚且安全并可以上锁的房间，一定要记得锁上门窗，关上灯，用室内可以找到的任何东西抵住门。在躲避或者逃跑的时候要尽可能安静，要慢慢地呼吸，不要哭泣，否则可能会暴露你的位置。不要跟周围的人说话或者打电话，如果可以的话把手机调静音。如果你想求救，可以发短信，以免引来歹徒。

而且，尽量要躲避在房间的角落内，远离门窗，不要将自己的身体暴露出来。

第六，在最紧急的时刻，尤其是距离枪手非常近的时候，别忘了你有最后反击的权利——直击枪手的咽喉，用手挖他的眼睛，猛击他的脸部，用膝盖猛撞枪手的腹股沟等。记住一个原则——“21英尺原则”（21 Feet Rule），在距离枪手只有21英尺的时候，你绝对有机会迅速扑向他，并阻止他掏出枪。

第七，当警方到达现场时，一定要双手张开举过头顶，并按照警方的命令执行每一个动作，以免误伤。

（2）枪击目标明确就是你时：

第一，要评估当时的情况。如果对方的目标就是你，你首先要评估当时的情况。如果你被抢劫了，应答应对方的所有要求，就像前文提到的那样。如果你处在枪战之中，那么你的选择就很有限了。

第二，如果可以的话尽量逃跑。如果你正在被追赶，要尽可能逃脱。如果已经被抓到，尽可能分散对方的注意力，趁机逃跑。但是要找到绝佳的逃跑机会才行，否则你转身逃跑可能会更容易让对方从背后枪击你。当你逃跑的时候应尽量采取不规则的曲线逃跑路线。如果可以的话，对攻击者进行视觉干扰，如利用喷雾灭火器。

第三，如果可以的话找到掩护。你可能没有足够的时间来逃跑，但至少可以找到掩护的地方。如果你看到对方要开枪了，要马上找个掩护。

第四，试着找到武器或者分散对方的注意力。在你进行对抗的时候找到可以作为武器的东西。比较重的东西，特别是那些有尖角的是很好的武器。

第五，跟枪手谈判。如果你已经无处藏身，没有其他的选择，你只能将赌注放在枪手身上。不要求他放过你或者让他觉得愧疚，相反，同情他并试着问他想要什么，帮助他并问他为什么要这么做。这可以为救援拖延时间。

第六，如果对方准备开枪，马上跑开。移动至少会让对方不容易击中你，因为射中移动中的物体是很难的。

（3）和警察正面相遇时：在国外的一些日常生活中，也会遇到警察的检查和盘问，这时如果不应对得当的话，容易遭警察枪击。

1）当你遇到警察的时候应把帽子和墨镜摘下来。如果你在车里被警察拦下来，或者在他们靠近你的时候你还有时间的话，将你的帽子和太阳镜摘下来（如果你戴了的话）。如果警察能够看到你的眼睛，他们会放松警惕。但是如果对方已经看到你了，那就不要再摘了，否则会让他们起疑心。再次申明，只有在他们没有看见你的情况下你才能把帽子和墨镜摘下来。如果警察已经看到你了你还这样做，他们会认为你在拿枪。

2）让警察看到你的手。无论你是在车里或街上，你需要让对方看到你的手。如果你在车上，把手放在车窗上。如果你在街上，把手露出来。这也可以让警察放松警惕。尽可能不要移动。除非不得已，否则不要移动或者触碰任何东西。当然，也不要做任何突然的动作，因为这会让警察觉得你准备去拿武器。

3）保持平静。不要试图跟警察争吵或者让自己看起来很愤怒。即使你觉得你的权利受到侵犯，也不要直接起冲突。你可以在这之后通过律师起诉他们，但绝对不要有正面冲突。同时，放慢语速，不要大声叫喊，和警察进行平静的对话。这将有助于表明你没有敌意，不让警察感到惊慌。你需要让警察保持冷静。

4）听从对方的要求。如果警察让你停下，那你就停下。如果他们让你从车里出来，那你就从车里出来。如果他们告诉你把手放在墙上，那就把你的手放在墙上。就像之前说的，你可以在以后进行维权，但不是现在。如果你对警察的态度很强硬，你就会很危险。

5）告诉警察你正在做什么。每一次你需要移动的时候要告诉警察你准备做什么。让他们知道你为什么要动，而且要缓慢移动。说这些事的时候要保持冷静。再次申明，不要让警察认为你是准备去拿武器。

（4）如何避免被枪击：

1）住在安全的城市或城镇里，不要去拥有高犯罪率和充斥枪支暴力的地区。如果你必须待在这种地方，应尽量在安全的地区。另外，要快速通过不安全的地区。如果你必须经过不安全的地区到外面去，应很快地通过这些地区，不要在大街上闲逛。如果要去某些地方，尽量坐公交车或者开车，不要步行。

2）不要晚上出去。一些不安全甚至是相对安全的地区晚上的犯罪率都会升高，非常不安全。因此，晚上应尽量在家待着。另外，不要穿惹人注意的衣服。某些衣服会引起警察的怀疑。尽管你可以穿你想穿的衣服，但是不要试图去改变现实。当你经过某帮派的地盘的时候不要穿帮派颜色的衣服。例如：在洛杉矶穿红色或者帮派的衣服就很不明智。

3）避免毒品、帮派和犯罪。不要嗑药以及加入帮派和犯罪。尽量不要去接近帮派，黑帮血拼的时候经常会随便杀一些人。处于这种危险的境地，将大大增加被枪击的风险。

4）别惹麻烦。一位智者曾经说过：“不开始的话就不会发生。”这意味着如果你不主动招惹麻烦，你就不会有麻烦。比如说，和别人的女朋友偷情就不是一个明智的举动。只要避免麻烦，就不会招惹一些疯狂的人。

2. 遭遇恐怖袭击的逃生方法

目前，全世界很多国家都遇到过恐怖主义的麻烦，恐怖袭击也时常见诸报端。尤其是欧洲地区，作为中国游客比较偏爱的旅游目的地，也正饱受恐怖袭击之苦。

案例

案例 1

法国当地时间 2015 年 11 月 13 日晚 9 点左右，巴黎市郊区公共场所共计发生 7 起枪击、6 次爆炸恐怖事件。当时郊区法兰西大体育场正举行法国对德国的一场足球比赛，总统奥朗德在现场。总统本人已安全撤离，并宣布法国全国进入紧急状态。北京时间 2015 年 11 月 15 日凌晨 2 点左右法国召开新闻发布会确认，恐怖袭击已造成至少 129 人死亡，352 人受伤，其中 99 人重伤。

案例 2

2016 年 3 月 22 日 8 时左右，比利时布鲁塞尔扎芬特姆国际机场出发大厅发生爆炸；9 时 22 分，布鲁塞尔欧盟总部附近地铁站发生爆炸。比利时官方确认爆炸是自杀式恐怖袭击。当地时间截止到 2016 年 3 月 22 日 18 时，连环爆炸事件已致至少 34 人遇难。其中，机场爆炸致 14 人遇难，另有 81 人受伤；地铁站爆炸则至少有 20 人遇难，另有 106 人受伤。

案例 3

2005 年 7 月 7 日早上交通高峰时间，4 名受“基地”组织指使的英国人在伦敦三辆地铁和一辆巴士上引爆自杀式炸弹，造成 52 名乘客遇难，700 多人受伤。此次恐怖袭击被称为伦敦七七爆炸案。

分析：从以上的案例不难看出恐怖袭击的频率是比较高的，而且发生在人员比较密集的场所，如商场、酒店、车站、体育场等。恐怖袭击的手段多样，有爆炸、枪击、卡车撞击等，往往让民众反应不及。因此，作为旅游者，如果遭遇了恐怖袭击，第一时间要想办法脱离险境。

（1）如果在大型体育场馆发生恐怖袭击，应迅速有序远离现场，避免拥挤、踩踏造成伤亡；撤离时要注意观察场馆内的安全疏散指示和标志；场内观众应按照场内的疏散指示和标志从看台到疏散口再撤离到场馆外；场馆内部的工作人员以及运动员，应根据沿途的疏散指示和标志通过内部通道疏散；不要因贪恋财物而浪费逃生时间；检查自身的身体状况，实施必要的自救和互救；拨打报警电话，客观详细地描述事件发生、发展经过；注意观察现场的可疑人、可疑物，协助警方调查。

（2）如果在宾馆、饭店、娱乐场所发生恐怖袭击，首先要保持镇静，尽快撤离现场，注意避免进入餐厅等存有易燃易爆物品的危险地点；不要用打火机点火照明，以免形成二次爆炸或燃烧；寻找、观察安全出口；迅速有序撤离现场，避免出现踩踏等事件；不盲目跟从人群逃离，避免挤成一团相互踩伤、压伤；不要因为顾及贵重物品而浪费宝贵的逃生时间；按照警方和有关人员的示意和指挥及时撤离现场，如果现实条件不允许，应原地卧倒，等待救援；迅速报警，客观详细地向警方描述事件发生、发展的经过；注意观察现场的可疑人、可疑物，协助警方调查。

在宾馆、饭店或娱乐场所遇到枪击时，要快速趴下或蹲下，隐蔽于桌子、沙发、吧台、立柱等的下面或后面；如果在室内听到外面有枪击声，不要出来观看，要及时躲避在沙发或床侧面，不要躲避在门后或衣橱内；拨打电话报警；不要忘记检查自己的身体是否受伤，做到自救和互救。

（3）如果在大型商场遇到恐怖袭击，首先要保持镇静，迅速选择最近的安全出口并有序撤离现场；注意避开临时搭建的货架，避免因坍塌造成新的伤害；注意避开脚下物品，一旦摔倒应设法让身体靠近墙根或其他支撑物；不要因顾及贵重物品而浪费宝贵的逃生时间；逃生后请迅速报警，客观详细地向警方描述事件发生、发展的经过；要注意观察现场的可疑人、可疑物，协助警方调查。

如果在大型商场遇到枪击事件，首先要快速降低身体高度，利用柜台和衣架躲避，迅速向紧急出口撤离；来不及撤离就就近趴下、蹲下或隐蔽于掩蔽物后，等待救援；别忘了拨打电话报警；检查自己的身体是否受伤，实施自救和互救；事后需要向警方提供现场信息，协助警方调查。

（4）在地铁或者公交上遇到恐怖袭击，应迅速按下地铁或者公交的报警按钮，使司机在监视器上获取报警信号；地铁在运行期间，不要有拉门、砸窗、跳车等危险行为；在隧道内疏散时，要听从指挥，沉着冷静、紧张有序地通过车头或车尾疏散门进入隧道，向邻近车站撤离；寻找简易防护物如衣服、纸巾等捂鼻，采用低姿势撤离；视线不清晰时以手摸墙壁撤离；受到火灾威胁时，不要盲目跟从人流相互拥挤、乱冲乱摸，要注意朝明亮处迎着新鲜空气跑；身上着火不要奔跑，要就地打滚或用厚重衣物压灭。

如果在地铁或公交上遇到枪击事件，首先应该快速蹲下，尽可能背靠车体，或者趴下，不要随意站起走动；找准时机，通过每节地铁车厢紧急报警按钮及时报警。在情况不明时，不要下车；确定枪击方向后，下车沿着枪击相反方向，利用车体做掩护快速撤离；到站后下车时，注意在车门口避免拥挤，听从工作人员的指挥有序撤离；如果车辆中途停在隧道内，不要急于破窗跳车，以免造成其他伤害。

（5）如何避免恐怖袭击。恐怖袭击虽然没有时间和地点的限定，也没有预警机制，但有一定的规律可循。

首先，恐怖袭击多发生于人口比较集中的场所，如车站、机场、商场、中心广场等，时段也多发生于夜晚，由于视线不良，恐怖分子更能得手。

其次，恐怖分子袭击的对象都有指向性，由于目前世界上绝大多数的恐怖事件是由中东地区的宗教极端分子制造，因此他们袭击的对象多为欧美发达的基督教国家。

最后，恐怖袭击与政治背景相关联，因为制造恐怖袭击事件是恐怖分子表达诉求的一个手段，所以在特殊的国际政治事件发生后，恐怖袭击也会集中出现。

基于以上几点分析，中国旅游者要想免遭恐怖袭击和枪击事件，旅游目的地的选择非常关键，要做到敏感的地区不去、敏感的时段不去、敏感的活动不参与、敏感的人群不接触。

课后练习

一、思考题

1. 当你遇到枪击事故时，你该如何设法生存?

2. 当你一人在国外与旅行团队走散且语言不通时，如何解决问题?

3. 试总结出境旅游的准备工作的要点。

4. 试总结如何避免恐怖袭击事件。

二、实践题

1. 以小组为单位，收集出境旅游遭遇各类事故的案例，讨论如何做好出境旅游的准备工作才能避免安全隐患的产生，并且在完成 PPT 后做汇报。

2. 假设你们小组在国外遭遇了恐怖袭击，组长该如何率领这个小组安全逃生?请给出一个方案。

第八单元
导游工作安全实务

【学习目标】

掌握导游职业道德

掌握带团技巧

掌握突发事件的应急处理

【项目导入】

保障团队旅游安全的最主要的人物就是导游，导游的沟通能力、处事能力、领导能力是旅游活动顺利与否的关键，所以做一个合格的导游就是要对旅游安全提供良好的保障。

导游必须具备熟悉旅游程序和问题处理，与旅行团成员建立沟通和相互信任，预感潜在的危机发生并能及时解决的能力。保障旅游活动的安全实质就是保证旅游活动各个程序、各个环节的平稳度过，也就是每个环节、每个程序的顺利进行，这样才能够实现整个旅游活动的最终安全结束。在这个过程中的执行者和领导者就是导游，而能否掌握规范、合理、科学的带团技能，最终将决定此次旅游活动是否安全、满意和成功，也可以说，导游安全实务就是如何带好旅行团。

模块一　导游的职业道德

职业道德是把一般的社会道德标准与具体的职业特点结合起来的职业行为规范或标准。不同的职业有不同的职业道德，但各行业的职业道德准则和行为规范都必须与社会公德一致，而不应相悖。职业道德规定人们“应该做什么”“不应该做什么”“应该怎么做”“不应该怎么做”。

导游职业道德是职业道德的表现形式。一般意义上讲，导游职业道德是指在从事导游活动过程中的比较稳定的道德观念、行为规范和道德品质的总和，简而言之就是指所有的导游在导游职业活动中应遵循的行为准则。

一、导游职业道德规范

导游职业道德规范主要由导游职业道德、导游职业责任、导游职业态度、导游职业纪律、导游职业技能、导游职业良心、导游职业荣誉七个因素构成，可以概括成下面几句话：遵纪守法，敬业爱岗；优质服务，宾客至上；真诚公道，信誉第一；不卑不亢，一视同仁；团结协作，顾全大局；好学上进，提高业务。

（一）遵纪守法，敬业爱岗

这是导游正确处理个人与集体、个人与社会、个人与国家关系的一种行为准则。导游必须遵守国家的法律、法规，自觉地执行行业和所在旅行社的各项规章制度，遵守旅行社行业的纪律，执行导游服务质量标准，严格按导游操作规程办事，即做好准备、接待、善后处理三大程序的各项工作；必须具有牢固的专业思想，热爱本职工作，一个人如果热爱自己所从事的事业，就会把对事业的追求作为自己的奋斗目标，就会刻苦钻研业务，不断开拓自己的知识领域，增强自己的服务技能，为旅游者提供高质量的导游服务，在导游服务岗位上做出显著成绩。

（二）优质服务，宾客至上

全心全意为旅游者服务的思想和“宾客至上”“服务至上”的服务宗旨是导游职业道德的主要内涵。导游心中要有旅游者，把旅游者看成客人、朋友、亲人，想旅游者所想，急旅游者所急，有了这种境界，诸如善解人意、热情周到、任劳任怨等种种美德，就会在实际工作中表现出来。这样的导游就会受到旅游者的欢迎，反之，即使导游有渊博的知识、高超的技能，也不会做好导游工作，更不会受到旅游者的欢迎。

（三）真诚公道，信誉第一

真诚公道、信誉第一是导游职业道德的主要规范，是正确处理导游和旅游者之间实际利益关系的一项行为准则。在导游职业活动中，真诚就是真实诚恳，讲信用，信守诺言和合同，不弄虚作假，不欺骗或为难旅游者。公道就是公平公理，买卖公道，价格合理，赚取合理合法的利润，既不能“宰”旅游者，也不能让旅游企业吃亏。信誉是企业的生命，对服务性强、流动性大、消费水平较高的旅游业来说尤其如此。“诚招天下客，誉从信中来”，导游作为旅游业的从业人员，只有真诚公道地对待每一位旅游者，向他们提供优质服务，才能树立良好的信誉形象，最终取得良好的经济效益。

（四）不卑不亢，一视同仁

不卑不亢、一视同仁是导游职业活动中导游民族自尊心、自信心以及国格、人格的体现，是正确处理主客关系的重要道德规范。旅游者不管来自哪个国家、哪个地区，属于哪个民族，不管其社会经济地位高低，年长或年幼，都是导游的服务对象。导游要尊重旅游者的人格，热情周到地为其服务，维护其合法权益，满足其合理又可能办到的要求，切忌亲疏偏颇、厚此薄彼。旅行团中，不乏无理取闹的人，对这类人的言行，导游始终要沉着冷静，或一笑了之，做到不伤主人之雅，不损客人之尊，理明则让。

（五）团结协作，顾全大局

团结协作、顾全大局是导游正确处理同事之间、部门之间、行业之间以及局部利益与整体利益之间，眼前利益与长远利益之间等相互关系的道德行为规范。它要求导游摆正个人、集体、国家三者的关系，自觉做到个人利益服从集体利益，局部利益服从整体利益，眼前利益服务长远利益。这是一种较高的道德要求，但又是在导游职业活动中经常遇到的而且要妥善解决的问题，每个导游都须以此为准则，在自己的职业实践中努力践行。只有这样，才能维护旅游业的整体形象，为旅游者提供优质服务。

（六）好学上进，提高业务

好学上进、提高业务是导游一项重要的职业道德规范。只有拥有丰富的业务知识和熟练的职业技能以及过硬的基本功，才能为旅游者提供优质服务，才能尽到自己的职业责任，才能为企业赢得声誉，才能为旅游业发展做出贡献。好学上进，提高业务，也就成了一种道德义务，不能只将其理解为一种业务要求。只有这样的导游才能为旅游者提供优质服务，尽好职业责任，同时求得自身发展，进而达到道德知行统一的要求。

二、加强职业道德的途径和方法

（一）导游要加强自身职业道德修养

导游职业道德规范对导游工作具有重要的指导作用，然而对导游个体而言，这些理论原则规范还只是一种外在于主体的客体力量，只具有外在约束力。作为一名合格的导游，必须加强导游职业道德修养，把这些要求转化为自己内在的道德品质，变成自己的道德需要，再外化为正确的道德行为。

1. 要注重强化人们内在的道德良心

道德良心，是人们自我控制、自我调节的道德心理机制，它往往与人们的义务感、荣誉感和尊严感相结合，使人们能意识到自我对他人、对社会所承担的道德责任。导游职业道德修养的提高，有赖于导游内在道德良心的提高，使其把遵守导游职业道德规范变为一种自觉。

2. 要做到“慎独”

做到“慎独”，就是一个有道德的人在独自一人、无人监督时，总是小心谨慎地不做任何不道德的事。导游应自觉地锻炼和改造自己，以达到“慎独”境界。

3. 要开展批评与自我批评，严于解剖自己

道德修养靠自身的主观努力和高度的自觉性，职业道德修养本质是导游在心灵深处进行自我认识、自我解剖、自我教育、自我斗争、自我改造、自我提高，这是导游道德修养的根本方法之一。

（二）加强行业自律，建立健全行业自律机制

1. 建立导游行业自律机制，规范行业从业人员的行为

从维护国家和行业整体利益的高度出发，打造旅游业良好的整体形象，积极推进行业自律，创造良好的行业发展环境。

（1）要遵守法律法规，规范服务。遵守国家法律法规，严格按照《旅行社条例》和《导游人员管理条例》及其实施细则为旅游者服务。

（2）要服从管理，接受监督。服从旅行社的安排、分工和旅游行政管理部门的管理，接受各级部门和旅游者的监督。充分尊重旅游者意愿，不欺诈、不诱导旅游者，真正做到诚实信用。

2. 建立健全行业组织

成立导游协会，制定并学习“行业自律公约”。利用协会的优势，努力提高导游的素质，加强导游行业自律，规范从业行为，从而树立良好的职业道德。

（三）旅游行政管理部门加强质量监督

良好的职业道德的形成，除有赖于导游自身的建设和整个行业的自律外，旅游

行政管理部门要加强监督管理，强化道德评价、赏罚等外在的强制机制，尽量从制度上保证导游养成道德习惯。

（1）把导游的诚实信用情况纳入导游考核的指标体系。

（2）可以采用导游信用公示制度。凡是导游违规失约、失信等情况，或由此引起的投诉，都将在行业内通报。

（3）建立导游职业信誉档案和除名公告制度。加大投诉查处力度，强化市场管理。加强对导游带团过程的监督，及时查处导游带团过程中的违法行为。对不讲职业道德的导游进行惩罚，在新闻媒体上、旅游信息网上发布公告，迫使其退出市场。

（4）建立合理的导游劳动报酬保障体系。导游的合法权益得不到有效保证，就会助长吃回扣等不讲职业道德的歪风。明确旅行社、导游服务公司与导游在录用、工作内容、工作期限、劳动报酬、社会保险、违约责任等方面的程序、标准和责任、义务。同时，对部分旅行社进行执法督查和处理，规范导游管理。这样开前门、堵后门，使导游体会到导游工作的利益，全心全意为旅游者服务，从而达到整个行业的良性循环。

（四）正确处理导游与各单位之间的道德关系

目前，我国在对导游进行职业道德评价时，应注重导游职业与其服务对象的关系，如导游是否“爱岗敬业”“诚实守信”“热情周到”，是否有欺骗旅游者的行为，是否按质按量履行旅行合同等。当然，也不能忽视导游职业道德的另一方面，那就是与旅行社或导游公司的道德关系，做到旅行社关爱导游，导游关心旅行社。

1. 关爱导游是旅行社的一项道德责任

旅游业是以服务为导向的，旅行社必须像对待顾客一样对待职工。导游在我国旅行社中是一个非常特殊的职位，导游上团必须由旅行社或导游公司委派，无论是全陪、地陪，导游证上都注明了服务旅行社的名称，导游代表公司形象，导游“面对面”的服务质量直接影响甚至决定了旅行社的接待服务质量。然而，旅行社跟导游之间总有利益冲突，导游没有固定工资，有的没有上团补贴或补贴很少，还得向旅行社交“人头费”，有的导游甚至还得自己垫付团款，这些都将导游置于一种道德困境——要么没团带，要么就必须冒着违法风险、昧着良心收受财物回扣甚至索要小费。因此要加强导游的道德修养。除了导游的自觉外，各级管理机关、旅行社要关心导游，营造公平竞争的环境，使导游不能、不敢、不愿、不要冒道德风险去欺诈旅游者，摆脱道德困境，赚干净钱，赚放心钱，赚明白钱。

2. 关心企业是导游的一种道德义务

导游作为旅行社的员工，在享有合法权益的同时，也必须对旅行社承担相应的责任和义务，包括信守劳动合同、爱岗敬业、保守商业机密、遵守劳动纪律、维护企业利益和形象、服从工作安排、团结协作等。由于导游是一种特殊的职业，我国旅游行政管理部门对导游的管理较严，导游所属旅行社承担着导游行为的经济和法律责任，如《导游人员管理条例》第 20、22、23 条明确规定，由于导游情节严重违反条例的行为，会导致“对委派该导游人员的旅行社给予警告直至责令停业整顿”的处罚。仅从这一点就可以看出，导游的利益与旅行社的利益是紧密联系在一起的，导游难管理是一个不争的事实。当然并不都是导游的责任，但不关心旅行社，只考虑自己利益的导游也确实不在少数。

导游和旅行社都要考虑对方利益，双方都遵守各自的道德规范。旅行社关爱导游，导游关心旅行社，双方互相促进。市场经济既是法制经济，更是道德经济。在旅游市场上要处理好旅游者、旅行社、导游的关系，除了运用市场、法制手段调节外，还应考虑道德手段。加强导游的道德修养，理顺各方面的关系，为旅行社业的健康发展而服务。

模块二　导游的带团技巧

在旅游行程中，导游要想尽一切办法，让团队都围绕着导游和合同既定行程这两个中心进行活动，这是避免出现意外事故的第一步。因此，需要导游展现自身的魅力与游客融洽沟通，和谐相处，让游客真正信任导游，听从导游的指挥。

一、导游的语言魅力

俗话说："祖国山水美不美，全凭导游一张嘴。"导游的语言魅力是赢得游客的好感和吸引游客进行沟通的前提与基础。

（一）要做到言之有理

导游在带团过程中，讲解和介绍要以史实为依据，以使游客心服口服。说话办事在理，使得游客感到满意。在与游客打交道的过程中，导游要礼让三分，以使游客觉得可亲。这些都建立在导游言之有理的基础上。但是有的导游与游客的关系处理得很僵，也有的受到游客的批评和投诉，这些也许是他们言之无理的结果。

要确实做到言之有理，首先导游讲解的内容必须以事实为依据，要以理服人，不要言过其实和弄虚作假，更不要信口开河。那种违反以事实为依据的讲解，一旦游客得知事情真相，即刻会感到自己受了嘲弄和欺骗，导游的形象在游客的心目中会一落千丈。

其次，言之有理不仅在讲道理的"理"，另外一层含义即有礼让之意。导游的讲解不可能每个方面都很深很广，游客中势必也有专业知识较丰富的人，这些游客的插话、解释以及提问对导游来说只有益而无害。同时，导游在此时也能增长知识，为以后的带团充实内容，更重要的是能够活跃团队游览气氛，让游客有个参与的机会，这样能显示导游的宽容大度。当然，导游应该充分把握好游客和自己的位置，防止游客过于喧宾夺主。

（二）要做到言之有趣

言之有趣是导游的基本功之一，也是比较重要的一种导游语言。试想一下，游客在旅游途中，导游的语言或讲解如果没有风趣幽默之感，尽是些空洞浅薄之词，游客肯定是不喜欢的。另外，游客的兴趣来自美丽的景色和导游风趣幽默的语言，在某种意义上说，导游风趣幽默的语言要赛过美丽的景色，这已是被实践证明了的事实。为此，导游做到言之有趣是十分重要的。

导游的语言魅力在于使游客觉得听其讲解是一种美好的享受，另外还有一种轻松愉快之感。但是导游在制造风趣幽默时，比拟要自然、要贴切，千万不可牵强附会，这是因为不正确的比拟会伤害游客的自尊心，同时会对其他游客产生不良的影响和引起反感。例如：一位女士因不慎钱包被贼偷窃了，这时她游兴大减，坐在凉亭中生闷气，导游笑嘻嘻地说："梁上君子和你闹着玩呢，这是一种爱的表现。"女士听后显得非常不悦，在座的游客也十分尴尬。试想，一个贼爱上你有什么好。倒不如劝导说："中国有句俗话，叫作破财消灾。"这样或许游客在心理上会得到一些安慰。

（三）要做到言之有物

应该说导游是人文景观和山水风光的代言人，关于各种景点的知识通过导游丰富的语言加以表达。例如：旅游者去观光游览，其目的也是有个美好的回忆，以及圆多年的美梦和求得心理上的满足。美丽的山水和风景虽然不能带回家，但导游所传播的各种知识能成为游客的美好回忆。因此，知识可以带回家，美好的回忆可以永远保存。

导游的语言中应该要有人、物、景，而不是空洞的词汇堆积。同时，导游应把讲解内容最大限度地"物化"，使所要传递的知识深深地烙在游客的脑海之中，实现观光旅游的最大价值。例如：游客游览西安兵马俑，它是世界十大奇迹之一，还有北京故宫、万里长城、桂林山水、长江、黄河等，这些"国宝"是不能带回家的，但导游通过丰富生动的讲解将这些景点所含的历史知识以及文化内涵传播给游客，使其有一种自豪和振奋的感觉，回到各自的家中又有种种美好的回忆，这也是导游言之有物的目的。

（四）要做到言之有神

一名好的导游除了本身应具有良好的文化素养、气质和风度外，语言传神是必不可少的。"言者有神""言必传神"，将使导游的讲解具有神奇独特的魅力。当然，要做到言之有神需要一个不断努力的过程，也只有在长期的工作实践和学习中才能锻炼成熟。

一般而言，言之有神要有两个方面的具体内容：一是导游的讲解应具科学性、知识性、趣味性和艺术性等，其讲解内容要经过综合性的提炼并形成一种艺术，让游客得到一种艺术享受。二是导游要善于掌握游客的神情变化，宛如评弹艺人在表演一样，对哪部分内容是听众喜欢听讲的、感兴趣的，哪部分内容又是他们不愿听讲的，听众眼神是否走错道，是否有人在打哈欠等这些情况都要随时掌握，并及时调整所讲内容。导游有声有色的精彩讲解是建立在游客感兴趣基础上的，即使是导游认为最富有神奇和特色的讲解，若在一群毫无兴趣的游客面前，也将会变成废话一堆。由此可见，言之有神也应有个针对性的问题。

（五）要做到言之有力

导游使用的语言应该是简洁明快、比喻适当、铿锵有力、耐人寻味的，这是导游讲解成功的一个重要因素。言之有力的一个方面是指导游要正确掌握语音、语气、语调，既要有鲜明生动的语言，又要注意语言的音乐性和节奏感。例如：当一名导游在介绍景点内某一座建筑时，讲的方法虽有许多种，但这座建筑的名称却只有一个，称为“××堂”或“××殿”。就这三个字而言，导游解说的“味”就各有不同。有的导游是这么讲解的：各位来宾，眼前的这座建筑叫××堂。这样讲既没有注意语音、语调的变化，也没有音乐性和节奏感，故而显得十分一般。然而，另一位导游讲解的同样是这一建筑，就显得十分有味道，他说：“各位来宾（语中含有亲切感），眼前的这座建筑叫××堂!”他在“××堂”三个字上下了功夫，“××”二字为平音，“堂”字是重音。而“××”二字与“堂”之间又相隔一些距离，加重了语气，这样就显得铿锵有力。言之有力的另一方面是指导游讲解结尾时要响亮。当然，铿锵有力的方法是多种多样的，但是作为讲解某一景点或事件的结束语艺术，有这么几条基本准则：第一，讲解要新颖、不落俗套，力求紧扣和深化主题；第二，所讲内容鲜明生动、铿锵有力；第三，最好在游客兴趣未尽时戛然而止。

（六）要做到言之有情

言之有情是导游在带团过程中难度较高的一种导游方法，也是最受游客欢迎的一种导游技巧。实践证明，导游对游客有感情，旅行团活动进行得就顺利；相反，导游对游客没感情，旅行团活动就进行得“不顺”，有时还会出现游客投诉现象。另外，言之有情应该分为两个方面，即导游讲解需要有感情，更重要的是在与游客交流服务时要有感情。这是因为，游客喜欢有血有肉有感情的导游。既然游客有这个需要，那么导游应该朝这个方向去努力，使自己成为游客的知音。

首先，一名优秀的导游应特别注重用情感去打动游客的心，努力创造良好的带团效果。导游只有对自己的工作有感情，对自己的游客有感情，才能在与游客之间建立起情感的纽带，讲解才有可能打动游客的心。其次，导游要善于通过自己的语言、表情、神态等传情达意。游客在旅途中内在的感情经常产生，这种感情既直接又迅速，导游在旅途中哪怕是为游客做件很小的小事，解决一些实际困难，那么双方的感情亦会立即升温，共同语言亦会增多，即使出于种种主客观原因产生了不顺利的情况，也会在产生感情的基础上变得烟消云散。因此，许多优秀的导游非常注意用“言之有情”的方法去打动游客。反之，如果导游做不到言之有情，那么他的语言就会变得枯燥无味、干瘪、死板，带团不仅自己很累，而且游客也会变得无精打采和无动于衷，这样的导游注定要失败。

二、沟通的技巧

（一）真诚待人

真诚待人是沟通的最基本的前提，也是每个导游的职业道德和基本要求。没有真诚对待游客的感情，哪怕导游水平再高、技巧再好也是无济于事的。游客的需求是五花八门的，但其中有一个共同点就是享受愉快圆满的旅途生活，而这种愉快圆满的旅途生活的基本点就出自导游的真诚待人。导游要真诚待人，就要置个人得失于不顾，全心全意为游客服务，做到“辛苦我一人，方便众游客”。这样，游客才会相信你、理解你、尊重你，接受你的指挥、主张和要求。

要做到真诚待人，导游必须做好以下几点：

（1）真诚待人最本质的灵魂是“真诚”。只要是真诚，那么就“心诚则灵”，无论游客多么刁钻，都会在内心诚恳的导游的热情服务下转变态度，化消极因素为积极因素，化不满意为比较满意，这也许是众多优秀导游取得成功的秘诀。要待人以诚，导游不仅要言行一致，而且要以心换心。即使每位导游的“导技”各有千秋，但是只要精诚所至，游客心里自然会清楚和明白的。

（2）真诚待人不要怕“碰钉子”。导游在整个带团过程中“碰钉子”也是难免的。在某种程度上讲，导游就是生活在“钉子”中，那种委屈和不是滋味的感觉时常在心中萦绕。但是应该明白，带好团是导游的神圣职责，要真诚待人就要不怕挫折，要具备不达目的誓不罢休的坚强意志。

（3）真诚待人只有建立在实事求是的基础上，才能获得真正的好评。导游要勇于在游客面前承认自己工作的不足和失误，要虚心听取游客的意见，不要怕丢面子，更不要怕投诉，因为一名真正以诚心对待游客的导游是能够取得游客信赖的。

（4）真诚待人最需要导游自身的感受。从心理角度讲，人的感情来自客观事物的刺激。换言之，游客内心感受到的导游的真诚，是导游平时的所作所为和一言一行的积累。有相当一批导游，他们带团从不叫苦，再累的活也能坚持到底，但就是经受不了半点委屈。为此，真诚待人就要经受得住这种委屈。做导游工作就是要拿出一颗真心来，就是要用自身的行动感化游客，这样就会以情动人。

（二）善于交谈

在旅途中，导游经常要和游客打交道。交谈是一门学问、一种艺术，懂得这门艺术的导游，能与游客交流感情、增进了解，不懂得交谈艺术的导游，游客可能会不理解你，引起不必要的误会不说，还可能不听你的指挥，甚至会吐出一句真言——“话不投机半句多”。这种情况的出现对导游带团极为不利，导游应该重视这个问题。与游客交谈时，要善于倾听，只有这样才能做到真正的双向交流与沟通。有句俗话说得好，“会说的不如会听的”，就是这个道理。

与游客交谈时，导游的态度和语气是极为重要的。交谈时既不要以自己为中心，滔滔不绝，容不得游客插嘴，也不要不顾他人喜怒哀乐，说得没完没了，显示自己的水平才华，更不要信口开河、危言耸听，这些都会给人留下自私、傲慢和放肆的感觉，是一种不尊重人的表现。

导游讲话时的目光要保持平视，要眼神轻松柔和地望着对方，但眼睛不要张得很大或直愣愣地盯住别人。适当地做些手势也是必要的，但不应该出现不尊重他人的举动，如挖耳朵、摆弄手指、双手插在口袋里，以及不时地看手表等，这些举动同样会使游客觉得导游心不在焉、傲慢无礼。听游客讲话时，导游要注意自己的神态，切忌东张西望，或表现出一种漫不经心和不耐烦的表情，而是要表现出对游客谈话内容的兴趣，并适时地点头、微笑，或简单重复游客讲话的要点，必要时给予一些称赞和赞同。

听游客讲话要让他把话讲完，不要在游客讲得正起劲时突然将话打断，或抢白和提出不同看法和意见等。若在听游客讲话时有急事，或身边手机响了，应向游客表示歉意，切忌一走了之，这同样是一种失礼的表现。总之，导游要在尊重游客的基础上认真倾听游客讲话，对于游客讲错话，只要是无关大局或非原则性错误，也不必介意和斤斤计较。

（三）学会拒绝

旅游活动过程中，游客的要求和恳求各种各样。虽说多属个别服务性质，但也得花费导游的大量精力。这些要求有的马上能解决，有的不属导游管辖范围，有的合理而又可能，有的合理但不可能办到。作为导游，应该尽力为游客服务，但有时确实很为难。导游解决游客的所求也视当时当地的实际情况而定，帮助解决问题也必须有个原则性。为了确实解决好这一难度较高的问题，把游客的遗憾程度降到最低，用好“拒绝”这个技巧是至关重要的。

其实，导游工作就是在服务、操作、帮助、拒绝等过程中不断无序地循环着，带团时间越长，碰到的各种矛盾和问题就越多，这种循环速度就越快。一般而言，原则要坚持，拒绝的方式方法可灵活多样。例如：当敏感地意识到游客的要求完全不能接受时，态度不能含糊，但口气绝对要委婉，应坦诚相见地做好解释工作，此时的言行切忌模棱两可，不然会使游客产生误会，以为所求虽有难度但仍有潜力和解决的可能。这样的后果势必给自己带来麻烦、浪费精力，给游客带来不满和反感。

前与内勤联系和确认班次（车次、船次）时刻，仍按原计划预订的班次（车次、船次）时间送客；等等。造成误机（车、船）事故的客观原因，当然还有交通事故、汽车在途中抛锚、严重堵车及旅游者自身的原因。

2. 事故处理

误机（车、船）分为即将成为事实的将成事故和已经造成误机（车、船）的既成事故两种情况。无论是哪一种情况，导游和旅行社都应全力做好事故补救工作，使损失和影响降到最低限度。

（1）将成事故的处理：

1）处于一线的导游应立即向旅行社有关部门报告，请求帮助。

2）导游和旅行社应尽快与机场（车站、码头）调度室联系，讲明该团名称、人数、所乘班次（车次、船次）延误原因，现在何处，大概何时能抵达等。

3）旅行社领导应协调各方面关系，力争使该团按原计划离开当地。

4）不管事故是否成为事实，事后都应写成书面报告，查明事故的原因；叙述事故处理的过程及旅游者对事故的反应；旅行社还应对有关部门责任人进行必要的批评和处罚。

（2）既成事故的处理：

1）导游应及时向旅行社领导及有关部门报告。

2）导游和旅行社应尽快与机场（车站、码头）调度室联系，争取让离团旅游者乘下一班的交通工具离开当地。

3）若无法购买当天去下一站的相应交通票据，应与旅游者商量是否能换乘其他交通工具。

4）若换乘其他交通工具也不可能，则应请旅行社有关部门安排购买最近日期的交通票据或安排包机（车、船），尽快使旅行团离开当地赴下一站。

5）稳定旅游者情绪，安排好旅行团在当地滞留期间的食宿和游览事宜。

6）及时通知下一站接待社，对日程作相应的调整。如对日程影响较大，应通知国内组团社。

7）向全体旅游者赔礼道歉，必要时请旅行社领导出面致歉，同时采取相应的补偿措施，力争挽回旅行社的声誉。

8）事后写出书面报告，查清事故责任，并对责任人给予相应的处罚。

3. 事故预防

（1）为了避免误机（车、船）事故的发生，作为导游，应在临行前对交通票据进行“四核实”——计划时间的核实、票面时间的核实、时刻表的核实、问讯核实。

（2）临行前，即使时间较充裕，也不能安排旅行团去闹市区购物或自由活动，不安排旅行团去范围广、地域环境复杂的景点游览。

（3）提前抵达机场（车站、码头）。乘坐国内航班的提前一个半小时抵达机场；乘火车的提前1小时到达火车站；乘国际航班出境的提前2小时到达机场。

（4）旅行社应强化管理，制定必要的规章制度；加强各部门工作人员的责任心；制定严密的、切实可行的接待工作程序和岗位责任制，加强接待工作各环节的联系、检查和审核，制定合理的处罚条例。

（二）漏接事故

漏接是指导游没有按预定班次（车次、船次）时刻迎接旅行团（者），导致旅行团（者）抵达后，无导游迎接的现象。

1. 原因分析

造成漏接的原因是多方面的：导游或司机因故未按预定时间抵达机场（车站、码头）；班次（车次、船次）变更时间（提前），导游没有认真阅读计划，仍按原计划时间去迎接；新旧班次（车次、船次）时刻交替时，导游没有认真核实，仍按原定时刻去迎接；班次（车次、船次）临时变更（提前），组团社没有及时转发变更通知；等等。

造成这一事故的原因，也不能排除在途中出现严重堵车、交通事故或汽车抛锚等。

2. 事故的处理和预防

在国内接待入境旅行团或国内旅行团发生漏接事故后，当导游见到旅游者时应做到：

（1）不管漏接原因在何方，导游面对旅游者的抱怨、发火时，应首先表示歉意，“替人受过”。

（2）等旅游者情绪稍稍平息后，实事求是地向旅游者说明情况，并再次表示歉意。

（3）尽快地让旅游者上车，离开机场（车站、码头）。

（4）向旅游者提供热情周到的服务以取得旅游者的谅解。

（5）在旅行社领导同意后，酌情给旅游者一定的物质补偿，如赠纪念品、加菜、加酒水等。

在境外，当旅行团抵达后没有人来迎接时，领队应采取以下措施：

（1）安顿好旅行团，先将旅游者集中在一起，告诫他们不要四处走动（因为境外国家机场一般范围大、环境复杂），不可同不认识的人随便接触，以防发生意外。

（2）打电话与地接旅行社取得联系，问清原因，要求立即派人、派车前来接待，并将联系结果和将要采取的措施告知旅游者，稳定他们的情绪。

（3）如果地接旅行社不能马上派人、派车，为了不让旅游者在站内滞留，应立即设法联系车辆，可租用机场巴士或计程车，尽快将旅游者和行李转移到下榻酒店。在转移过程中应注意旅游者的安全，将全团分成若干个小组，并指定负责人，讲好每一辆车的价钱，并给司机写条子，注明所住酒店的名称，保管好租车收据，事后向地接社报销。

（4）当旅游者和行李都已抵达酒店后，领队应迅速与地接社导游接头，尽快安排好旅游者的食宿。

为了防止漏接事故的发生，国内接团的导游应认真阅读计划，落实有关变更情况；核实交通工具的准确时间；按规范要求提前抵达机场（车站、码头），保证按计划规定提前半小时到达接站地点。旅行社有关部门的工作人员应认真做好交接工作，及时将变更情况通知导游。出国领队也应在出发前认真阅读计划，提前与接待旅行社联系，落实有关接待事宜。

（三）错接事故

错接是指导游将其他旅行团（者）当作自己所接的旅行团（者）接走。错接事故发生后，往往给旅行社工作带来一系列的麻烦，在旅游者中造成不良影响，从而影响旅游服务质量。因此，导游一定要有高度的责任心，避免接错团。

1. 原因分析

造成错接事故的原因主要在导游方面。导游接团时没有认真核实团名（编号）、境外组团社或国内组团社名称、旅行团人数、领队或全陪导游姓名等。

2. 事故的处理和预防

当导游发现所接旅行团非计划要求所接旅行团时，应及时采取措施：

若错接发生在同一家旅行社接待的两个旅行团，导游应立即向旅行社领导汇报。经同意后，地陪导游可以不再交换旅行团，但若全陪导游接待的是入境团，则应交换旅行团，并向旅游者致歉。

若错接的是不同旅行社的旅行团，导游应立即向旅行社领导汇报，并设法尽快交换旅行团，向旅游者如实地说明情况并致以诚挚的歉意。

为了防止接错团，导游一定要提前到达接站地点迎接旅行团；当旅行团所乘交通工具抵达时，导游应手举接站牌（导游旗）站在出口处醒目位置，根据所接旅行团的特征进行认找；找到旅行团后，要认真核实旅行团的领队或全陪导游姓名、人数、团名（编号）、国内组团社或境外组团社名称、所下榻酒店等。

（四）空接事故

空接是指由于某种原因，旅行团（者）推迟抵达接待站，导游仍按原计划预定的班次（车次、船次）接站而没有接到旅行团（者）。

1. 原因分析

造成空接事故的原因通常是天气变化或交通工具机械故障，使旅游者滞留在上一站或途中，而上一站旅行社并不知道这种临时变化，全陪导游或领队又无法及时通知下一站接待社等客观原因。但也不排除主观方面的原因，即全陪导游没有将变更情况通知下一站接待社；全陪导游委托上一站接待社通知下一站接待社有关变更事宜，但由于有关工作人员的失误，没有及时通知。

2. 事故的处理和预防

导游按原计划预定的班次（车次、船次）接站而没有接到旅行团，应采取以下措施：

（1）导游应首先询问机场（车站、码头）有关人员，团队所乘交通工具是否抵达或乘坐本班次的旅行团是否都已出站。

（2）应立即与本旅行社相关部门取得联系，查明原因。

（3）若推迟时间不长，应继续留在接站点等候，迎接旅行团；若推迟时间较长，则要按社内有关部门安排，重新落实接团事宜。

（4）若没有接到旅行团，应经旅行社有关部门领导同意后返回，返回后，导游一定要到所下榻酒店询问团体成员是否已经自行入住酒店。

为了尽可能防止空接事故发生，上一站接待社或全陪导游应及时将团队临时变更事宜通知下一站接待社；本站接待社也应主动与上一站接待社沟通团队情况；旅行社内勤人员要有高度责任心，在接到上一站变更通知后，设法立即通知导游；导游应在接团前再次落实团体接待计划，有可能的话，应亲自到旅行社查阅有关值班记录和变更通知，并按接待计划预定时间提前抵达接站点。

（五）遗失行李事故

遗失行李事故主要发生在境外旅行团（者）来华途中或中国境内以及出境旅行团的旅行途中或境外某一国（地）境内。

1. 原因分析

造成遗失行李事故的原因大致分为四个方面：在候机、转车或离开酒店时旅游者没能照顾好自己的行李，错拿别人行李或把自己的行李与其他旅行团的行李混放在一起；民航、铁路、航运部门在运输过程中出现差错；导游没有及时做好提醒工作，没有帮助旅游者照看好行李，没有认真清点、检查行李，没有做好交接工作；行李员在交运过程中责任心不强。

2. 事故的处理和预防

（1）外国旅游者在来华途中遗失行李，一般是旅游者所乘航班所属的航空公司的责任，但导游应尽力帮助其追回行李。具体做法是：

1）协助失主到机场失物招领和登记处办理行李丢失和认领手续。由失主出示机票和行李托运卡，详细说明始发站、中转站，行李件数及丢失行李的大小、形状、颜色、标记等特征，并一一填写在失物登记表上。

2）导游应将失主所下榻酒店以及房间号、电话告诉登记处，并记下登记处的电话和联系人，记下有关航空公司办事处的地址、电话，以便联系。

3）若旅游者在当地游览期间一时找不回行李，导游要协助失主购买必备的生活用品，并不时地打电话给失物招领和登记处，询问寻找行李的情况。

4）在旅游者离开本地前，行李还未找到，导游应帮助失主将全程旅游路线及各地下榻酒店名称和各地接待旅行社名称、电话告诉有关航空公司，以便行李找到后及时运往最适当的地点交还失主。

5）如果行李确系丢失，则由国内组团社负责帮助失主向有关航空公司索赔。

（2）外国旅游者和国内旅游者在中国境内遗失行李：

1）导游应根据行李丢失的不同环节，采取相应的查找措施。若旅游者在出站前领取行李时，找不到所托运的行李，则有可能在上一站交接或行李托运过程中出了差错。这时，导游要采取的措施是：

第一，带失主到失物招领和登记处办理行李丢失和认领手续。

第二，及时向旅行社领导汇报，请旅行社有关部门和人员与上一站接待社、民航等单位联系，帮助寻找。

第三，若旅游者在抵达酒店后没能拿到行李，则可能在酒店内或本地交接过程或行李托运过程中出了差错。此时，导游应采取的措施是和全陪导游、领队一起先在本团体成员所住房间内寻找，查看是否是酒店行李员将行李送错了房间或团内其他旅游者误拿了行李；若找不到，应与酒店行李部联系，在酒店其他楼层寻找；若还是找不到，应向旅行社汇报，请旅行社派人或行李员在其他环节寻找，查看是否送错了酒店或在运送途中遗失。

2）安慰失主，并帮助其解决生活困难。

3）经常与有关方面联系，询问行李查找情况。

4）行李找到后，及时将行李归还失主。

5）若行李确系丢失，则应由旅行社领导出面表示歉意，并说明情况。

6）帮助失主向有关部门索赔。

7）事后撰写书面报告，报告行李丢失的经过、原因、查找过程以及失主和其他旅游者反映的情况等，总结教训。

（3）中国公民在境外遗失行李事故的处理。在境外，若发生旅游者行李丢失，作为领队应采取的措施是：

1）向航空公司查询，看是否遗留在机舱内，或滞留在某一环节。

2）若寻找暂时未果，应帮助失主填写一份“民航迟到行李报告”。

3）协助失主在当地购买一些必备生活用品，可凭收据向当地机场报销。

4）若在离开当地时行李仍未找到，则务必通知机场下几站目的地名称、所下榻酒店、接待社名称和电话，以便找到行李后适时送往某站。

5）若到旅游者回国时仍未找到，回国后由组团社负责帮助失主向航空公司索赔。

为防止遗失行李事故发生，作为旅行社方面的有关责任人，地陪导游应与全陪导游、领队和行李员认真交接行李；行李员应严格按行李交接卡指定地点运送行李；领队应随时检查每件行李是否已系上填写妥当的行李牌，注意行李增减情况，对境外有关行李工作人员要给付适当的小费。

二、个人事故的预防和处理

个人事故属非责任事故，主要是指旅游者自身原因导致的证件、财物丢失和旅游活动过程中的走失事故。

（一）丢失证件事故

当旅游者发现丢失证件时，导游首先应请失主冷静地回忆，详细了解情况并帮助其寻找。如证件确已丢失，导游则应马上报告旅行社，根据旅行社的安排，协助失主向公安部门报失，重新申领新的证件，费用由失主自理。不同种类证件重新申领手续是有区别的：

1. 外国护照和签证的重新申领手续

（1）由遗失地接待旅行社开具证明，失主持旅行社开具的证明去当地公安部门报失，由公安部门出具证明。

（2）失主持公安部门报失证明，随身携带照片去所在国驻华使领馆申办新护照。

（3）领到新护照后，再到当地公安部门出入境管理处办理签证手续。

（4）团队签证的补办手续：请外国领队准备签证副本和团队成员护照；重新打印团队全体成员名单，并填写有关申请表；到公安部门的出入境管理处办理补领手续。

2. 中国证件和签证的重新申领手续

(1) 华侨丢失护照和签证：导游帮助失主去当地接待社开具证明；失主持旅行社证明，随身携带照片去省、市、自治区公安局（厅）或授权的公安机关报失并申领新护照；领到新护照后，去其侨居国驻华使领馆办理入境签证手续。

(2) 中国公民在境外丢失护照和签证：首先，由地陪导游协助到接待社开具遗失证明，然后持当地接待社的遗失证明尽快地到就近警察机构报案，取得警察机构开具的具有法律效力的报案证明。其次，持当地警察机构的报案证明和失主照片及团队人员护照资料到我国驻该国使领馆办理新护照。再次，领到新护照后，携带证明和签证影印件等必备材料到所在国移民局办理签证。最后，如果因时间关系，护照一时无法办妥，又必须回国，可持遗失报案证明及领队备用的护照资料，请求外国移民局和海关放行（也可请我国驻外机构协助）。入境时，可请其家人持失主个人的身份证明，到机场交给失主，办理入关手续。

(3) 港澳居民来往内地通行证重新申领手续：失主到当地接待社开具遗失证明，持证明到遗失地的市、县公安部门报失，经核实后，由公安机关的出入境管理部门签发一次性有效的“中华人民共和国出境通行证”。

(4) 台湾同胞旅行证明的遗失办理：失主到遗失地旅行社或户籍管理部门或侨办报失，经核实后，发给一次性有效的出境通行证，由失主回到台湾后重新办理旅行证。

(5) 中华人民共和国身份证的补办手续：由当地旅行社核实后开具遗失证明；失主持遗失证明和照片到当地公安局报失，经核实后，由公安局开具身份证明。若在北京旅游期间丢失身份证，也可持有关证明到首都机场公安部门办理临时身份证明。

为了防止证件丢失，导游要提醒外国领队帮助旅游者统一保管证件；导游需用旅游者证件时，要由领队收取，用完后立即如数归还，千万不可代为保管。在境外旅行期间，作为海外领队应时刻提醒旅游者保管好自己的证件，最好由领队统一收齐、保管。

(二) 丢失财物事故

在旅游期间，旅游者不慎丢失财物，不仅给旅游者带来生活上的不便，也带来经济上的损失。如系丢失贵重物品，还影响旅游者出境，需要旅行社或导游帮助其办理有关证明和索赔手续，也给接待工作带来困难。造成旅游者财物丢失的原因，一方面源自旅游者个人，另一方面源自不法分子的盗窃。前者属于个人事故，后者属于治安事故。为避免这一事故发生，导游应处处提醒旅游者妥善保管好自己的财物。

丢失财物事故的处理：旅游者因本人不慎而丢失财物，导游应急失主之所急，积极帮助失主寻找。导游应保持清醒的头脑，请失主回忆最后一次见到失物的时间、地点，弄清是确实丢了，还是放错了地方；若一时找不到，导游要安慰失主，并请失主留下详细地址、电话，以便找到后即时归还；若失物未能找到，而丢失物品又系进关时申报的或保险的贵重物品，应到接待社开具证明，再由失主持旅行社证明到当地公安部门开具遗失证明，以备出海关时查验或向保险公司索赔。

（三）走失事故

旅游者走失事故通常发生在游览过程中和自由活动期间。走失事故的发生，往往给旅游者造成心理上的伤害，使其感到极度焦虑和恐慌，严重时会影响旅游计划的进展，甚至危及旅游者生命安全。

造成旅游者走失的原因主要有三个方面：一是导游没有向旅游者交代清楚停车位置、集合时间、游览路线等有关事宜；二是旅游者对某一事物或现象感兴趣，或在某景色优美处摄影滞留时间较长而脱离旅行团；三是在自由活动、外出购物时，旅游者没有记清所住酒店地址和回程线路。因此，导游在带团时一定要重复强调有关事项，并做好提醒工作，防止旅游者走失事故的发生。

1. 旅游者在游览活动中走失的处理

（1）了解情况，迅速寻找。一旦发现旅游者走失，导游应立即向其他旅游者、景点工作人员和其他人员了解情况，分析走失者可能在何时、何处走失，并迅速组织分头寻找，请全陪导游、领队留下照顾其他旅游者。

（2）向有关部门报告，若一时找不到，导游应立即向游览地公安部门或管理部门报告，请求他们帮助寻找。

（3）打电话与酒店联系，在寻找过程中，导游可与酒店的前台、楼层管理人员联系，请他们注意走失者是否已经回到酒店。

（4）经过认真寻找，仍未找到走失者，导游应打电话向旅行社报告，并请求帮助，必要时可报案。

（5）继续组织游览，导游不能因个别旅游者走失而放弃整个旅行团的游程，应带领其他旅游者继续游览。

（6）做好善后工作，找到走失的旅游者后，导游首先应安慰旅游者，然后分析走失原因，如果责任在导游，则应向其赔礼道歉；如果责任在旅游者本人，则应婉转地提出善意的批评，讲清利害关系，提醒旅游者注意，以后不再犯。

（7）事后撰写书面报告，若属严重走失事故，导游要撰写书面报告，详述旅游者走失的经过、寻找经过、走失原因、善后处理情况、旅游者的反映等，从中吸取教训，以防此类事故今后再次发生。

2. 旅游者在自由活动中走失的处理

当导游得知旅游者在自行外出活动中走失的情况后，应采取如下措施：

（1）立即报告旅行社，请求指示和帮助。

（2）导游可发动全陪导游、领队与其他热心的旅游者一起寻找。若寻找未果，则应向事故发生地所在辖区公安部门或派出所报案，提供走失者的特征，请求帮助寻找。如果走失者自行回酒店，导游应表示高兴，问明情况，提出善意批评，但不必过多指责，可以此来提醒其他旅游者引以为戒，避免走失事故再次发生。

如果在旅行团离开本地时，仍未找到走失的旅游者，一方面由旅行社派专人负责有关寻找工作，与公安机关保持密切联络；另一方面请旅行社有关部门与下一站接待社联络，请对方注意走失的旅游者是否已自行前往有关酒店或已打电话给下一站接待社。

3. 出境旅行团的旅游者在境外走失的处理

（1）安顿其他旅游者。一旦发生旅游者走失，其他旅游者又焦急不安，作为海外领队：一方面要与地陪导游进行分工，寻找走失者；另一方面应安抚其他旅游者的情绪。

（2）立即报案。若一时找不到走失者，特别是在自由活动时发生走失事故，应在地陪导游的协助下，及时向当地警察机构报案，请求帮助寻找。

（3）报告国内组团社。若在离开一地之际仍未找到，则应报告国内组团社，并向我驻当地外事部门报告，并再向警方确认尚未找到，请他们继续协助寻找。离开当地时，应留人继续处理此事，并妥善保管好走失者的行李、证件等。

（4）撰写书面报告。

为了最大限度地避免走失事故的发生，导游应时刻做好提醒工作，对重要事宜要重申；时刻与旅游者在一起，切不可离团，并经常清点人数；要向旅游者交代清楚行程的具体安排；可向旅游者提供便条，写明所下榻酒店名称、地址、电话号码；告诫旅游者，一旦走散，应站在原地等候；领队还应与地陪导游配合，做好善后工作。

课后练习

一、思考题

1. 如何化解导游职业道德与导游实际工作中遇到的不和谐事件之间的矛盾？

2. 导游的工作和旅游者的利益之间如果起了冲突，如何处理？

3. 尝试归纳导游带团过程个人事故的应急处理流程。

二、实践题

以小组为单位，进行一场“如何做一名具有安全感的导游”主题讨论，并以PPT的形式做汇报。

参考文献

[1] 高玲，郑向敏．国外旅游安全研究综述［J］．旅游论坛，2008（6）．

[2] 汪传才．旅游安全：一项永恒而又亟待深入的研究课题［J］．旅游学刊，2010（3）．

[3] 王丽华，俞金国．城市旅游地旅游安全评价指标体系研究［J］．安全与环境工程，2010（2）．

[4] 郑向敏．目的地旅游安全分析［J］．创新，2010（2）．

[5] 王彦龙．浅论我国旅游区的旅游安全问题［J］．焦作大学学报，2010（2）．

[6] 范向丽．旅游安全科技支撑体系、机制与建设［J］．华侨大学学报（哲学社会科学版），2010（3）．

[7] 郑向敏．国内近年关于旅游安全研究的综述与启示［J］．北京第二外国语学院学报，2009（5）．

[8] 张进福．建立旅游安全救援系统的构想［J］．旅游学刊，2006（6）．

[9] 任学慧，王月．滨海城市旅游安全预警与事故应急救援系统设计［J］．地理科学进展，2005（4）．

[10] 赵莹雪，郑海燕．滨海旅游地生态安全评价体系初探［J］．商业时代，2008（28）．

[11] 杨晓红．旅游景区对游客的安全保障义务［J］．旅游学刊，2008（10）．

[12] 宋建学，袁英保，刘贺龙．旅游栈道安全评价技术研究［J］．郑州大学学报（工学版），2008（3）．

[13] 王瑜，吴贵明．风景区旅游安全问题表现形态及管理体系构建［J］．莆田学院学报，2008（4）．

[14] 郑向敏，范向丽．少数民族地区旅游安全问题研究［J］．旅游论坛，2008（4）．

[15] 左晓娟．浅论探险旅游的安全保障及风险控制［J］．商场现代化，2008（18）．

[16] 郑向敏，范向丽．女性旅游安全研究进展与启示［J］．人文地理，2008（3）．

[17] 张传统．探险旅游安全风险管理研究［J］．商场现代化，2008（14）．

[18] 邹统钎，陈芸，胡晓晨．探险旅游安全管理研究进展［J］．旅游学刊，2009（1）．

[19] 何巧华，郑向敏．岛屿旅游安全管理系统构建［J］．海洋开发与管理，2007（3）．

[20] 崔志超，焦丽华．交通安全与可持续发展［J］．黑龙江科技信息，2007（17）．

[21] 何巧华．资源型岛屿旅游安全管理探讨［J］．北京第二外国语学院学报，2008（9）．

[22] 郝革宗．旅游安全事故剖析——以贵州省马岭河风景区“10·3 事故”为例 [J]．灾害学，2001 (1).
[23] 樊胜利．甘肃民族地区旅游资源开发保障体系探微 [J]．甘肃科技，2004 (12).
[24] 岳永德，花日茂．建立农产品安全保障体系势在必行 [J]．安徽科技，2002 (12).
[25] 韩玉灵．国内旅游安全问题的前沿研究述评 [J]．华侨大学学报（哲学社会科学版），2011 (1).
[26] 刘天虎．登山旅游安全保障体系研究——以新疆慕士塔格峰为例 [J]．生产力研究，2010 (2).
[27] 王丽华，俞金国．城市旅游地旅游安全评价指标体系研究 [J]．安全与环境工程，2010 (2).
[28] 郑杭生，洪大用．中国转型期的社会安全隐患与对策 [J]．中国人民大学学报，2004 (2).
[29] 江用锋．抓好旅游安全　打造世界级风景名胜区 [J]．安全与健康，2007 (9).
[30] 余超．国内外游客安全管理研究进展 [J]．资源开发与市场，2010 (1).
[31] 滕玮峰．模糊综合法在旅游安全评价中的应用 [J]．统计科学与实践，2010 (11).
[32] 林静．保障普陀仙境的旅游安全 [J]．劳动保护，2011 (9).
[33] 赵怀琼，王明贤．旅游安全风险系统研究 [J]．中国安全科学学报，2006 (1).
[34] 毛苏杨．警惕出境旅游安全 [J]．现代职业安全，2009 (10).
[35] 荆艳峰．我国出境旅游发展趋势预测及建议 [J]．商业时代，2006 (32).
[36] 夏建国，魏晓明．中国公民出境旅游回顾与分析 [J]．广州大学学报（社会科学版），2009 (12).
[37] 张传丽，柴爽．中国出境旅游目的地市场变动研究 [J]．青岛酒店管理职业技术学院学报，2009 (1).
[38] 肖建成，任江明．中国出境旅游市场现状与发展对策分析 [J]．云南地理环境研究，2003 (1).
[39] 舒伯阳．我国出境旅游市场的发展趋势及管理政策研究 [J]．中国软科学，2004 (11).
[40] 陈钢华．中国出境旅游研究：现实关注与理论自觉 [J]．旅游学刊，2011 (7).
[41] 黄潇婷．出境旅游与国民素质——从旅游本质的视角认识出境旅游 [J]．旅游学刊，2011 (7).
[42] 杨劲松．大众时代的出境旅游和解决方案 [J]．旅游学刊，2011 (7).
[43] 王晨．我国出境旅游市场存在的问题研究 [J]．现代商业，2009 (3).
[44] 刘新宇．专家对出境游的评价与忠告 [J]．瞭望，2006 (4).

[45] 刷卡游天下　担心变安心　龙卡信用卡助你出境游更顺畅 [J]. 创造，2007 (6).
[46] 徐进．东南亚旅游的安全评估 [J]. 瞭望，2006 (4).
[47] 付雪连，王惠珍．公众心肺复苏培训的研究进展 [J]. 护理研究，2009 (10).
[48] 蒲晓煜，马静，席淑华．国内外公众院前急救培训现状及我国院前急救培训展望 [J]. 解放军护理杂志，2009 (8).
[49] 周新桃．十字歌诀结合数字记忆法在社区公众徒手心肺复苏培训中的应用 [J]. 当代护士（专科版），2009 (11).
[50] 陈荣健，赵爱兰，柯娜，等．公民心肺复苏知识掌握现状与技能培训的方法及意义 [J]. 实用心脑肺血管病杂志，2007 (1).
[51] 张兰生．中国自然灾害的区域规律研究进展 [J]. 地球科学进展，1996 (2).
[52] 王静爱，史培军，朱骊，等．中国自然灾害数据库的建立与应用 [J]. 北京师范大学学报（自然科学版），1995 (1).
[53] 金磊．减灾建设的几个关键问题 [J]. 科学中国人，1997 (4).
[54] 王静爱，史培军，朱骊．中国主要自然致灾因子的区域分异 [J]. 地理学报，1994 (1).
[55] 游志斌．如何预防和减轻火灾对我们的伤害 [J]. 办公室业务，2010 (12).
[56] 游志斌．从身边做起　提高灾害防御能力 [J]. 办公室业务，2010 (5).
[57] 陈和，隋广军，唐丹玲．台风灾害综合影响与防御措施研究——以“莫拉克”台风为例 [J]. 广东外语外贸大学学报，2011 (4).
[58] 林治波，包锐，李开南．石破天惊，波谲浪恶，劫后余生——舟曲居民回忆 8 月 7 日惊魂夜 [J]. 中国经济周刊，2010 (33).
[59] 何玲辉．浙江省自然灾害应急物流体系构建研究 [J]. 江苏商论，2011 (7).
[60] 王春华．发达国家的防洪经验 [J]. 水利天地，2010 (8).

图书在版编目（CIP）数据

旅游安全综合管理/杨晓安主编．—北京：中国人民大学出版社，2019.8
ISBN 978-7-300-27178-1

Ⅰ.①旅… Ⅱ.①杨… Ⅲ.①旅游安全-安全管理-高等职业教育-教材 Ⅳ.①F590.6

中国版本图书馆 CIP 数据核字（2019）第 168023 号

高等职业教育“十三五”规划精品系列教材
21 世纪高职高专规划教材·旅游管理系列
旅游安全综合管理
主　编　杨晓安
参　编　陈　俊
Lüyou Anquan Zonghe Guanli

出版发行	中国人民大学出版社		
社　　址	北京中关村大街 31 号	邮政编码	100080
电　　话	010－62511242（总编室）		010－62511770（质管部）
	010－82501766（邮购部）		010－62514148（门市部）
	010－62515195（发行公司）		010－62515275（盗版举报）
网　　址	http://www.crup.com.cn		
经　　销	新华书店		
印　　刷	北京密兴印刷有限公司		
开　　本	787 mm×1092 mm　1/16	版　　次	2019 年 8 月第 1 版
印　　张	15.25 插页 1	印　　次	2024 年 6 月第 5 次印刷
字　　数	277 000	定　　价	35.00 元